L'AFRIQUE
ÉQUATORIALE

2.

L'auteur et les éditeurs déclarent réserver leurs droits de traduction et de reproduction à l'étranger.

Cet ouvrage a été déposé au ministère de l'intérieur (section de la librairie) en octobre 1875.

Idoles des Pahouins, des Gallois et de Ivéia[1], rapportées par MM. Marche et de Compiègne.

Dessiné d'après nature par M. Breton.

[1] Les six premières font partie de la collection de M. Bouvier; la déesse pahouine, de droite, appartient à M. Pilastre.

L'AFRIQUE ÉQUATORIALE

OKANDA

BANGOUENS — OSYÉBA

PAR

Le Marquis DE COMPIÈGNE

OUVRAGE ENRICHI D'UNE CARTE SPÉCIALE
ET DE GRAVURES SUR BOIS DESSINÉES PAR L. BRETON
D'APRÈS DES PHOTOGRAPHIES ET DES CROQUIS DE L'AUTEUR

PARIS

E. PLON et Cie, IMPRIMEURS-ÉDITEURS
RUE GARANCIÈRE, 10

1875

Tous droits réservés

AVANT-PROPOS

Ceci n'est point une préface.

Je renverrai le lecteur à celle que j'ai écrite avant de commencer la première partie du récit du voyage entrepris par A. Marche et par moi dans l'Afrique équatoriale[1]; il y trouvera expliqués les conditions dans lesquelles ce voyage a été entrepris, le but que nous nous sommes proposé d'atteindre, les difficultés sans nombre qui nous ont assaillis, et les résultats relativement importants que nous avons obtenus.

Seulement, au moment de livrer à la publicité la seconde moitié de mon ouvrage, il me reste à exprimer au public ma reconnaissance pour la faveur avec laquelle il a accueilli mon premier volume, dont la seconde édition était presque épuisée, moins d'un mois après avoir paru : je dois tout particulièrement remercier la presse de ses apprécia-

---

[1] *Gabonais, Pahouins, Gallois.*

tions bienveillantes; presque tous les grands journaux de Paris ont bien voulu, dans les termes les plus favorables, attirer l'attention sur mon modeste livre.

Ces marques universelles de sympathie m'ont amplement payé de deux années de maladies, de souffrances et de misère. J'y veux trouver un puissant encouragement à suivre dignement cette carrière d'explorateur à laquelle je me suis voué, et mon ami A. Marche, qui a déjà repris la route du Gabon, a senti, en les recevant à la veille de son départ, grandir sa résolution et son ardeur.

J'ai aussi quelques renseignements à donner au sujet de ce second volume, mais auparavant je demanderai la permission de répondre à un reproche qui m'a été adressé dans plusieurs comptes rendus. On a dit que je n'avais pas écrit d'une manière assez sérieuse, que j'avais trop cherché le côté comique des choses; enfin, que j'avais déparé, par le ton léger de mon récit, la partie scientifique de mon ouvrage. On nous désigne, mon compagnon et moi, sous ce nom, les deux *touristes* français, et un critique, on ne peut plus aimable et bienveillant du reste, a comparé mon livre au fameux *Voyage au pays des milliards,* de M. Tissot.

Or, je voudrais bien convaincre ces messieurs que nous n'avons pas fait un *voyage de touristes et d'amateurs,* dans le but de voir du pays et de nous amuser des mœurs étranges des indigènes et de leurs très-grotesques rois, *mais une laborieuse et patiente exploration de géographes, d'ethnographes et de naturalistes.* Je rappellerai que nos travaux géographiques, parmi lesquels je citerai seulement le levé à la boussole, dans des conditions extrêmement pénibles et difficiles, de plus de cent lieues jusqu'alors entièrement en blanc sur la carte, ont paru assez importants à la *Société de géographie* pour qu'elle nous décernât l'un des quatre prix qu'elle a accordés cette année, si fertile en grands voyages, dans un concours auquel étaient admis tous les voyageurs, sans acception de nationalité[1]. — Pour l'ethnographie, nous avons à notre actif, entre autres études, celle de la langue mpongwé et de diverses autres tribus africaines[2]. — Enfin, pour l'histoire naturelle, si l'on se reporte

[1] Les récompenses de la Société de géographie pour son concours annuel ont été ainsi réparties : *Médailles d'or,* une à M. le docteur Schweinfürth, et l'autre à M. l'abbé Armand David; *Médailles d'argent,* une à M. l'abbé Petiteau; M. A. Marche et le marquis de Compiègne, chacun une.

[2] Voir le premier *appendice* placé à la suite de ce volume.

au Catalogue scientifique[1] joint à ce livre, si l'on réfléchit que dans l'Afrique équatoriale les oiseaux, mammifères, insectes, etc., sont infiniment moins abondants que dans les autres parties de l'Afrique, on y verra que pour avoir, dans l'état de santé auquel nous étions réduits, tué, préparé, conservé et rapporté toutes les pièces qui figurent sur ce Catalogue et dont la plupart se trouvent encore chez M. Bouvier, nous avons dû travailler sans relâche et avec un véritable acharnement.

Seulement, j'ai cru que s'il fallait instruire le lecteur, je ne devais pas pour cela l'ennuyer : souvent, aux plus mauvais jours de notre voyage, ont surgi des incidents si comiques, qu'en nous rendant notre gaieté, ils relevaient notre courage abattu et nous donnaient la force d'aller jusqu'au bout de l'étape; j'ai pensé qu'en les racontant comme nous les avions vus, en en riant ici comme nous en avons ri là-bas, je ranimerais l'attention du lecteur et lui permettrais d'arriver sans lassitude et sans ennui à la fin de mon ouvrage.

[1] Ce catalogue ne comprend que la partie ornithologique de nos envois; mais, outre les oiseaux, nous avons rapporté près de cent cinquante mammifères, et un nombre considérable de reptiles, poissons, insectes, coquilles, etc.

Du reste, un critique éminent a bien voulu prendre ma défense et justifier, mieux que je n'aurais pu le faire moi-même, la méthode de raconter que j'ai adoptée : voici en quels termes s'exprime à ce sujet M. Marius Topin[1] : — « ... Le lecteur y gagnera ce qu'affecte de perdre le grave savant en *us;* ce qui est pour celui-ci, ennemi du rire, un prétexte de dédain, est pour nous une source de plaisir. Ayant souri de ses traverses, au moment où il les essuyait, il a acquis le droit de rire en les narrant. Aussi tenaces, aussi entreprenants sont le voyageur anglais et le voyageur allemand; eux aussi savent surmonter un obstacle et braver un péril, mais le bravant gravement, il est naturel qu'ils le racontent sans se dérider. Ils mettent leur honneur à demeurer flegmatiques toujours; l'ayant été devant la mort menaçante, ils le sont devant leur encrier; leur style a la froideur de leur courage; ils s'en font gloire, tant mieux pour eux. Le Français voyage et écrit avec le sourire aux lèvres, tant mieux pour ses lecteurs. »

Je voudrais laisser le lecteur sous l'impression de ces lignes éloquentes et entrer de suite en ma-

---

[1] Voir le journal *la Presse* du 8 septembre.

tière, mais je suis obligé de donner quelques explications spéciales à ce second volume.

La carte qui y est jointe donne le cours de l'Ogooué depuis Sam-Quita jusqu'au dernier point atteint par nous sur ce fleuve, c'est-à-dire jusqu'à la rivière Ivindo. Cette carte a été publiée par la *Société de géographie* dans son Bulletin [1], d'après les levés à la boussole faits par moi. Je dois dire qu'elle présente, quant à la direction et à la longueur du parcours, des différences assez sensibles avec une carte de l'Ogooué qu'un voyageur, M. le docteur Lenz, a tout récemment envoyée depuis Sam-Quita jusqu'à Lopé [2]. — J'ai, du reste, en donnant le résultat de nos observations à la *Société de géographie*, dit avec une entière franchise, qu'à raison des conditions déplorables dans lesquelles elles avaient été faites, ces observations ne pouvaient pas être très-exactes. Pour tout ce qui concerne les noms des pays, tribus, montagnes, fleuves, etc., je suis parfaitement d'accord avec M. Lenz.

---

[1] C'est par erreur que la mention « *publiée par la Société de géographie* » a été omise au bas de cette carte.

[2] La carte de M. Lenz augmente de trente lieues la distance parcourue par nous jusqu'à Lopé, et fait incliner l'Ogooué davantage vers le sud.

Dans la préface de mon premier volume, j'ai dit que la véracité de mon récit allait être bientôt contrôlée par l'expédition française de M. de Brazza ; j'étais loin de me douter qu'elle l'était au moment même où j'écrivais ces lignes, par un voyageur étranger, qui s'avançait jusqu'à Lopé[1]. — Au reste, l'homme qui connaît le mieux le Gabon, M. Walker, nous a rendu pleine et entière justice dans une lettre écrite aux journaux géographiques anglais au sujet du prétendu voyage de l'un de ses compatriotes dans le haut Ogooué. Enfin, mon ami l'illustre docteur Schweinfürth m'écrivait, il y a quelques jours, qu'un quadrumane acheté tout jeune par le Jardin zoologique de Dresde, comme un chimpanzé ordinaire, ayant attiré l'attention par sa prodigieuse croissance, vient d'être reconnu pour être bel et bien un gorille ; il est très-pacifique et vit tranquillement dans la ménagerie ; j'avais donc raison contre M. Duchaillu, qui soutient que le

---

[1] Un Allemand, M. Lenz, est remonté jusqu'à Lopé. A Lopé, il a été contraint par la maladie et l'impossibilité d'avancer, de retourner à Adaninanlango, d'où, à l'heure qu'il est, *il a dû* repartir pour le haut Ogooué. Je dis « *il a dû* », parce que M. Lenz, qui est envoyé par la Société allemande « *pour l'exploration de l'Afrique équatoriale* », procède avec un certain mystère.

gorille, même pris tout jeune, est tellement féroce et indomptable, qu'il est impossible de l'élever et à plus forte raison de l'apprivoiser.

En terminant le récit de notre voyage, j'ai cru qu'il serait intéressant de donner des détails circonstanciés sur l'expédition de MM. de Brazza, Marche et Balley, officiellement envoyés par le ministère de la marine pour reprendre nos traces sur l'Ogooué, et en ce moment en route pour l'Afrique équatoriale. J'espère que le lecteur trouvera que cet épilogue complète dignement l'ouvrage, et qu'il accueillera aussi favorablement mes « *Okanda, Bangouens, Osyéba* » que leurs aînés, *Gabonais, Pahouins, Gallois.*

L'AFRIQUE
ÉQUATORIALE

OKANDA, BANGOUENS, OSYÉBA

CHAPITRE PREMIER

DÉPART DÉFINITIF POUR L'INTÉRIEUR.

Des explorateurs dont la santé laisse à désirer. — L'Arche de Noé. — Des chauffeurs ensorcelés. — Les Ivilis viennent-ils du Congo ? — Migrations en masse de certains peuples africains. — Causes qui les déterminent. — Mœurs des Ivilis. — Une danse très-caractéristique. — Volés par un dieu. — Papa Yousouf et le lac Azingo. — Nouveaux retards. — Grand palabre. — « Tuez ma sœur, vous me laisserez vivre après. » — Le supplice d'une femme. — Horrible exécution. — Les hippopotames. — Un blanc qui adopte le costume des nègres. — Mort du gros hippopotame. — Les éléphants. — Impossibilité pour nous de les chasser. — Nous achetons un petit éléphant pour 8 fr. 75 c. — Chasse au ncago. — Mis en déroute par des singes. — Les touracos. — Nez à nez, pour la seconde fois, avec un serpent venimeux. — Le *Mérops gularis* et le *Mérops bicolor*. — Départ pour le N'Gounié. — Les chutes de Samba. — Bouali, capitale des Ivéia. — Les prétendants au titre de roi. — Le monarque légitime. — Son *Nunc dimittis*. — Arrivée à Etambé. — Nous y plantons le pavillon français. — Mis à la porte comme mendiants suspects. — Une nuit très-pénible. — Retour au camp. — La rivière Akoio. — Échoués sur les rapides. — Abandonnés par les nègres et assaillis par les abeilles. — Retour à Adanlinanlango. — Défection de trois de nos serviteurs. — Chico reste seul fidèle. — Départ de M. Walker et de Marche pour les lacs. — Une invasion nocturne. — Étude sur les petites pestes du Gabon. — Les moustiques, les fourous, dix espèces de fourmis, les termites, cancrelats, scorpions, centipèdes, millepattes, et une foule d'autres non moins malfaisants.

Le départ de M. Walker pour Adanlinanlango avait été fixé au 1er novembre. Nous résolûmes de ne pas manquer cette occasion. De nouveaux retards ne pouvaient qu'épuiser notre santé davantage. Comme médecin, me disait notre excellent ami le docteur Legrand, je ne vous conseillerai jamais de partir pour l'intérieur dans un pareil état, mais je crois avec vous que si vous le faites, il vaut mieux que ce soit tout de suite, car vos forces ne peuvent qu'aller en s'affaiblissant sous ce climat du Gabon. En conséquence, le 1er novembre nous partîmes à bord du *Batanga* et en compagnie d'une foule de traitants noirs que M. Walker expédiait dans l'Ogooué. Chacun d'eux emmenait sa femme et ses enfants. Le *Batanga* nous conduisit jusqu'à Yombé, de triste mémoire. Là, M. Walker vint nous rejoindre avec son petit vapeur *le Delta*, à la remorque duquel on mit trois énormes chalands. C'est dans un de ces chalands que nous nous installâmes pour remonter l'Ogooué. Ce chaland, orné d'un toit, ressemblait à une véritable arche de Noé dans laquelle s'entassaient pêle-mêle des nègres, des négresses, des négrillons, des singes, un énorme mastiff appelé Jack, des fusils, des tromblons, des marchandises, une barrique d'eau-de-vie, M. Amoral, Marche et moi. Nous eûmes toutes les peines du monde à nous déblayer un petit coin dans lequel nous pussions nous étendre la nuit, et prendre nos repas le jour. Comme dans notre premier voyage, nous avions pris toutes les précautions nécessaires pour le cas d'une attaque, mais nous étions trop nombreux maintenant pour avoir quelque chose à craindre. On comprend qu'avec une pareille charge à la traîne, *le Delta* ne pouvait avancer que fort lentement. Le troisième jour après notre départ de Yombé, nous dûmes prendre un détour assez considérable pour n'avoir pas à lutter contre la violence toujours croissante du courant de l'Ogooué; nous nous engageâmes dans la rivière Akalois, l'une des voies de communication du lac Azingo avec l'Ogooué. Cette rivière, qui n'est indiquée sur aucune carte, est cependant assez remarquable; son cours tortueux, quelquefois très-serré, présente souvent aussi une largeur non moins considérable que celle de l'Ogooué lui-même. L'Akalois reçoit trois ou quatre affluents d'une importance égale à la sienne et traverse deux lacs qui ont chacun environ cinq kilomètres carrés. A partir de ce point le paysage devient d'une extrême beauté, la rivière s'encaisse étroitement dans des montagnes couvertes d'une végétation gigantesque, fait mille détours, et vient enfin sans transition aucune déboucher brusquement sur le lac Azingo, magnifique nappe d'eau semée d'îles élevées et couvertes d'arbustes en fleur.

Les bords de l'Akalois sont aujourd'hui occupés par de récents établissements d'Ivilis, race venue du Sud, et qui devient chaque jour plus nombreuse dans les régions qui avoisinent l'Ogooué. L'amiral de Langle, dans une note sur le Gabon insérée au *Bulletin de la Société géographique,* dit que ces Ivilis sont originaires du Congo dont ils parlent la langue et avec lequel ils sont en relations suivies d'affaires. Cette assertion est très-importante à vérifier; les Ivilis sont des hommes doux, inoffensifs, désireux d'accueillir les blancs; s'ils ont conservé une voie de communication avec le haut Congo, il y a là une route toute tracée à l'explorateur, jusqu'ici toujours arrêté par la férocité des Sundi qui lui ont barré le passage à peu de distance de l'embouchure du fleuve; si les Ivilis appartiennent aux races qui habitent le haut Congo, le voyageur trouvera sans doute chez ces races un accueil hospitalier, et pourra se procurer là des guides ou des porteurs pour aller plus loin dans l'intérieur. Cette question me préoccupait beaucoup : nous nous trouvions justement avoir avec nous M. Amoral, qui connaît très-bien la plupart des dialectes parlés au Congo; Chico et un des hommes d'Amoral connaissaient également la langue de ce pays. Je priai donc Amoral et dis aux deux noirs de causer avec les Ivilis en *congo ;* à mon grand regret il leur fut impossible de comprendre en quoi que ce soit ce que disaient les Ivilis ou de se faire entendre par eux. Je fis alors interroger en mpongwé ces mêmes Ivilis sur les relations qu'ils pouvaient avoir avec le Sud, et ainsi que me l'avait annoncé M. Amoral, qui est parfaitement au courant de tout ce qui concerne les mœurs et les habitudes des peuples riverains de l'Ogooué, je pus m'assurer qu'ils ont cessé tout commerce et tout rapport avec le Sud. Je crus donc que l'amiral de Langle, d'habitude si exact, avait été mal informé sur ce point, mais plus tard, lorsqu'en m'avançant moi-même un peu vers le sud, je retrouvai les Ivilis aux chutes de Samba, je vis que ces Ivilis-là avaient une langue qui différait considérablement de celle de leurs compatriotes de l'Ogooué et qui renfermait une foule de mots appartenant, ainsi que le reconnut Amoral, à des dialectes parlés au Congo. Il est donc vraisemblable que ces Ivilis établis depuis longtemps sur le bord de l'Ogooué, n'ayant plus de rapport avec leur ancien pays, ont vu leur langue s'altérer, se mêler de bakalais et de mpongwé, et finalement ne plus ressembler du tout à ce qu'elle était autrefois ; mais je suis persuadé que plus on s'avancera au Sud chez eux, plus on retrouvera à la fois la langue mère et les relations avec les pays dont ils sont originaires: le haut Congo, selon toute vraisemblance. J'en ai tellement la conviction que dans le projet de voyage que j'ai récemment exposé, et que ma santé m'a malheureusement forcé d'ajourner, c'est principalement sur les Ivilis que j'avais compté pour me guider, transporter mes bagages, en un mot, pour faire arriver mon entreprise à bonne fin. En ce moment les Ivilis, qui appartiennent selon toute probabilité à une famille très-importante, numériquement parlant, émigrent vers le Nord par quantités considérables ; leur avant-garde au milieu de laquelle nous nous trouvions, a déjà franchi l'Ogooué et ne s'arrêtera sans doute qu'en venant se heurter à l'invasion des Pahouins qui arrivent d'un autre côté. Les causes de ces grandes migrations, si fréquentes chez la population de cette partie de l'Afrique, sont un problème à la solution duquel travaillent depuis longtemps les savants du monde civilisé sans arriver à des résultats très-satisfaisants ; seulement il est certain que le désir de se rapprocher des établissements des blancs, ou tout au moins des tribus qui font le commerce avec eux, et la superstition commune à tous ces peuples, qui leur fait considérer comme ensorcelée et maudite toute terre sur laquelle a sévi l'épidémie, la famine ou un fléau quelconque, doivent être comptés pour beaucoup dans ce perpétuel changement de domicile. Les Ivilis dont je m'occupe en ce moment sont, peut-être plus encore que les autres noirs, superstitieux et craintifs à l'excès ; en revanche ils sont accueillants, hospitaliers et industrieux. Au physique, les hommes sont très-inférieurs comme taille et comme beauté plastique aux Mpongwés ; quant aux femmes, elles sont, à peu d'exceptions près, très-laides. Les tribus qui sont établies sur les bords de la rivière Akaloïs ont adopté les mœurs, la coiffure et la langue des Gallois au milieu desquels ils ont vécu longtemps; ils ne paraissent avoir conservé des traditions de leur pays qu'une sorte de danse assez originale pour que j'en dise quelques mots ici. Les danseuses sont généralement au nombre de quinze ou vingt, elles se rangent en cercle; chacune d'elles porte, piquées dans ses cheveux, sept ou huit longues baguettes surmontées chacune d'une grande plume blanche ou rouge. Le féticheur se place au milieu du rond et donne le signal des évolutions ; toute la bande se met en branle avec force contorsions et chansons; puis, tout à coup, une danseuse sort des rangs, se place vis-à-vis du féticheur et commence à mimer avec lui les péripéties d'un événement quelconque : dans une de ces danses dont je fus témoin oculaire, le premier sujet du corps de ballet faisait le rôle d'une femme qui mourait empoisonnée; elle imita, avec une réalité qui eût fait envie à mademoiselle

Croizette, les tortures et l'agonie de la victime, et finit par tomber sur le sol, frémissante et épuisée, au milieu des *io! io!* (bravos) frénétiques de l'assemblée. Je ne sais si cette danse est en usage au Congo ; pour moi, je ne l'avais rencontrée nulle part, soit en Afrique, soit dans les autres pays que j'ai parcourus. Le 7 novembre, nous avions passé la nuit dans l'un de leurs principaux villages. Ces bonnes gens avaient là le sanctuaire d'un de leurs fétiches les plus vénérés, une statue de bois, de grandeur naturelle, dont la figure, peinte en blanc et en rouge, ressemblait, à s'y méprendre, à celle qu'affectait autrefois, au Cirque, le clown Boswell. Une foule d'ailes de chouette étaient clouées dans la niche au-dessus de ce puissant dieu, qui avait les mains solidement enchaînées et beaucoup de fusils tout autour de lui. Dans la matinée du lendemain, au moment de partir, M. Amoral s'aperçut qu'on lui avait volé un fusil : il le réclama partout dans le village, mais naturellement personne ne savait ce qu'il était devenu ; cependant, M. Amoral tempêta et menaça si fort que la peur saisit les Ivilis : alors l'un d'eux se présenta et jura qu'il avait vu le grand fétiche entrer la nuit dans la case d'Amoral, et qu'il en était sorti emportant le fusil qui avait disparu : plusieurs personnes coururent à la case du grand fétiche, et l'on trouva en effet l'arme volée parmi celles qui ornaient son domicile. Amoral, content de rentrer dans son bien, fit semblant de croire que le dieu était seul coupable, et nous partîmes sans encombre, à neuf heures du matin. Le *Delta* avait pour chauffeurs trois Kroumans et un homme de Cape-Coast. Ce jour-là, les Kroumans prétendirent que l'homme de Cape-Coast avait fait un sort pour empêcher la vapeur d'avoir de la pression et refusèrent de faire leur besogne si on ne les débarrassait pas de ce redoutable magicien : M. Walker se vit contraint de céder et d'enchaîner l'homme de Cape-Coast, qui fut relégué dans le dernier chaland de marchandises. Vers le soir, nous atteignîmes le lac Azingo. Un brave Sénégalais, médaillé et extrêmement populaire dans tout le pays sous le nom de Yousouf, tient sur ses bords une factorerie pour le compte de M. Walker. Il demeure au milieu des Pahouins, qu'il a su apprivoiser, et auxquels il achète en quantité des bûches de bois d'ébène. Ces Pahouins sont installés là depuis peu et vivent côte à côte avec les Adjoumbas, qu'ils auraient déjà violemment expropriés sans les prières de papa Yousouf. On appelle Adjoumba une tribu d'hommes cantonnés au sud du lac Azingo et sur les bords de la rivière Ojougavizza. Ils prétendent descendre des Gabonais, dont ils parlent du reste la langue avec pureté : mais ils sont, au moral et au physique, bien inférieurs aux Mpongwés. Nous n'avons jamais eu, avec les Adjoumbas, que des relations assez désagréables. Le 10 novembre, nous quittâmes le lac Azingo pour entrer dans la rivière Ojougavizza, qui part du sud de ce lac pour aller se jeter dans l'Ogooué, à quelques centaines de mètres au-dessus d'Adanlinanlango. Nous arrivâmes le lendemain à notre ancien quartier général, où notre vieil ami, le roi-Soleil, nous reçut avec mille pasquinades et mille démonstrations de joie; seulement, nous eûmes l'ennui d'apprendre de sa bouche qu'il fallait encore contenir notre impatience d'aller en avant durant plus de trois semaines, parce que la crue excessive des eaux de l'Ogooué ne permettait pas pour le moment de s'engager dans les rapides. Le 14 novembre, trois jours après notre arrivée, les Gallois furent mis en émoi par un grand palabre dont je vais donner les détails, car je les regarde comme caractéristiques des mœurs de ces pays barbares. Voici le fait : Un esclave venait d'assassiner un homme libre du village d'Aïéno, village voisin du nôtre. D'après la loi du pays, non-seulement cet esclave, *mais encore son maître,* doit subir la peine de mort, car, disent les Gallois, l'esclave ne compte pas : pour payer la mort d'un homme libre, il faut la mort d'un autre homme libre, et qui prendra-t-on pour acquitter cette dette de sang, sinon le maître de l'homicide qui est responsable pour lui ? J'ai vu le palabre qui a suivi cette affaire. Deux ou trois cents hommes demandèrent à la fois la tête de celui à qui appartenait l'esclave assassin. Ce malencontreux propriétaire, chef âgé et jadis influent, cherchait en vain à se faire entendre au milieu du tumulte. Chaque fois qu'il ouvrait la bouche, tous ces sauvages hurlaient avec ensemble sur un rhythme digne de l'air des lampions : *Iouva ! iouva !* (qu'il meure ! qu'il meure) ; après des efforts désespérés, il finit enfin par obtenir un instant de silence : « Je sais, dit-il, qu'il faut que le meurtre soit vengé, mais je suis un vieillard utile dans les conseils : j'ai une sœur qui est jeune et belle, immolez-la à ma place. — Non, lui cria-t-on de tous côtés, ta sœur est une femme, et c'est la mort d'un homme libre que nous avons à faire payer. — Eh bien, s'écria cet excellent frère, pour compenser la différence, avec ma sœur je vous donnerai trois esclaves et deux paquets d'ivoire, mais, je vous en prie, ne me tuez pas. » Après de longues délibérations, cette offre fut acceptée et déclarée telle par N'Combé, qui présidait le palabre. La malheureuse, ainsi condamnée à mourir pour expier un assassinat commis par un esclave de son frère, s'était, en voyant la tournure que prenait la discussion, enfuie à toutes jambes et réfugiée à Adanlinanlango, mais sa retraite fut aussitôt découverte : on s'empara d'elle, et son supplice fut fixé au lendemain. Sa famille se mit à la pleurer comme si elle n'était plus de ce monde, et toutes ses parentes chantèrent durant la nuit ce chant funèbre dont j'ai déjà eu l'occasion de parler. En principe, un voyageur ne doit jamais se mêler des palabres des noirs entre eux, sous peine de s'attirer des haines et des difficultés sans nombre ; aussi nous les laissions ordinairement s'égorger les uns les autres comme bon leur semblait. Mais, dans le cas présent, cette exécution, qui allait se faire, pour ainsi dire, sous nos yeux, nous parut si inique, si monstrueuse, que nous résolûmes, M. Walker, Marche et moi, de nous y opposer de toute la force de nos moyens. Pour cela, nous eûmes recours à N'Combé, qui commença, selon son habitude, à prendre la chose en riant, mais il vit bientôt que ses plaisanteries nous exaspéraient et qu'il lui fallait changer de ton : il nous dit alors qu'il trouvait bien singulier que nous prissions tant d'intérêt à une femme qui n'avait jamais été la nôtre; qu'il ne savait pas pourquoi nous voulions bouleverser des lois qui ne nous gênaient pas, enfin qu'il fallait le prévenir plus tôt : la veille encore il aurait influencé le palabre dans un autre sens, mais maintenant le jugement était rendu et il était trop tard. Néanmoins, des menaces de toute sorte, et spécialement celle d'écrire à l'amiral, jointes à la promesse de payer la rançon de la condamnée, le firent changer de ton, et il nous promit que le lendemain il arrangerait l'affaire.

Le lendemain, à six heures du matin, il entra

brusquement dans notre case et nous déclara qu'il était désolé, mais que la femme avait été égorgée, à son insu, pendant la nuit. Nous saisimes cette occasion pour invectiver vivement le roi-Soleil et lui retrancher toute espèce de cadeaux, y compris sa ration de rhum. Durant trois jours, notre rigueur ne se relâcha pas, nous refusions même de lui adresser la parole ; ce que voyant N'Combé, il vint nous trouver et nous avoua qu'il nous avait menti, que la femme était encore vivante, et que, si nous voulions la racheter, il se chargeait de la sauver. M. Walker, Marche et moi, nous convînmes de payer chacun le prix d'un esclave et un paquet d'ivoire [1], c'est-à-dire une valeur de près de sept cents francs de marchandises au prix du pays. N'Combé revêtit un gilet d'argent (dépouille de quelque financier du théâtre des Batignolles), qu'il tenait de notre récente munificence, il coiffa son chef du fameux chapeau à soleil d'or et partit con-

---

[1] On appelle paquet d'ivoire la collection des articles qu'il faut pour acheter une dent d'éléphant ; ces articles sont très-nombreux ; la quantité en est déterminée par le nombre de fusils que l'on paye pour la dent. Si, par exemple, on doit donner pour une dent cinq fusils, on sait tout de suite qu'aux cinq fusils il faut ajouter dix barils de poudre de quatre livres chacun, dix marmites, vingt brasses d'étoffe, quarante pierres à fusil, vingt mesures de sel, vingt couteaux, etc. On paye généralement un fusil par cinq livres d'ivoire ; j'ai vu des défenses qui pesaient plus de cent livres.

voquer un nouveau palabre. Il revint vers quatre heures de l'après-midi, nous dit que l'affaire était réglée et nous amena en effet la femme, qui fut devant nous mise en liberté. Nous crûmes naturellement le danger conjuré, et nous nous félicitâmes chaudement de notre intervention, à laquelle une créature humaine devait la vie. Hélas! nous ne connaissions pas encore à fond les Gallois. Tout cela n'était qu'une sinistre comédie. Celle que nous croyions sauvée fut, le soir même, ressaisie et chargée de fers, et le 22 novembre, dans la nuit, elle fut exécutée. On la tua en lui mettant sur la gorge un énorme tronc d'arbre que ses bourreaux piétinèrent jusqu'à ce qu'elle eût le cou écrasé; puis, comme la mort ne venait pas assez vite, on l'éventra, après quoi on lui arracha les entrailles. C'est N'Combé qui a inventé ce supplice du tronc d'arbre; il est très-fier de cette invention, dont il a déjà pu faire onze applications pratiques. Cette nuit-là, il avait ordonné de procéder avec le plus grand mystère, et pensait que nous ne saurions jamais la mort de notre protégée; mais les meurtriers, ivres de sang et de rhum, vinrent tout de suite se vanter, devant la porte même de notre case, de leur hideux exploit, qu'ils célébrèrent en tirant des coups de fusil jusqu'au jour. Que faire avec de pareilles brutes, surtout lorsqu'on dépend entièrement d'elles? Se taire est le seul parti à prendre, aussi nous ne reparlâmes même pas à N'Combé de cette ignoble affaire.

Durant la première quinzaine de novembre et les premiers jours de décembre, notre temps fut consacré à des études géographiques, dont le compte rendu, un peu spécial, trouvera mieux sa place dans les Bulletins de la Société de géographie, et à la chasse, surtout à la chasse des oiseaux. Ce n'est pas que le gros gibier manquât; chaque nuit de notre case nous pouvions entendre le hou! hou! des hippopotames; ils venaient très-fréquemment pâturer dans de petites îles qui se trouvent au milieu de l'Ogooué, presque en face d'Adanlinanlango; mais j'avoue que, malades et fatigués, nous ne nous sentions pas le courage de passer la nuit à l'affût, dévorés par les piqûres des moustiques, pour tuer un animal qui, en somme, n'offrait pour nous aucun intérêt, puisque sa peau et son squelette figurent dans tous les musées et qu'on peut le voir vivant dans bon nombre de jardins zoologiques : ses défenses elles-mêmes ont perdu presque toute leur valeur depuis que messieurs les dentistes fabriquent avec de l'émail la plupart de leurs râteliers. Il y avait cependant parmi les hippopotames qui fréquentent Adanlinanlango un vieux solitaire, dont la taille gigantesque avait excité notre envie, et nous nous proposions de lui tendre une embuscade, lorsque nous fûmes devancés par un intrépide chasseur,

M. Hills, agent de M. Holt pour une factorerie située à deux ou trois milles de celle de M. Walker, sur la rive opposée de l'Ogooué. Hills était un Anglais encore très-jeune, beau garçon et l'air assez distingué : c'était un bon tireur et un aimable compagnon, mais un original de premier numéro : envoyé par M. Holt pour gérer cette factorerie, il adopta tout de suite les mœurs, la nourriture et le costume (ou plus tôt le manque de costume) des indigènes au milieu desquels il vivait; il s'en allait par les bois sans chapeau, sans chaussures, sans autre vêtement qu'un petit morceau d'étoffe autour des reins, narguant les piqûres des moustiques et les morsures des fourmis, buvant de l'alongou de traite, mangeant énormément de piment et dormant nu-tête sous un soleil ardent. Ce qui nous eût tué cent fois semblait lui réussir à merveille, et je ne lui ai jamais vu d'autre maladie que des ulcères aux jambes. Hills avait remarqué comme nous l'hippopotame monstre; il passa inutilement deux nuits à l'affût, mais la troisième, au moment où les premières lueurs du jour commençant à paraître, il se préparait à quitter son poste, il vit tout à coup l'énorme animal surgir de l'eau, gagner un banc de sable et s'y coucher paisiblement : il y avait plus de quarante pas, c'est-à-dire que la distance était beaucoup trop grande pour M. Hills, qui n'avait ni balles à pointe d'acier ni balles explosibles; néanmoins, il n'hésita pas à le tirer et le fit avec tant de bonheur, que l'hippopotame, frappé d'une balle au-dessous de l'œil droit, tomba roide mort sur la place. Hills a fait soigneusement nettoyer son crâne et le garde comme trophée de sa victoire.

Si en général nous faisions fi des hippopotames, il est inutile de dire que nous aurions donné beaucoup pour tuer un éléphant. La beauté du coup de fusil d'une part, la valeur de l'ivoire de l'autre, nous faisaient on ne peut plus envie ; certes les éléphants ne faisaient pas défaut à quelque distance d'Adanlinanlango; nous en avions souvent trouvé, notamment sur les bords de la rivière Ojougavizza, des traces nombreuses et toutes fraîches : malheureusement la chasse de l'éléphant au Gabon, déjà hérissée de difficultés par la nature même des pays dans lesquels il séjourne, est rendue à peu près impossible par suite de la très-grande mauvaise volonté des noirs. Les éléphants se tiennent presque constamment au milieu de marais dans lesquels un blanc serait englouti, ou dans des fourrés impénétrables pour lui ; peut-être, s'il avait pour guide quelque bon chasseur d'éléphant, comme il y en a parmi les noirs, pourrait-il, au prix de mille dangers et de mille fatigues, arriver à découvrir et à approcher ces grands pachydermes, mais ce guide il ne le trouvera jamais : un éléphant est, en raison de la valeur considérable qu'a l'ivoire jusque dans les parties les plus reculées de l'Afrique, un véritable trésor pour les naturels du pays, et ils ne consentiront jamais à en faire part aux blancs. Lorsque nous demandions à un chasseur nègre de nous guider à l'endroit où étaient les éléphants, il acceptait avec enthousiasme et, selon la louable habitude de son pays, nous promettait monts et merveilles, mais il s'empressait de nous conduire dans une direction opposée à celle du gibier, et nous promenait toute la journée à travers d'affreux roncis ou des bourbiers terribles, si bien que nous nous lassâmes bientôt de revenir régulièrement exténués de fatigue, souillés de vase de la tête aux pieds, déchirés par les épines et les cactus. Un jour Sinclair reçut avis à la factorerie que les Bakalais venaient de capturer un tout jeune éléphant : ils avaient tué la mère et saisi son petit, qui n'avait pas même essayé de se sauver. Les Bakalais firent offrir à Sinclair de lui vendre le petit éléphant moyennant cent piastres en marchandises; c'était fort cher, mais en somme cela ne faisait que 250 francs en argent, et Sinclair mourait d'envie de l'avoir : il accepta donc de payer le prix demandé, mais en même temps il eut l'heureuse idée de dire aux Bakalais qu'il ne voulait l'éléphant que dans huit jours; s'il était encore vivant à cette époque, il donnerait les cent piastres. Bien lui prit d'avoir mis cette close restrictive, car le septième jour, au moment où l'on se préparait à amener l'animal en grande pompe à la factorerie, il mourut tout à coup : il était gros comme un âne et naturellement n'avait pas encore de dents; les pauvres Bakalais ne purent qu'apporter son cadavre. Ce fut à nous, bien entendu, qu'ils s'adressèrent pour le vendre, car nous seuls achetions des bêtes mortes; on nous demandait la valeur de 75 francs, mais nous marchandâmes tant et si bien que nous l'obtinmes pour un pagne, du tabac et des perles, coûtant en tout 8 fr. 75; il est vrai que nous prîmes seulement de l'éléphant ce qui nous était utile, la peau et le squelette[1]. La viande fut consciencieusement rendue aux Bakalais : ils en firent séance tenante un grand repas, dans lequel ils mangèrent, suivant leur usage en pareil cas, jusqu'à ce que leur ventre fût gonflé comme un véritable ballon.

Pour moi, j'avais renoncé à tirer l'éléphant; mais, en revanche, je poursuivais les singes avec une ardeur impitoyable : il y a surtout une grande espèce appelée par les noirs le ncago, à laquelle j'ai fait une guerre acharnée; le ncago dont le sommet de la tête est d'un rouge tirant sur le roux, atteint souvent une taille assez élevée; c'est un des animaux les plus bruyants que je connaisse. Ils sont fort sociables entre eux et grands amateurs

---

[1] La peau n'a pas pu être bien conservée, faute des ingrédients nécessaires; le squelette a été expédié à M. Bouvier, dans la collection duquel il figure aujourd'hui.

de crustacés; aussi le matin, au lever du soleil, on les voit souvent sur les bords de l'eau, marchant à la file indienne et en bandes innombrables; de temps à autre ils s'arrêtent pour happer les crabes et les poissons de marais qu'ils rencontrent sur leur passage; en tête s'avance toujours d'un air digne quelque vieux mâle beaucoup plus grand et beaucoup plus méchant que les autres : une fois je comptai quatre-vingt-sept ncagos à la suite l'un de l'autre, je crus que la procession ne s'arrêterait jamais; une autre fois je tombai à l'improviste droit au milieu d'une troupe presque aussi nombreuse, ils grimpèrent lentement sur les arbres qui étaient au-dessus de ma tête, et se mirent à pousser des hurlements affreux, à sauter sur les branches basses, et à faire mine de vouloir m'attaquer; j'en blessai deux de mes deux coups et les autres s'enfuirent : cette fois je m'en tirai avec les honneurs de la guerre; il n'en a pas toujours été ainsi. Je me souviens qu'un jour, à la Tismité (Nicaragua), m'étant vu obligé par suite de besoins culinaires très-pressants, à tirer un jeune singe qui gambadait au-dessus de ma tête, sa mère, une énorme guenon noire, s'élança vers moi d'un bond prodigieux : je la reçus presque sur mon fusil et la tuai à bout portant; au même instant toute la bande, qui se composait d'une vingtaine de singes noirs, se mit à lancer sur moi une quantité de sapotes (sorte de fruit aussi gros que le coco et non moins dur) qui faillit m'assommer. Je remis deux cartouches dans mon fusil et tuai deux de mes adversaires : la rage des autres redoubla, les projectiles plurent dru comme grêle, et je fus obligé de fuir honteusement, abandonnant mes victimes sur le champ de bataille. C'est de ce jour que date ma grande haine contre les singes. Mais je dois dire que de toutes les chasses, c'est celle des oiseaux que je préfère, de certains surtout, comme le foliotocole et les touracos, avec lesquels il faut constamment lutter de ruse et de vigilance; peu d'oiseaux sont aussi méfiants que les touracos : il n'y a qu'un moyen de les atteindre, c'est de les chasser comme on chasse en France le ramier et le coq de bruyère, marchant sur eux quand ils font entendre leur chant, restant immobile et à plat ventre aussi longtemps qu'il leur plaît de garder le silence; malheureusement le touraco est très-peu bavard, il ne chante ou plutôt il ne croule que toutes les vingt minutes à peu près, et de plus il change constamment de place; aussi j'ai souvent mis trois ou quatre heures pour en approcher un et le tuer, mais aussi j'étais bien dédommagé de ma peine. Peu d'oiseaux sont aussi beaux et aussi gracieux dans leurs mouvements : leur taille est à peu près celle du ramier, le plumage de leur corps est d'un vert éclatant; ils courent sans cesse avec une extrême vitesse sur les grosses branches d'arbres, agitant leurs ailes couleur de pourpre, étalant leur queue d'un noir métallique et dressant leur belle huppe; quand ils ne sont que blessés, ils échappent presque toujours au chasseur, car ils se sauvent généralement beaucoup plus vite qu'une perdrix démontée. Le touraco constituait non-seulement un fort bel oiseau pour nos collections, mais encore un assez bon manger pour notre table; durant ce second séjour à Adanlinanlango, j'en tuai une assez grande quantité, car je découvris des arbres sur lesquels ils venaient tous les matins manger des grains rouges dont ils semblaient très-friands. Malheureusement tout n'était pas rose dans cette chasse qu'il fallait faire dans l'eau jusqu'à mi-jambe au milieu d'un marais infect, et je crois qu'elle a passablement contribué à me redonner avec plus de violence mes fièvres, qui, par hasard, s'étaient un peu ralenties depuis mon retour chez le roi-Soleil. J'eus de plus le désagrément d'y faire une rencontre qui aurait pu très-mal tourner pour moi : un jour que je pataugeais avec le moins de bruit possible dans mon marais, cherchant à me dissimuler derrière quelques grandes lianes, pour m'approcher de deux touracos que je voyais à une centaine de mètres, je me trouvai tout à coup nez à nez avec un énorme serpent vert qui, au lieu de fuir, ainsi que le font habituellement tous les reptiles devant l'homme, resta immobile, dardant sa langue et fixant sur moi des yeux qui me semblèrent alors lancer des éclairs; la morsure du serpent était mortelle et je le savais[1], tout mouvement trop brusque l'aurait déterminé à s'élancer sur moi. Je reculai donc lentement, jusqu'à ce que, élevant graduellement mon fusil, je pus le tenir en joue; je respirai alors, comme quelqu'un qui vient d'être soulagé d'un poids terrible. C'est la seconde fois que pareille aventure m'arrive; la première fois, c'était un floride dans les roseaux de *Saltlake*, avec un serpent mocassin, espèce également très-venimeuse, et les deux fois je rendis grâces à Dieu de m'en être tiré sain et sauf.

Parmi les oiseaux que je tuai avec le plus de plaisir à cette époque, je dois citer un énorme coucou et un ravissant petit guêpier bleu, à la gorge d'un rouge très-vif (*mérops gularis*). Depuis, Marche en a tiré deux d'un coup; ces trois spécimens, que nous avons, bien entendu, empaillés avec le plus grand soin, sont les seuls que nous ayons jamais rencontrés; en revanche, une autre espèce de guêpier fort joli, le *mérops bicolor*, qui a la poitrine et le devant du corps d'un très-beau rose, se trouve en abondance dans toute

---

[1] Il ne s'agit pas, bien entendu, du serpent vert dit *serpent des palmiers*, qui est très-commun au Sénégal et au Gabon, et parfaitement inoffensif.

l'Afrique équatoriale ; son vol ressemble à celui de l'hirondelle, et comme elle il se rassemble en bandes nombreuses. Les belles couleurs de ces oiseaux brillent d'un éclat incomparable quand, par un beau soleil, ils se jouent dans les airs à la poursuite des moucherons et des insectes de toute nature dont ils font leur proie.

Mais laissons de côté ces volatiles, qui inspireront sans doute à la plupart des lecteurs beaucoup plus d'intérêt qu'à moi, et arrivons au récit d'une excursion que nous fîmes aux chutes de Samba et au pays des Ivéia, peuple inconnu même de nom jusqu'à notre voyage. Le 27 novembre, nous entrâmes, avec *le Delta*, qui avait à son bord M. Walker, M. Amoral, Marche et moi, dans le N'Gounié, vaste affluent de l'Ogooué, dont l'importance est considérable à tous les points de vue. Ses bords sont habités par des Bakalais, puis par des Ivilis, qui, comme je l'ai dit, ont depuis peu opéré un grand mouvement d'émigration vers le Nord. Le 30 novembre, nous arrivions aux chutes de Samba, point extrême atteint par les blancs avant nous. M. Duchaillu y serait, d'après ses écrits, arrivé par le pays des Ashiras ; mais avec l'exagération qu'on trouve trop souvent dans les récits de ce voyageur, il fait une description fantastique de ce qu'il appelle des chutes immenses dont le fracas retentit à plusieurs milles de distance ; il les a pompeusement baptisées du nom de cataractes Eugénie, en l'honneur de S. M. l'Impératrice [1]. La vérité est que les chutes de Samba sont fort ordinaires, et que lorsque les eaux du N'Gounié ont crû, ce qui était le cas au moment de notre voyage, ces cataractes tant vantées ne tombent pas de plus de trois ou quatre pieds de haut.

Nous campâmes sur une petite île, presque au pied des chutes. Marche prit deux ou trois vues photographiques de notre installation; il est bien malheureux que ces photographies n'aient pas réussi [2], car il est impossible de rien imaginer de plus pittoresque que le coup d'œil présenté alors par notre camp.

Des huttes de feuillage avaient été construites à la hâte, l'une pour M. Walker, l'autre pour Marche et moi. Sur la première flottait le pavillon anglais; sur la seconde se déployait un grand drapeau français; les moustiquaires en paille de nos hommes, bien alignés et plantés chacun sur quatre pagaies, ressemblaient à autant de petites tentes; les fusils

---

[1] M. Duchaillu, en parlant de ces chutes, les appelle à tort Samba n'Agoshi (Samba et Agoshi). Agoshi *est un lieu révéré des noirs, éloigné de Samba de plus de quinze milles.*

[2] Nous avions emporté de France des plaques toutes préparées par un procédé nouveau inventé par M. Strebing, préparateur au Collége de France, mais l'humidité sans égale du climat a couvert les clichés de moisissure et les a à peu près tous entièrement détériorés. Il y a là une perte infiniment regrettable sous tous les rapports.

étaient en faisceaux, et un petit canon, enlevé au *Delta,* protégeait le seul endroit accessible de l'île que nous occupions. Nos hommes, assis en cercle sur le sable, fumaient leur haschisch d'un air béat. Derrière nous, se dressait une colline élevée, au sommet de laquelle on apercevait, perché comme un nid d'aigle, le village ivilis de Kongo-Mboumba ; devant nous, à quelques pas seulement, tombaient avec bruit les chutes de Samba, toutes blanches d'écume, tandis que, dans le lointain, la vue se reposait avec plaisir sur le sommet bleu des petites montagnes d'Issongué. Des hauteurs environnantes, les indigènes nous regardaient avec curiosité et terreur. Ce fut seulement trois ou quatre heures après notre arrivée que quatre ou cinq Ivilis, armés jusqu'aux dents, se décidèrent à parlementer avec nous : quelques cadeaux les apprivoisèrent cependant, et quarante ou cinquante hommes finirent par nous rendre visite; mais ils étaient inquiets et se tenaient toujours sur le qui-vive, craignant sans doute d'être saisis par nous et emmenés pour être vendus comme esclaves. Le lendemain, dimanche, 1er décembre, nous grimpâmes, non sans peine, Marche, Amoral et moi, jusqu'à Kongo-Mboumba. C'est un gros bourg dont les cases en bambou, propres et bien construites, sont alignées sur deux rues parallèles ; en ce moment, il semblait parfaitement désert, car tous les habitants, à notre approche, s'étaient enfermés chez eux. Nous nous mîmes à nous promener tranquillement, montant, puis redescendant les deux interminables rues.

Bientôt, nous fûmes suivis à distance respectueuse par sept ou huit nègres, puis par vingt, puis par cinquante, et enfin nous eûmes à nos trousses deux ou trois cents individus. On eût dit une procession funèbre, car ils nous suivaient lentement et sans souffler mot, mais il nous suffisait de nous retourner pour causer une panique générale à tout le cortége; tout le monde se sauvait et se bousculait, les femmes surtout criaient comme des brûlées. Au bout de quelque temps cependant, un certain nombre d'hommes s'enhardit, et ceux d'entre eux qui parlaient mpongwé nous entourèrent et commencèrent à causer avec nous. En venant à Kongo-Mboumba, nous n'avions pas seulement pour but de satisfaire notre curiosité, nous voulions trouver à louer une pirogue et engager quelques Ivilis qui consentissent à nous guider sur le N'Gounié au delà des chutes de Samba. Nous brûlions du désir de pénétrer dans ces régions, vierges encore du contact des blancs. Après bien des difficultés, nous finîmes par trouver quatre hommes qui promirent de venir nous prendre en pirogue au camp, et de nous guider jusqu'à Bouali, très-grande ville, suivant eux, dans laquelle habitaient, disaient-ils, des hommes d'une race différente de la leur, et qu'on appelait des Ivéia. Notre départ fut fixé au lendemain matin, et ce jour-là, en effet, dès l'aurore, les guides que nous avions arrêtés la veille arrivaient; seulement, ils étaient dans une toute petite pirogue qui faisait eau de tous côtés : c'était, disaient-ils, la seule qu'il leur avait été possible de trouver. Nous fîmes bien un peu la grimace, mais il n'y avait pas le choix et il fallait en passer par là. Nous nous installâmes de manière à conserver notre équilibre le mieux possible et nous partîmes à six heures et demie du matin. M. Walker ne nous accompagna pas, il avait quelques affaires à traiter avec les Ivilis et, d'ailleurs, il nous dit que c'était de la démence d'affronter les rapides dans un pareil bateau.

Il nous fallait d'abord tourner les chutes de Samba, ce que nous fîmes en suivant un petit bras du N'Gounié qui quitte le fleuve à deux kilomètres au-dessus de ces chutes pour le rejoindre non loin de l'endroit où nous étions campés. Ce bras, de peu de largeur, a cependant un courant impétueux et hérissé d'écueils; nos hommes eurent toutes les peines du monde à le remonter. Au bout de deux heures, cependant, nous rejoignîmes le N'Gounié, qui présente en cet endroit une largeur vraiment imposante, mais son cours est obstrué par des rapides effrayants. Arrivés au premier de ces rapides, nos hommes nous dirent, avec raison, du reste, qu'une pirogue comme la nôtre chavirerait cent fois en essayant de le franchir, et qu'il nous fallait débarquer et marcher jusqu'à Bouali. En conséquence, nous mîmes pied à terre, et nos guides, après avoir tiré à eux la pirogue et l'avoir cachée dans un fourré, emboîtèrent le pas devant nous. Le chemin qu'il fallait suivre pour gagner Bouali était aussi pittoresque que peu praticable ; j'ose dire qu'il était plutôt fait pour des cabris que pour des hommes. Il fallait gravir des côtes à pic, les redescendre, sauter de rocher en rocher, passer des torrents sur des ponts de liane, etc., etc. Les Ivilis, rompus à ce jeu, et d'ailleurs n'ayant guère à porter qu'eux-mêmes, nous devançaient légers et alertes. Marche, qui a toujours été adroit, se tirait d'affaire tant bien que mal ; mais moi, déplorablement inhabile par nature aux exercices gymnastiques, chaussé de bottes énormes, armé jusqu'aux dents et coiffé d'un vaste feutre qui s'accrochait à toutes les branches, j'aurais volontiers arrêté à toute minute nos guides pour leur expliquer, comme jadis le major Dalgetty à Ranald du Brouillard, qu'il est bien différent de voyager *impeditus* ou *expeditus*. Je faillis me casser vingt fois le cou, et j'étais haletant et à bout de forces quand nous arrivâmes à Bouali. C'est, comme nous l'avaient dit nos guides, une grande agglomération de cases très-proprement faites. Elles sont construites sur un pic assez élevé, contourné par le N'Gounié, qui fait en cet endroit un coude brusque vers le sud, et accessible seulement par l'infernal chemin que nous venions de suivre à nos risques et périls.

Les habitants, loin d'imiter la poltronnerie des Ivilis, se précipitèrent en foule au-devant de nous avec une curiosité des plus bruyantes et des plus démonstratives. Quelques hommes qui paraissaient jouir sur les autres d'une certaine autorité, eurent toutes les peines du monde à nous frayer un chemin à travers la foule et à nous conduire dans une grande case qui paraissait destinée à recevoir les étrangers. A peine y avions-nous pris place sur une sorte de banc, que la multitude envahit le logis et se pressa contre nous en gesticulant et en faisant un tapage épouvantable. Il nous fut longtemps impossible de nous faire entendre : lorsque nous obtînmes un moment de répit, nous criâmes en mpongwé que nous désirions voir l'òga, c'est-à-dire le roi. Un gaillard de six pieds se présenta aussitôt et nous dit qu'il était le roi. Un murmure approbateur ayant confirmé son assertion, nous lui tendîmes la main et lui donnâmes une bouteille de rhum, un peu de tabac et un couteau. Il prit le tout, nous remercia d'un signe de la tête et s'éclipsa. Deux minutes ne s'étaient pas passées, qu'arriva un nouveau roi ; cet homme, déjà âgé et à l'air assez imposant, déclara, avec l'assentiment général, que le premier individu à qui nous avions fait un cadeau était un vil intrigant, et que lui-même qui nous parlait était le seul roi de tous les Ivéia. — Il est peut-être dans le vrai, dis-je à Marche qui faisait déjà la grimace, et il faut éviter avec soin de froisser ces populations primitives. En conséquence, l'orateur reçut une demi-bouteille d'eau-de-vie et quelques feuilles de tabac : il parut satisfait et s'assit à côté de nous ; tout à coup, à notre profonde exaspération, surgit un troisième prétendant au titre de roi, et, ce qui est plus fort, toute l'assistance applaudit à sa réclamation, y compris le vieillard qui venait à l'instant même de se faire traiter en souverain. Nous envoyâmes promener tous ces gens qui se moquaient évidemment de nous, après quoi nous demandâmes si l'on ne pourrait pas nous vendre un poulet et quelques bananes dont nous voulions faire notre déjeuner. On nous en apporta de vingt côtés à la fois, mais en nous en demandant un prix si absurde que nous sortîmes de nos carniers un touraco et deux écureuils que nous avions tués en route, et nous ordonnâmes à un de nos Ivilis d'aller nous les faire rôtir, disant que nous ne voulions pas autre chose pour notre repas. Les Ivéia changèrent alors de ton, et nous offrirent les poulets et les bananes à vil prix ; ils se pressaient contre nous en criant tous ensemble et à tue-tête, et en nous mettant sous le nez les volatiles et les denrées qu'ils voulaient nous forcer d'acheter ; c'était un tapage et un désordre infernal. Tout à coup, au plus fort du tumulte, on entend retentir le bruit d'une clochette agitée avec force. A ce son, bien connu sans doute de ces gens-là, une révolution complète s'accomplit comme par enchantement : les femmes se sauvent au plus vite et courent s'enfermer chez elles ; quatre ou cinq d'entre les hommes seulement restent auprès de nous et s'assoient sans mot dire à nos pieds, les autres sortent et vont s'aligner sur deux rangs devant notre porte. Nous ne fûmes pas longtemps à avoir l'explication de ce changement à vue : devant une grande case, située en face de la nôtre, un homme se tenait debout, une clochette à la main ; il l'agita trois fois, à de courts intervalles : la porte de la case s'ouvrit, et il en sortit un vieillard presque centenaire qui marchait en branlant sa tête ornée d'une longue barbe blanche et coiffée d'un bonnet rouge. Il tenait à la main deux clochettes emmanchées au bout d'un bâton curieusement travaillé[1], et qu'il faisait sonner en marchant. La foule s'inclinait sur son passage dans l'attitude du plus profond respect. Il entra dans notre case et s'avança lentement vers nous : on eût entendu voler une mouche. Après avoir pris nos

---

[1] Ces clochettes ressemblaient assez à celles qu'on met au cou des vaches dans certaines parties de la France : seulement, il y en avait deux réunies l'une à l'autre et enfoncées au moyen de deux tiges de fer dans un morceau de bois dont les sculptures un peu primitives représentaient une tête de femme à deux visages. Nous avons rapporté des sonnettes de fabrique pahouine assez semblables à celles-là.

deux mains dans la sienne, et les avoir portées à son
cœur, il s'assit sur notre banc, entre Marche et moi.
Cette fois, il n'y avait pas à s'y tromper, c'était le
vrai roi. Heureusement il nous restait une bouteille
de rhum, que nous lui donnâmes avec du tabac, un
petit miroir et un couteau. Il paraît que le vieillard,
dans sa longue carrière, avait déjà eu occasion d'apprécier l'eau de feu, car son regard éteint brilla
d'une lueur subite à la vue du rhum ; il porta la
bouteille à ses lèvres, but à longs traits, puis ordonna qu'on lui apportât une grande coupe de bois,
la remplit de cette liqueur chérie, en but encore,
puis en fit circuler un peu au milieu de ceux de ses
sujets, les grands seigneurs, sans doute, qui étaient
dans la case. Il restait encore un tiers de la
bouteille environ, les courtisans le couvaient des
yeux et attendaient une seconde distribution ; mais
le roi déçut toutes leurs espérances en faisant porter, par un esclave, ces précieux restes dans la case
royale. Ce digne homme ne parlant pas mpongwé,
un de nos Ivilis, qui connaissait cette langue et la
langue ivéia, lui servit d'interprète. Il déclara qu'il
avait longtemps soupiré après la venue des blancs
dont les splendeurs étaient parvenues jusqu'à lui ;
que maintenant son cœur était heureux, et il mourrait content, car ses yeux avaient vu ce que les yeux
de ses pères n'avaient pu voir : la venue des blancs.
Ce discours, commencé comme le *Nunc di-*

mittis et débité avec solennité, eut, je regrette de le dire, une péroraison un peu triviale : le roi conclut en nous demandant un morceau d'étoffe pour se mettre autour des reins. Au fait, le pauvre diable en avait terriblement besoin, et nous fîmes un heureux à peu de frais.

Cependant notre intention n'était pas de nous arrêter à Bouali, mais de pousser plus loin notre exploration du N'Gounié. Nous eûmes toutes les peines du monde à trouver des hommes et une pirogue ; nous y arrivâmes cependant, mais il nous fallut employer une bonne partie des marchandises que nous avions apportées à payer d'avance quelques pagayeurs, qui demandèrent un prix vraiment exorbitant. Les quatre Ivilis qui nous avaient amenés à Bouali renforcèrent notre équipage, et nous partîmes à une heure de l'après-midi : la navigation était réellement très-pénible, les rapides succédaient aux rapides, et il fallait toute l'adresse et toute la vigueur de nos hommes pour les franchir. Vers six heures du soir nous arrivâmes à Étambé, dernier village du pays des Ivéia. Là, nos hommes refusèrent péremptoirement de nous conduire plus loin. Ils soutinrent qu'à partir de ce moment le N'Gounié devenait horriblement dangereux et appuyèrent cette assertion de toutes sortes d'histoires fabuleuses. Nous étions à la merci de ces gens-là, et bon gré, mal gré, il fallut en passer par leurs volontés. Nous mîmes pied à terre pour planter le pavillon français sur la meilleure case d'Étambé, dernier point exploré de ces contrées; après quoi nous remontâmes en pirogue et descendîmes le fleuve jusqu'à un grand village ivéia, dans lequel nos hommes avaient décidé que nous passerions la nuit. A peine débarqués, nous fûmes entourés par une foule nombreuse, qui, sachant déjà que nous avions acheté à Bouali des nattes, des idoles, de petits couteaux et autres objets fabriqués dans le pays, en apportaient en quantité à vendre. On nous conduisit dans la case du roi, très-spacieuse et vraiment assez confortable. Là, nous fîmes un assez grand nombre d'acquisitions. De petites glaces et une sorte de ballons à musique, tels que l'on en vend dans les bazars, eurent le plus grand succès auprès des indigènes. Les femmes semblent très-coquettes : elles portent une coiffure monumentale, haute de plus de cinquante centimètres, et se mettent sur la figure beaucoup de rouge et de jaune. Quelques-unes avaient autour des reins des nattes de paille très-fines, rayées de rouge et confectionnées dans le village même. Nous leur fîmes signe que nous voulions en acheter de semblables. Immédiatement elles se défirent devant nous de celles qu'elles portaient, paraissant beaucoup plus soucieuses d'acquérir de petits miroirs ou des colliers de perles que de conserver leur seul et unique vêtement. Pendant quelque temps nous achetâmes tous les bibelots qu'on nous proposait, mais bientôt il fallut arrêter les frais, car nous avions complétement épuisé les marchandises qui nous restaient. Au moment où nous faisions signe que la caisse était fermée, le roi du village fit son entrée. C'était un grand escogriffe coiffé d'une casquette de velours, et drapé dans un morceau de toile à voiles. Il s'assit à côté de nous sans rien dire, et resta ainsi un bon quart d'heure. Nous savions parfaitement où il voulait en venir, mais nous ne lui faisions pas de cadeau, par la raison toute simple que nous n'avions rien à lui donner. A la fin, il appela un homme qui pouvait nous traduire ses paroles, et nous fit demander quel don de bienvenue nous comptions lui faire. Nous répondîmes que, malheureusement, nous n'avions plus rien avec nous; mais que, s'il voulait nous accompagner le lendemain jusqu'aux chutes de Samba ou y envoyer quelqu'un avec nous, il recevrait un présent généreux. Notre hôte ne l'entendait pas ainsi, il ne voulait pas d'hospitalité à crédit; il entra dans une colère terrible, sortit de la salle et prononça devant la case un long discours accompagné de gestes d'énergumène que, naturellement, nous ne comprîmes pas. Quelques instants après, nos guides vinrent nous trouver et nous dirent de venir avec eux, qu'il valait mieux passer la nuit plus loin. Nous les suivimes machinalement; le temps était affreux, et nous fîmes environ trois quarts de lieue dans des chemins impossibles. Enfin, nous arrivâmes à quelques cases misérables et mal construites dans lesquelles demeuraient des esclaves.

C'est là, nous dirent nos guides en nous montrant l'une d'elles, que vous allez coucher. Nous demandâmes avec colère pourquoi nous avions quitté une bonne case pour venir dans un pareil bouge. Nos guides ne voulurent pas d'abord répondre ; mais enfin, pressés de questions et menacés d'une réduction sur leur paye, ils nous avouèrent que le roi, auquel nous n'avions pas pu faire de cadeau, nous avait expulsés de son village comme des mendiants suspects. Nous dûmes coucher sur la terre nue, dans une misérable hutte infestée de vermine et de moustiques. A deux heures du matin, ne pouvant plus y tenir, nous forçâmes nos hommes à se lever et à repartir avec nous pour Bouali ; nous prîmes la route de terre et nous arrivâmes à six heures du matin. A sept heures, nous nous remîmes en mouvement pour les chutes de Samba, près desquelles nous rejoignîmes *le Delta*, qui était déjà sur ses feux et leva l'ancre à cinq heures du soir. On ne fit que quelques milles ce jour-là et la nuit fut passée dans un village bakalais, à l'entrée de la rivière Akoio. Il avait été convenu avec M. Walker que nous explorerions le lendemain cet affluent du N'Gounié qui, suivant les noirs, était une rivière importante, navigable pour *le Delta* et conduisant à un lac immense. En conséquence, le lendemain, de très-bonne heure, notre petit vapeur s'engageait dans l'Akoio. Pendant 18 ou 20 milles tout alla bien, sauf l'extrême violence du courant, qui ne laissait pas de nous causer une certaine inquiétude. Bientôt retentit à nos oreilles un bruit étrange, semblable au mugissement d'une cataracte; nous voulûmes stopper, mais notre pilote, un parent de N'Combé, qui prétendait avoir déjà remonté l'Akoio, affirma qu'il n'y avait aucun danger, avec un tel aplomb, que nous crûmes entendre quelque torrent qui se précipitait dans l'Akoio. Tout à coup, en tournant l'un de ces coudes brusques que la rivière faisait à chaque instant, nous nous trouvâmes à trente mètres d'une chute d'eau formidable. La rivière tombait en cet endroit d'une hauteur de sept à huit pieds. — M. Walker cria aussitôt : « Machine en arrière! » mais il était trop tard, *le Delta* avait touché et restait pris entre deux rochers. Nous le crûmes perdu; mais par des efforts inouïs et un travail acharné qui dura une journée entière, nous pûmes le faire démarrer au moyen de cordes attachées au rivage. Nous en fûmes quittes pour la perte de nos deux ancres et pour quelques avaries sans gravité. J'ai rapporté cet incident surtout parce qu'il nous a montré, une fois de plus, combien peu nous pouvions compter sur les noirs qui nous accompagnaient : aussitôt que le vapeur toucha, croyant

Nos grandes pirogues de l'Ogooué.
Dessiné par M. Breton, d'après une photographie de ———.

sans doute qu'il allait couler, ils se jetèrent pêle-mêle dans les deux canots que *le Delta* portait avec lui, coupèrent les amarres et filèrent à la dérive, laissant MM. Walker, Amoral, Marche et moi, nous tirer d'affaire comme nous pourrions. Tous ces braves accostèrent une petite île à quarante mètres de nous, et, pendant près d'une heure, nous épuisâmes en vain, pour les rappeler, notre répertoire d'injures anglaises, françaises et gabonaises. Au bout de ce temps seulement, les hommes du grand canot se décidèrent à revenir vers nous, ce qu'ils eurent, du reste, toutes les peines du monde à faire, à cause du courant; les autres fuyards passèrent la nuit sur leur île et ne nous rejoignirent que le lendemain matin au jour. Pour comble de malheur, tandis que nous travaillions avec acharnement à dégager le navire, nous fûmes tout à coup assaillis par un essaim d'abeilles sauvages qui s'acharnèrent sur nous avec une rage sans pareille; nous fûmes tous cruellement piqués : la fumée et tout ce que nous mîmes en œuvre pour chasser ces envahisseurs désagréables ne servirent qu'à les exaspérer davantage, et c'est seulement quand la nuit commença à venir que les abeilles abandonnèrent la position. Il était deux heures de l'après-midi quand nous regagnâmes Ihango, le village bakalais dont nous étions partis la veille au matin. Nous y passâmes une journée tandis que M. Walker faisait couper du bois pour son vapeur. Le pays était très-giboyeux et j'y fis une très-belle récolte d'oiseaux, notamment de foliotocales, de merles métalliques et d'une ravissante espèce de gobe-mouches à longs brins (*muscicapa* Chaillui); seulement vers le soir je me perdis dans la forêt. Après de longs tâtonnements je parvins, grâce à la boussole, à m'orienter à peu près, mais je fus obligé de traverser un cours d'eau assez large à la nage pour regagner notre campement, et je n'arrivai que fort tard dans la nuit. Marche se vengea du nègre qui avait failli causer la perte du *Delta* en s'offrant si impudemment comme pilote sur la rivière Akoïo qu'il n'avait sans doute jamais vue auparavant. Ce noir, qui était du reste proche parent de N'Combé, avait été l'un des premiers à nous abandonner au moment du danger; il fut aussi de ceux qui passèrent la nuit à terre et ne voulurent pas remettre les pieds sur le vapeur avant le lendemain matin; durant la nuit il s'était couché sur le haut d'une des berges escarpées qui dominent la rivière; il se laissa choir, je ne sais trop comment, et roula jusqu'au bas. A la suite de cette chute, il se plaignit pendant plusieurs jours de douleurs dans le dos et ne laissa à Marche ni trêve ni repos jusqu'à ce que celui-ci entreprît sa cure. Marche ne trouva rien de mieux que de le badigeonner de la tête aux pieds avec de l'acide phénique, ce qui, à sa profonde stupeur, le fit passer du noir au blanc, couleur qu'il conserva jusqu'à ce qu'il eût fait une nouvelle peau, ce qui ne tarda pas du reste, toute sa peau primitive étant tombée au bout de huit jours. Trois jours après l'accident de la rivière Akoio, nous étions de nouveau à Andanlinanlango. Dès notre retour, nous eûmes, Marche et moi, un autre spécimen de l'ingratitude des Gabonais. François Koëben, Ouakanda et Joseph vinrent nous déclarer, malgré les promesses formelles qu'ils nous avaient faites en partant du Gabon, qu'ils ne nous accompagneraient pas dans le haut Ogooué. Cette défection ne nous étonna pas, mais elle nous attrista. Ces gens-là étaient encore, en somme, les meilleurs qu'on pût trouver dans le pays; ils étaient avec nous depuis un an, et connaissaient bien notre service : nous les avions comblés de cadeaux, soignés dans leurs maladies, et nous avions la bêtise de croire qu'ils nous étaient attachés. Après tout, ce n'est pas au Gabon seulement qu'on a des déceptions avec les domestiques, et nous aurions dû nous y attendre; d'ailleurs, sur quatre, ils nous en restait un fidèle.

Aussitôt que nous eûmes appris le départ de François et des deux boys, nous fîmes comparaître Chico, et je lui demandai si son intention était de nous quitter comme les autres. — Mon père (Chico appelait indifféremment Marche et moi : mon père ou ces messieurs; mon père, par suite d'une habitude contractée à la mission; ces messieurs, parce que c'est le nom sous lequel j'étais, comme mon compagnon, du reste, connu au Gabon¹). — Mon père, répondit Chico, qui donc m'a amené du Gabon ? qui donc m'a pris mourant de faim et nu pour m'habiller et me nourrir ? Toi. Pourquoi donc m'en irais-je ? Non, ces messieurs, je ne te quitterai pas : où tu seras, tu me trouveras. — Ce discours touchant, sous une forme ridicule, valut à Chico une augmentation considérable dans ses appointements.

Le 2 décembre, M. Walker partit avec *le Delta* pour inspecter ses factoreries du lac Z'Onangué ; il se proposait aussi dans cette excursion de visiter le lac Isanga, d'en déterminer la latitude, et d'explorer ensuite le lac Oguémouen aussi loin qu'il pourrait le faire avec son petit vapeur. Marche l'accompagna dans cette tournée ; j'étais assez souffrant le jour où il partit. *Le Delta* leva l'ancre à quatre heures du soir. Comme je revenais de dire adieu à ceux qui partaient, je fus pris par les vomissements et la fièvre et allai me coucher sur mon lit de bambous. L'accès passé, je ne tardai pas à m'endormir profondément ; vers trois heures du matin je me réveillai avec un violent mal de tête et une soif ardente ;

---

¹ Les officiers de marine disaient généralement : « Ces messieurs », en parlant de nous, et demandaient souvent aux nègres : « Où sont ces messieurs ? as-tu vu ces messieurs ? » Il en résulta que (Marche ou moi, nous allions même l'un sans l'autre nous promener au plateau) une foule de gens nous adressaient le salut suivant : « Bonjour, ces messieurs, comment vas-tu ? »

j'avais de l'eau sur une table au milieu de la case, et me relevai, naturellement dans un costume très-léger afin d'aller boire ; à peine avais-je fait deux pas sur le sol, que je ressentis une douleur atroce, des milliers de bêtes me mordaient à la fois si cruellement, que je n'eus que le temps de m'élancer vers la porte en criant comme un brûlé. J'avais mis les deux pieds dans une colonne serrée de fourmis bashikouais qui défilaient paisiblement au milieu de ma case, et en quelques secondes j'en avais été littéralement couvert. Mes hurlements eurent bientôt mis sur pied François, Chico et les deux boys, qui se mirent en devoir de me débarrasser au plus vite de ces bêtes malfaisantes ; mais les bashikouais, dont les pinces ressemblent assez à ces doubles hameçons dont on se sert pour pêcher le brochet, mordent avec un tel acharnement que la plupart du temps on n'arrache que le corps, la tête reste dans la plaie. Par bonheur leur morsure est plus douloureuse que venimeuse, et généralement on ne s'en ressent plus guère trois ou quatre heures après. Un voyageur novice eût à ma place précipité de la cendre chaude ou de l'eau bouillante sur cet ennemi qui envahissait mes appartements, mais je m'abstins soigneusement de ce procédé, qui n'aurait eu d'autre résultat que de disperser les bashikouais au milieu de toute ma chambre, et d'en inonder mon lit et mes effets ; j'attendis que toute l'armée ennemie eût défilé sur mon territoire et voulût bien me rendre la liberté de gagner mon lit, ce qui n'eut lieu qu'au bout de deux heures.

Puisque nous en sommes à ce petit incident de ma vie, incident qui ne m'arrivait, du reste, ni pour la première, ni pour la dernière fois, je crois le moment venu de faire faire connaissance au lecteur avec quelques membres de cette légion de petits êtres malfaisants qui aiguillonnent sans relâche le malheureux explorateur dans l'Afrique équatoriale, et qui sont un accessoire aussi inévitable qu'intolérable de son voyage. A tout seigneur, tout honneur; la palme est certainement au moustique; au reste, sa renommée sanguinaire est si bien établie, qu'il est superflu de s'étendre sur les raisons qui lui font donner le prix comme « *greatest nuisance* »; qu'il me suffise de dire qu'il y en a au Gabon de tout calibre et de toute espèce, que dans beaucoup d'endroits il n'y a pas moustiquaire qui puisse en garantir, et que jamais, si épuisé que je fusse par la fatigue, la maladie ou la privation de sommeil, je n'ai pu dormir dans un endroit où il y avait beaucoup de moustiques. On ne s'habitue jamais à lui. Cet *excrément de la terre,* pour me servir du terme employé par le bon La Fontaine, a pour auxiliaire acharné le *fourou,* ce féroce petit moucheron que j'ai eu occasion de décrire en parlant de notre séjour chez Bounda; beaucoup plus petit que le moustique, il ne lui cède en rien pour la méchanceté, et comme on le rencontre quelquefois par véritables nuages, comme aucun moustiquaire n'est d'un tissu assez serré pour lui barrer le passage, je ne sais vraiment pas s'il n'est pas plus horripilant encore que le moustique. Viennent ensuite, dans ce classement par ordre de bêtes désagréables, l'innombrable tribu des fourmis; M. Duchaillu en compte dix espèces bien distinctes, et il y en a davantage ; nous nous contenterons de donner quelques détails sur les espèces les plus malfaisantes. D'abord, sur les bashikouais, qui avaient failli me dévorer ce jour-là. Cette fourmi est de beaucoup la plus grosse et la plus vorace de toutes celles qu'on rencontre dans l'Afrique équatoriale. Voici ce qu'en dit M. Duchaillu, qui les a parfaitement observées : « Je ne crois pas qu'elles se construisent un nid, ni aucune sorte de demeure. Jamais elles n'emportent rien ; elles mangent tout sur place. Leur habitude est de marcher à travers les forêts sur une longue file régulière; cette ligne mouvante, qui se présente sur deux pouces de large, a souvent plusieurs milles de long. Sur les flancs de cette file sont les fourmis les plus grosses qui se comportent comme des officiers, se tenant hors des rangs et maintenant le bon ordre dans cette singulière armée. Si elles arrivent à un endroit où il n'y a pas d'arbres pour les abriter contre le soleil dont l'ardeur leur est insupportable,

3.

elles creusent tout de suite un chemin souterrain par où toute l'armée passe en colonne et va rejoindre la forêt. Ces tunnels sont percés à quatre ou cinq pieds sous terre ; elles ne s'en servent que pendant la chaleur du jour, ou lorsqu'il survient quelque orage. Sont-elles affamées, la longue file change tout à coup son ordre, fait un changement de front absolument comme un bataillon, et se déploie dans la forêt en une large masse qui attaque et dévore tout ce qu'elle rencontre avec un acharnement furieux auquel rien ne peut résister. L'éléphant et le gorille fuient eux-mêmes devant cette poursuite redoutable. Les noirs se sauvent à toutes jambes, car il y va de la vie de rester en place. Tout animal qui se trouve sur leur passage est pourchassé à outrance. Il semble qu'elles exécutent les manœuvres d'après la tactique de Napoléon, en concentrant avec rapidité leurs forces vives sur le point d'attaque. En un rien de temps l'animal, souris, chien, léopard ou gazelle, est envahi, tué, dévoré, sans qu'il en reste rien que la carcasse toute nue. Elles voyagent nuit et jour. Plusieurs fois réveillé en sursaut, j'ai dû me précipiter hors de ma cabane et de là dans l'eau pour sauver ma vie, etc...» (*Afrique équatoriale.*) Je crois toutefois que M. Duchaillu a un peu exagéré en disant que l'éléphant les fuit et qu'elles dévorent des léopards. De plus, pour être juste, il faut ajouter qu'on ne rencontre pas très-souvent les bashikouais, et que d'ailleurs, à moins de tomber dedans à l'improviste par suite d'un accident comme celui qui m'arriva cette nuit-là, on s'en garantit facilement, simplement en se rangeant à droite et à gauche quand on les voit arriver ; car il est très-rare qu'elles attaquent autre chose que la proie qu'elles rencontrent droit devant elles. Quand elles envahissent une case, il ne faut pas les déranger, elles ne s'y arrêtent jamais longtemps, mais elles ne s'en vont qu'après avoir détruit tout ce qu'il y avait là de souris, crapauds, lézards, cancrelats, et une foule d'autres parasites, dont on est fort heureux d'être débarrassé par elles. Pour moi, comme pour tous les chasseurs, la fourmi la plus désagréable de toutes celles qui habitent ces pays est la fourmi rousse des feuilles. Tantôt, ainsi que les a vues M. Duchaillu, à l'extrémité des branches où elles trouvent de gros bouquets de feuilles, « elles collent ces feuilles l'une à l'autre par leurs bords et en font un espèce de sac gros comme une orange, » qui devient leur nid ; tantôt, comme je les ai le plus souvent observées moi-même, au moyen de nombreux filaments, elles roulent les feuilles des arbres en forme de cornets dans lesquels elles s'établissent. Ces fourmis sont grandes, avec le corselet très-allongé, et extrêmement méchantes et agiles. Combien de fois, poursuivant quelque oiseau, l'œil fixé sur les hautes branches d'un arbre, marchant tête baissée dans le fourré, ai-je été donner de la figure en plein dans un de leurs nids; c'était alors de vraies souffrances, car la douleur que cause leur morsure est très-vive et se prolonge souvent pendant plus de vingt-quatre heures. — Il y a encore une autre fourmi rousse qui défile en colonnes serrées à la manière des bashikouais, mais elles sont beaucoup plus petites et inoffensives; les indigènes les appellent ntchougou : ce sont celles-là que les Pahouins mangent bouillies. Il y a encore quatre ou cinq sortes de fourmis, parmi lesquelles est la grosse fourmi noire, qui, comme celles dont je viens de parler, se tiennent habituellement dans les bois et dans les champs, mais comme leurs mœurs n'offrent rien de très-spécial, je les passe sous silence et j'arrive à celles qui élisent domicile dans nos cases, en prennent possession, dévorent tout, perdent tout, anéantissent en un instant des collections faites pendant des mois de périls et de fatigue, et détraqueraient le cerveau le mieux organisé de naturaliste ou de voyageur. Dans celles-là aussi il y a plusieurs espèces; j'ai eu surtout occasion d'en maudire quatre : une très-grosse fourmi rousse qui ne travaille que de nuit, ne mord pas l'homme, mais fait un dégât affreux dans les provisions alimentaires; une petite fourmi noire, très-active et également très-carnassière ; et enfin, deux espèces microscopiques, l'une rouge, l'autre noire, qui vivent par myriades innombrables dans toutes les cases. « Elles paraissent avoir l'odorat très-fin; invisibles jusqu'à ce qu'elles sentent quelque aliment à leur portée, elles affluent alors on ne sait d'où et en telle quantité que le voyageur s'étonne et s'inquiète de se voir assiégé par une semblable armée. » (Duchaillu.) Il n'y a qu'un seul moyen de préserver ses collections et ses aliments de ce fléau domestique, c'est de tendre à travers toute la case une quantité de ficelles ou de cordes à chaque extrémité desquelles on place un fort tampon d'ouate que l'on imbibe tous les deux ou trois jours d'acide phénique ; on suspend tout à ces cordes ; encore cela ne suffit pas toujours, souvent les fourmis se laissent tomber du plafond sur leur proie, et de cette manière déjouent les précautions prises avec tant de soin.

Il me reste à dire quelques mots d'une espèce de fourmis qui, pour ne s'attaquer ni aux hommes ni aux aliments, pour n'être presque jamais visible, n'en cause pas moins assez souvent de véritables désastres. Je veux parler des termites : il n'est personne qui n'ait entendu parler de ces terribles petits rongeurs souterrains qui, « acclimatés en Europe, ont menacé de destruction les digues de la Hollande et qui minent encore en silence quelques maisons de la Rochelle et de Rochefort [1]. »

---

[1] Griffon du Bellay (*Tour du Monde*, 1865).

Des savants illustres n'ont pas dédaigné de leur consacrer de longs et sérieux travaux. Dans l'Afrique équatoriale surtout, les termites sont une grande calamité; il n'est point de case, si solidement bâtie, qui ne s'écroulerait sous leur travail incessant et mystérieux, si l'on ne prenait pas la précaution de la construire sur pilotis. Le voyageur laisse-t-il ses caisses sur le sol, en moins de huit jours, elles, les livres et les vêtements qu'elles renferment, sont troués comme un crible par les termites. Le négociant s'absente-t-il quinze jours de sa factorerie, il retrouve à son retour toutes ses marchandises dans l'état le plus déplorable; je me souviens, à Adanlinanlango, d'avoir vu sortir, sous les yeux de l'épicier Sinclair pétrifié d'horreur, vingt-cinq ballots d'étoffe entièrement saccagés. Il y a au Gabon une grande variété de termites, presque toutes sont d'un blanc jaunâtre et ne diffèrent que par la manière dont elles construisent leurs nids, qui sont tous remarquablement ingénieux et bien faits. Bâtis avec de la terre détrempée, ils acquièrent une extrême solidité; à l'intérieur ils renferment une infinité de petites cellules qui mettent les termites à l'abri du vent, de la pluie, et surtout des attaques de leurs ennemis, dont les plus redoutables pour eux sont les fourmis bashikouais. La plupart de celles de ces petites constructions que j'ai rencontrées étaient bâties sur le sol et affectaient identiquement la forme d'un énorme champignon; plusieurs d'entre elles avaient jusqu'à deux ou trois pieds de hauteur; d'autres termites établissent leur demeure, qu'elles construisent avec de la terre et des petits morceaux de bois, sur les grosses branches d'arbres très-élevés. Au Gabon, les noirs désignent tous les termites sous le nom de *n'chellais;* on les redoute assez pour que M. Duchaillu ait pu dire avec raison que, selon lui, « un des plus grands bienfaits dont on pourrait doter cette partie de l'Afrique, serait de la débarrasser de ce fléau. »

J'avais, en commençant ce chapitre, l'intention de donner au lecteur des détails sur les principaux insectes qui, dans l'Afrique équatoriale, empoisonnent l'existence du voyageur, mais je vois que ce travail me mènerait trop loin; je ne parlerai donc que pour mémoire des araignées, dont il y a au Gabon une quantité incroyable d'espèces. La plus redoutable est une énorme araignée jaune rayée de noir et armée de pinces formidables. On la trouve partout en grande abondance, et elle construit des toiles si épaisses, que souvent les soui-mangas, les nonnes et d'autres petits oiseaux s'y laissent prendre et égorger: des cancrelats brutes essentiellement destructrices, puantes et incommodes; des centripèdes dont la morsure donne une fièvre ardente; des mille-pattes, être inoffensif il est vrai, mais fort répugnant, car, au Gabon, il atteint souvent deux pouces et demi de longueur sur un pouce d'épaisseur ; d'une sorte de taupin qui se jette à tout instant dans votre figure et, ce qui est plus grave, perce au travers des livres, des effets et des malles, de petits trous ronds dans lesquels il élit domicile ; de cinquante ou soixante espèces de diptères ou punaises des bois ; des poux de bois... et de corps ; en un mot de toute la vermine, et Dieu sait qu'elle est innombrable en espèces et en individus ; des éphémères qui, lorsqu'on dîne, tombent par milliers dans le potage, etc., etc... J'en passe, et des meilleurs, car leur nom est légion, et on écrirait un volume sans arriver à faire connaître toutes ces bêtes malfaisantes.

CHAPITRE II

LA MORT DU ROI-SOLEIL ET SES CONSÉQUENCES.

Retour de M. Walker et de Marche. — Détails sur leur excursion. — Le roi Rénoqué nous envoie un gorille qui se trouve être un chimpanzé. — Sans nouvelles du *Delta* et du roi-Soleil. — Pourquoi je reproduis textuellement mon journal de voyage. — Un triste jour de Noël. — Le roi-Soleil revient très-malade. — Il est empoisonné. — L'agonie du vieux pêcheur. — Nous nous adressons à Rénoqué pour nous transporter dans l'intérieur. — N'Combé est mort. — Joie des Inenga. — Cérémonie aussi funèbre que grotesque. — Comme quoi les esclaves, en refusant de se laisser égorger, et les femmes, en ne se laissant pas fouetter, firent manquer une partie importante du programme. — Le testament de N'Combé. — Deux de ses fils épouseront leurs belles-mères. — Rénoqué consent à nous guider. — Encore retardés par suite de nouvelles désastreuses. — *Le Delta* a été surpris par les noirs du cap Lopez. — Amoral prisonnier. — Assiégés dans Adanlinanlango. — Le 1er janvier 1874 se passe à travailler aux fortifications. — Des auxiliaires comme il n'en faut pas. — Actes de barbarie. — Adanlinanlango devient un véritable enfer. — Mort pour avoir bu trop d'eau-de-vie. — Grande nouvelle ! *le Delta* est dégagé et le secours arrive. — Revirement des noirs à notre égard. — Engagement et paye de nos hommes. — Arrivée du *Marabout*. — Joie de revoir des visages amis. — M. Guisolfe accélère énergiquement les préparatifs du voyage. — Enfin nous voilà partis !

M. Walker et Marche revinrent le 8 ou le 9 décembre ; leur excursion s'était bien passée, seulement le mauvais temps et un brouillard affreux les avaient empêchés de pousser aussi loin qu'ils l'auraient voulu leur exploration du lac Oguémouen ; ils s'étaient cependant avancés deux ou trois milles plus loin que l'île Fétiche, point extrême atteint par Marche et par moi au mois d'août, et avaient pu constater que le lac, loin de finir à cet endroit, allait au contraire en s'élargissant aussi loin que pouvait s'étendre la vue. Le lac Isanga, dont M. Walker put prendre la latitude, n'est pas très-étendu ; sur ses bords se sont concentrés en nombre considérable des Bakalais, qui s'adonnent à la récolte du caoutchouc et à la chasse de l'éléphant. Ils ont couvert le pays de plantations de bananiers et ont des bananes en si grand nombre, qu'ils donnent presque pour rien ce fruit qui, chez les Gallois et les Gabonais, coûte relativement assez cher. Ces Bakalais sont de rudes travailleurs, ils paraissent très-désireux d'avoir des blancs, et le voyageur qui traverserait leur territoire serait sûr de trouver chez eux des guides et des porteurs, ou plutôt des porteuses (car, dans ce pays, c'est sur la tête des femmes qu'on charge les fardeaux), en quantité suffisante. Marche rapportait le squelette, malheureusement pas tout à fait complet, d'un énorme gorille tué près de la factorerie de Digomi. Ce qui le frappa surtout dans ce voyage, c'est le changement complet d'aspect du lac Z'Onangué. Tous les rochers et les bancs de sable avaient disparu ; la plupart des îles étaient submergées ; une grande partie de notre ancien terrain de chasse était envahi par les eaux ; enfin, les oiseaux sacrés avaient quitté les îles N'Gouray.

Le 10 décembre, M. Walker envoya *le Delta*, ayant à son bord M. Amoral, à Yombé pour y chercher des marchandises attendues du Gabon ; il donna des ordres formels pour que son vapeur fût revenu le 15, et nous promit très-gracieusement qu'à cette époque il nous accompagnerait jusqu'au pied des rapides. Le roi-Soleil était parti le 5, pour faire une tournée dans ses États, mais son absence ne devait durer que cinq ou six jours, et nous l'attendions d'un moment à l'autre. Notre départ était donc imminent, et nous faisions activement nos préparatifs, bien que nous ne fussions pas dans un brillant état. J'avais maintenant tous les jours la fièvre et les vomissements ; et la quantité d'ipécacuana, de quinine et de sels d'Epsom que j'absorbais, n'arrivaient pas à m'en débarrasser ; j'eus aussi à la fois une douzaine de très-gros clous, qui me firent beaucoup souffrir.

Vers cette époque le roi Rénoqué, qui nous avait promis, Dieu sait combien de fois, de faire tuer pour nous des gorilles par ses chasseurs, nous envoya en très-grande pompe un grand quadrumane qu'il affirma être un n'jina (gorille). Ses esclaves l'avaient tué à coups de lance dans une plantation de bananiers où il commettait les plus grands dégâts. C'était une femelle, et sans doute une très-vieille femelle, car ses crocs étaient déjà tout usés; sa taille ne dépassait pas quatre pieds et demi; vérification faite, ce gorille se trouva être un énorme chimpanzé. Nous n'avions pas eu jusque-là occasion de rencontrer de chimpanzés, bien qu'ils soient assez nombreux dans certaines parties du Gabon, et nous crûmes, sur le moment que, comme l'affirmaient les noirs, nous avions affaire à une petite espèce de gorille; aussi nous payâmes grassement le roi Rénoqué, qui se sera sans doute fort réjoui de nous avoir attrapés en nous vendant un *n'shiégo* pour un *n'jina*. Au reste, nous n'avons pas eu de regrets, car l'animal qu'il nous a procuré est une variété très-remarquable et très-intéressante du chimpanzé, et Bouvier, qui l'a fait artistiquement monter, en est très-fier.

Cependant le temps passait, et ni *N'Combé* ni *le Delta* ne revenaient. Le 24 décembre arriva, sans que nous ayons entendu parler du roi ou du vapeur. A partir du 25 décembre, comme des événements d'une extrême gravité pour nous se sont succédé presque quotidiennement, je demanderai la permission au lecteur de reproduire ici mon journal de voyage tel qu'il a été écrit à cette époque.

25 DÉCEMBRE.

Nous sommes réveillés au point du jour par les Gabonais, en ce moment ici, qui crient de tous côtés à la porte de notre case : *Christmas! Christmas!* (Noël! Noël!) Je trouve un peu dur d'être importuné par les étrennes à Adanlinanlango. A midi, nous avons célébré le jour de Noël par un grand repas. Mais personne n'a été gai, malgré l'apparition imprévue de quelques bouteilles de Champagne, apportées par M. Walker, et d'un énorme pudding que Sinclair est arrivé à fabriquer, Dieu sait avec quoi! Le retard inexplicable du *Delta* est d'autant plus inquiétant que ce vapeur a dû traverser, pour se rendre à Yombé, le pays hostile des Cama; d'un autre côté, des rumeurs sinistres commencent à circuler sur les causes de l'absence de N'Combé, dont nous sommes absolument sans nouvelles.

27 DÉCEMBRE.

Le roi N'Combé est revenu aujourd'hui : *Sed quantum mutatus ab illo!* Ses yeux sont hagards, son visage hâve et livide est méconnaissable. Le bruit court qu'il a été empoisonné, et je le croirais volontiers. Il m'a fait demander aussitôt son arrivée : « Compiègne, m'a-t-il dit, je suis ensorcelé, je vais mourir, donne-moi un peu de rhum. » M. Walker a voulu le soigner, mais tout le village s'y est opposé ; il faut qu'il soit traité à la manière du pays et prenne les remèdes que lui prépare le féticheur, et quels remèdes! A chaque instant on lui ingurgite des calebasses pleines de médecines d'un aspect effroyable. Les femmes du roi sont toutes dans sa case : elles se figurent que si N'Combé dort, il mourra aussitôt ; aussi, dès que le malheureux, épuisé de fatigue, ferme les yeux, deux de ses favorites, assises sur le lit, lui frappent ses deux mains l'une contre l'autre et chassent le sommeil. A six heures tous les hommes d'Adanlinanlango et des environs se sont rangés devant la case du malade et ont fait un charivari épouvantable ; tous, tenant un rameau vert à la main, ont hurlé en chœur des imprécations contre le misérable qui avait ensorcelé et empoisonné leur excellent souverain. Cette cérémonie a fâcheusement impressionné N'Combé. Lors même que le roi-Soleil guérirait, il serait dans l'impossibilité de nous guider dans notre voyage au pays des Okanda. Nous ne voulons pas de nouveaux retards ; aussi nous avons, dès aujourd'hui, fait faire des ouvertures à Rénoqué, lui offrant le commandement de notre expédition, à condition qu'il organiserait tout de suite le départ. Rénoqué a accepté avec enthousiasme.

28 DÉCEMBRE.

Aujourd'hui, dans un accès de fièvre chaude, N'Combé s'est saisi d'un sabre, a chassé toutes ses femmes de sa case et est allé s'asseoir nu-tête sous un soleil ardent. Il a fallu que, Marche et moi, nous le prissions chacun sous un bras pour le reconduire dans sa case. Le vieux pêcheur a la conscience terriblement chargée et, en ce moment suprême, est en proie à des hallucinations épouvantables. Il se croit sans cesse nageant dans le sang, voit partout des mares de sang et se débat constamment contre des esprits imaginaires qui, dit-il, veulent le saisir. A une heure et demie, il a demandé Walker et l'a supplié de soigner son pauvre ami mourant, disant qu'un blanc en savait plus que tous les noirs. M. Walker lui a expliqué que cela était impossible, car les Gallois ne le voulaient pas.

— Tu as raison, dit tristement le pauvre roi-Soleil, laisse-moi mourir.

Et il se retourna du côté de la muraille. A partir de ce moment, il ne nous a plus parlé. Vers onze du soir, il eut une heure de calme et de lucidité parfaite. Il en profita pour faire une sorte de testament. Il priait ses femmes de ne pas quitter le village, de prendre des amants, mais de ne pas se remarier : il exprima le vœu que ses blancs le fissent habiller après sa mort avec de riches vêtements et le promenassent devant la factorerie ; enfin il termina en prenant divers arrangements au profit de ses enfants : il légua sa femme favorite M'Bourou à son fils aîné Olymbo, et une autre femme qu'il aimait beaucoup, Akéva, au plus jeune frère d'Olymbo.

29 DÉCEMBRE.

Ce matin, à six heures, j'ai été voir le roi ; il est brûlé par la fièvre et torturé par ses visions sanglantes. Il y a devant sa porte une centaine d'individus qui font avec beaucoup de bruit une nouvelle cérémonie pour maudire ceux qui ont mis N'Combé dans cet état. A sept heures et demie, je suis parti en pirogue pour Lombaréni, où je devais traiter définitivement avec Rénoqué les conditions auxquelles il consentirait à nous fournir des hommes et à nous transporter, nous et nos bagages, au pays dès Okanda. J'étais enfermé avec Rénoqué, ses trois neveux et les *onéros* (anciens, membres du conseil chez les Inenga), dans la salle des palabres, et nous débattions ensemble le prix à donner pour chacun des hommes qui nous accompagneraient, lorsque tout à coup la porte s'ouvrit avec bruit et un homme se précipita dans la case en criant : « *N'Combé ayouvi!* » (N'Combé est mort!) Un éclair de joie sauvage brilla dans les yeux de tous les onéros, en secret les ennemis mortels du roi des Gallois, qui leur inspirait une profonde jalousie et une grande terreur. Quant à Rénoqué, sa figure s'illumina, car maintenant il allait redevenir le *king pass todos* (le roi par-dessus tous). Cependant ces hommes se continrent devant moi, et avec une grande dignité Rénoqué se contenta de dire :

La case du roi Rénoqué.
Dessiné par M. Breton, d'après une photographie de Jungue.

— Ceci ne nous regarde pas. Continuons la délibération.

Mais j'avais peur qu'il n'y eût quelque désordre à Adanlinanlango, et, après avoir remis la séance au lendemain, je montai dans ma pirogue et ordonnai aux pagayeurs de pousser au plus vite vers la factorerie. Nous ne mîmes pas plus d'une heure à arriver. Un épais nuage de fumée planait sur Adanlinanlango, et une fusillade si vive retentissait de tous côtés, que j'aurais cru une bataille engagée si je n'avais su combien les Gallois aiment à brûler de la poudre en l'honneur de leurs morts. Je gravis rapidement la colline et arrivai à la case du feu roi : j'entrai, et après m'être frayé un passage à travers cinquante ou soixante femmes qui portaient en signe de deuil un jonc vert autour de la tête, se roulaient par terre et poussaient des hurlements sauvages, j'arrivai jusqu'à la dépouille mortelle du pauvre N'Combé. On l'avait assis dans son grand fauteuil et coiffé d'un bonnet orné de grelots, fait jadis pour quelque rôle de folie au théâtre ; il était revêtu du gilet d'argent qu'il tenait de notre munificence, et de ses plus beaux pagnes; entre ses jambes étaient sept ou huit cannes, et au-dessus de sa tête se déployait tout grand ouvert cet énorme parapluie dont le défunt était autrefois si fier. Ses deux femmes favorites avaient chacune une de ses mains dans leurs mains, et de temps à autre lui secouaient les bras ; ses fils se tenaient debout à ses côtés et pleuraient. Tout cela présentait un incroyable mélange de sinistre et de grotesque. Tous les hommes du village étaient assis autour de la case, leur fusil à la main ; de temps en temps ils tiraient une salve funèbre. Aussitôt que le roi avait fermé les yeux, les Gallois avaient voulu livrer au pillage ses magasins, qui passaient pour renfermer des richesses énormes ; mais les esclaves du roi, au nombre de vingt-cinq ou trente, ont déclaré qu'ils tueraient le premier qui toucherait la porte du magasin : ils se sont conduits non pas en esclaves, mais en maîtres, et ont juré qu'ils défendraient jusqu'à la mort les droits des enfants de N'Combé et de ses femmes. En ce moment ils sont groupés, le fusil armé, autour des magasins, et leur attitude inattendue a complétement décontenancé les pillards.

A onze heures, selon le vœu exprimé par le roi-Soleil mourant, on a promené son cadavre dans un hamac autour des factoreries et du village. Le cortége, précédé d'un accordéon, de deux tambours et d'une petite musique de marchand de robinets, était très-nombreux et faisait un tapage infernal. D'après l'ordre de M. Walker, Sinclair a donné une barrique de rhum, deux cents livres de poudre et pas mal d'étoffes, pour qu'on pût célébrer d'une manière tout à fait exceptionnelle les obsèques de ce chef illustre. Vers trois heures, on a fait sortir les femmes de la case pour mettre le corps dans son cercueil. La factorerie avait donné une caisse immense; on la remplit à moitié des plus beaux effets du défunt, que l'on coucha sur ce lit précieux, après quoi on continua à mettre dans la caisse des objets donnés par la factorerie ou ayant appartenu à N'Combé, tels que son grand chapeau à claque, son chapeau à soleil d'or, ses cannes, ses parapluies, ses gobelets, ses flacons d'eau de lavande et une quantité d'étoffes de toute espèce. On répandit sur tout cela le contenu de quatre bouteilles de gin, après quoi le menuisier de la factorerie ferma le cercueil au moyen de clous énormes. Toutes les femmes rentrèrent, et alors éclata une explosion de désespoir plus tapageuse, si c'est possible, que celles qui avaient précédé. Non-seulement les femmes de N'Combé, mais encore toutes celles du village semblaient littéralement possédées du démon.

Personne ne doit coucher dans les cases du village d'Adanlinanlango aujourd'hui. Aussi, de tous côtés les Gallois allument de grands feux et se préparent à passer la nuit dehors.

Il paraît que N'Combé a fait halte, il y a quinze jours, dans ce village qu'il avait brûlé après avoir fait exécuter plusieurs de ses habitants. Il avait soif; d'ordinaire il ne touchait à aucune boisson ou à aucun aliment dont il n'avait pas préalablement fait prendre une certaine quantité par deux de ses femmes. *Sed quos vult perdere Jupiter dementat.* N'Combé négligea, au milieu même de gens dont il avait tout à craindre, les précautions dont il ne s'était jamais départi chez ses amis les plus dévoués. Il but, d'un seul trait et sans le faire goûter par ses femmes, une bouline de vin de palme qu'une habitante du village lui apportait. Quelques heures après, il ressentait les premières atteintes du mal qui l'a enlevé. — M'Bourou affirma qu'à l'instant même où le roi rendait le dernier soupir, se trouvant devant sa case, elle en vit sortir un grand fantôme blanc qui se dirigea du côté du fleuve.

A huit heures du soir est arrivé un féticheur célèbre, destiné à jouer le rôle du *iassi* (esprit redoutable et puissant); il porte sur sa figure un masque blanc et est vêtu d'une foule de ces petites nattes fines fabriquées par les Ivéia. Sa venue est le signal de nouvelles cérémonies; il ne faut pas songer à fermer l'œil cette nuit. A onze heures, quand la lune a cessé de briller, on a chassé les femmes de la case funèbre, et quelques hommes sûrs ont mystérieusement emporté le corps du roi pour le transporter dans sa demeure dernière. Le lieu dans lequel repose son cercueil est connu de ceux-là seuls qui l'y ont déposé. Le révéler serait pour eux un crime puni de mort. Nous savons seulement que les restes de N'Combé n'ont pas été enterrés, mais sont cachés dans une case construite à dessein au plus épais d'une immense forêt.

30 DÉCEMBRE.

A deux heures du matin, il entrait dans le programme d'égorger en mémoire de leur maître trois ou quatre de ses esclaves. Seulement la manière dont ceux-ci s'étaient comportés la veille laissait croire que cette partie du programme rencontrerait de grandes difficultés d'exécution. Les Gallois résolurent donc d'employer la ruse : pour cela ils vinrent trouver les esclaves et leur demandèrent de faire une décharge générale en souvenir du roi expiré ; si les pauvres diables s'y étaient laissé prendre, ils eussent été saisis et désarmés avant d'avoir pu recharger leurs fusils; mais ils se doutèrent du piége et répondirent que leurs fusils étaient chargés à balle, et qu'ils gardaient les balles pour les hommes qui les tracasseraient trop. En conséquence, les Gallois préférèrent renoncer à l'égorgement des esclaves et passer à un autre exercice. L'usage voulait qu'on fouettât toutes les femmes du défunt : ces malheureuses sont maintenant dans la condition la plus misérable. Personne ne fait plus attention à elles, excepté les ennemies qui les ont longtemps jalousées dans la prospérité et qui aujourd'hui les accablent d'outrages. Dans un mois, tous les héritiers du roi se les partageront comme un vil bétail, et les vieilles surtout sont sûres de traîner une existence affreuse. Dans les circonstances présentes, cependant, toutes ces dames trouvèrent moyen d'éviter le supplice des verges, en jurant que N'Combé mourant avait demandé qu'on ne fouettât pas ses femmes après sa mort. Cela est possible du reste, car le pauvre roi-Soleil les aimait bien... à sa manière. Jusqu'au jour, les hommes étaient dans une prostration complète et donnaient tous les signes de la plus profonde douleur. Tout à coup, au moment où le soleil se leva, brusquement et sans transition aucune, ils se livrèrent à toutes les démonstrations d'une joie insensée. Une branche de palmier à la main, ils exécutaient des danses de toute sorte, riaient, criaient et se donnaient des tapes amicales ; ils exécutèrent ensuite un simulacre de combat qui se termina par une ronde générale. Faudrait-il voir dans cette joie, succédant sans transition aucune à la douleur, l'indice d'une croyance à la vie future, le symbole d'une résurrection quelconque? Je ne le pense pas ; un certain nombre de ces noirs, il est vrai, se figurent que le défunt revêt la forme d'un animal quelconque, ordinairement d'un papillon ; mais la grande majorité croit, comme on peut du reste le voir par le sujet de leurs lamentations dans les chants funèbres, qu'après la mort tout est fini. C'est pourquoi ils ont si peur de mourir.

31 DÉCEMBRE.

Ce matin, Rénoqué nous a fait dire qu'il acceptait le prix de 25 francs par homme que nous avions proposé à ceux qui nous accompagneraient au pays des Okanda, et qu'il serait prêt, lui et les siens, dans quatre ou cinq jours au plus tard. Cette nouvelle nous a causé une joie qui n'a pas, du reste, duré longtemps. A quatre heures de l'après-midi est arrivé Issogué le seul des chefs cama qui ne soit pas hostile à M. Walker. Il est venu en grand mystère prévenir M. Walker que *le Delta* avait été surpris et attaqué au cap Lopez par ses compatriotes les Cama ; que le vapeur était tombé entre les mains des noirs avec Amoral et tout son équipage ; qu'Amoral avait été cruellement bâtonné, et était très-souffrant ; enfin, que les Oroungou s'étaient joints aux Cama, et que quatre ou cinq cents guerriers de ces deux tribus devaient dans quelques jours remonter le fleuve et brûler la factorerie, tuer M. Walker, à qui ils en voulaient tout particulièrement, et chasser les deux Français de l'Ogooué, sur les eaux duquel ils ne veulent plus un blanc. Voilà encore notre voyage retardé, car nous ne pouvons que rester aux côtés de M. Walker dans un pareil moment. A six heures et demie, nous avons tenu conseil : les Gallois sont tout feu et tout flamme pour nous, et il a été résolu qu'on se défendrait à outrance. M. Walker a immédiatement expédié quelques hommes de bonne volonté qui vont chercher à aller par terre, en traversant le pays des Pahouins, au Gabon, pour porter au commandant des lettres dans lesquelles nous le prévenions de notre situation critique.

1er JANVIER 1874.

Le jour de l'an s'est passé pour nous à travailler, comme des nègres ne travaillent pas, à fortifier la grande case que nous habitions dans le village de feu N'Combé. La factorerie n'est pas un poste tenable, et nous faisons transporter ici tout ce qu'elle contient de plus précieux. C'est Marche qui est l'ingénieur en chef. Heureusement, nous pouvons disposer de quarante barriques qui, remplies de terre, forment d'excellents gabions. Nous protégeons aussi notre ligne de défense par un fossé assez profond. Nous n'avons pour nous aider que quelques Kroumans employés à la factorerie ; car nos alliés les Gallois veulent bien se battre, *disent-ils,* mais refusent formellement de travailler, et poussent la mauvaise volonté jusqu'à s'opposer à ce que nous démolissions une petite case qui nous gêne horriblement, et que nous offrons de payer plus qu'elle ne vaut. Au reste, ces Gallois sont en proie à une extrême surexcitation et aux discordes les plus violentes : les rixes éclatent à chaque instant, les fusils sont toujours armés, et à chaque instant on craint qu'ils n'en viennent aux mains.

2 JANVIER.

Nous continuons à travailler avec acharnement. Aujourd'hui, on s'est enfin décidé, après les palabres les plus orageux, à ouvrir les fameux magasins du roi-Soleil. A la profonde stupeur de l'assistance, on n'y a pas trouvé pour cent francs de marchandises. Cette pauvreté de N'Combé est facile à expliquer, bien qu'il ait reçu des cadeaux énormes, si l'on considère que depuis deux ans le roi avait acheté neuf femmes et pas mal d'esclaves, et qu'il tenait à honneur de traiter princièrement tous ceux de ses sujets ou des chefs étrangers qui venaient le visiter. Mais il se trouva une foule de gens qui accusèrent les femmes et les enfants du monarque d'avoir volé ses trésors, et une grande bataille s'ensuivit, dans laquelle les esclaves prirent naturellement le parti des accusés. Après quelques horions reçus de part et d'autre, l'affaire finit par s'arranger, et le calme se rétablit pendant une demi-heure. Au bout de ce temps, nouveau tumulte. Les Gallois d'Adanlinanlango avaient juré de faire boire le m'boundou à la femme par laquelle on présumait que N'Combé avait été empoisonné. Ne pouvant mettre la main sur elle, ils se saisirent de cinq ou six habitants de son village qu'ils prirent comme otages, jusqu'à ce qu'elle leur fût livrée. Ces pauvres otages ont été enchaînés et traités avec la dernière barbarie. Les veuves de N'Combé sont comme de véritables furies : armées de tisons ardents, elles venaient faire de cruelles brûlures à ces malheureux, qu'elles savent parfaitement innocents de tout crime. Ce spectacle sauvage a achevé de nous exaspérer : Marche et moi, nous avons empoigné chacun une trique et administré à ces dames une volée qui les dégoûtera de recommencer. Nous avons ensuite fait transporter les prisonniers devant notre case, et interdit qu'on les tourmentât d'une manière quelconque. Nous avons des Oroungou employés à la factorerie ; nous craignions qu'ils ne fissent cause commune avec leurs compatriotes, et nous voulions nous emparer d'eux pour les garder comme otages ; mais il se sont doutés du coup, et maintenant sont toujours armés et sur leurs gardes. Du reste, ils nous ont juré de nous être fidèles, même contre les leurs ; mais quelle foi peut-on avoir en ces gens-là ?

3 JANVIER.

Adanlinanlango est un véritable enfer. Aujourd'hui, on a fait un charivari épouvantable et l'on s'est battu toute la journée. M. Walker n'ose pas refuser le rhum aux Gallois, et ils sont constamment ivres. D'ailleurs, on a surpris un des parents de N'Combé portant sur sa tête le fameux bonnet de folie du roi qu'il avait volé sur le cadavre. Une partie du village a voulu enchaîner le coupable; mais comme celui-ci a de nombreux amis, il a été énergiquement défendu, et les coups ont plu de part et d'autre dru comme grêle. Ce soir, cependant, nous avons reçu un renfort important : Papa Yousouf, le vieux brave Sénégalais, est arrivé de sa factorerie d'Adanlinanlango, ainsi qu'un Anglais, agent de l'une des factoreries de M. Walker, nommé Sparshol. L'épicier Sinclair a une contenance superbe : l'idée qu'on pourrait piller les marchandises le met en feu.

5 JANVIER.

Cette nuit, un Gallois a fait un petit trou dans une des barriques d'eau-de-vie de la factorerie, et s'est mis à boire le précieux liquide au moyen d'un chalumeau. Il en a tant bu qu'on l'a trouvé mort sur la place même. On veut maintenant nous faire payer une indemnité pour avoir causé la mort de ce farceur-là. On n'a pas idée de l'insolence des noirs, maintenant qu'ils nous savent en péril. M. Walker avait inventé d'appeler à notre secours une tribu de Bakalais; ils sont arrivés aujourd'hui et ont énormément bu, après quoi ils ont déclaré qu'ils nous défendraient jusqu'à la mort si nous nous transportions chez eux avec toutes les marchandises de la factorerie. Autant vaudrait se mettre dans la gueule du loup.

Ce soir, à neuf heures, nous avons entendu retentir une quantité de coups de fusil du côté de la factorerie. Notre première idée a été que les Cama avaient débarqué et que l'heure de la bataille était sonnée pour nous; mais, au bout de quelques instants, nous avons été agréablement détrompés. Des noirs venaient effectivement de débarquer, mais c'étaient des hommes au service de M. Walker qui s'étaient échappés du cap Lopez où ils étaient prisonniers en compagnie d'Amoral : on sut tout de suite par eux qu'Issogué avait beaucoup exagéré l'étendue de nos désastres. Les Cama avaient bien attaqué *le Delta* et fait prisonnier Amoral et plusieurs autres, mais le petit vapeur lui-même n'était pas tombé entre leurs mains; avec quelques hommes de l'équipage, il avait pu gagner le large et filer sur le Gabon. C'est en signe d'allégresse que les Gallois et les hommes de la factoterie tiraient des coups de fusil. Et ils avaient raison, car notre situation est maintenant entièrement changée. Évidemment, le commandant du Gabon est informé, par *le Delta,* de ce qui s'est passé, et enverra immédiatement à notre secours.

6 JANVIER.

Aujourd'hui les femmes du roi, qui étaient enfermées depuis le jour de sa mort dans la case de leur défunt époux, sont sorties en procession pour aller se laver, ce dont elles paraissent avoir terriblement besoin. Elles se sont ensuite fait raser la tête et se peignent le corps en rouge et en jaune. Cette nuit il a été, comme de coutume, impossible de fermer l'œil; on a célébré, avec un tapage épouvantable, une grande cérémonie en l'honneur des esprits qu'on supplie de faire connaître les meurtriers de N'Combé. Déjà, dans la journée, on avait préparé le m'boundou en notre présence. J'ai décrit, plus haut, les procédés employés pour obtenir ce poison redoutable.

6 JANVIER.

Maintenant que M. Walker ne court plus aucun danger à Adanlinanlango, nous pouvons recommencer les préparatifs de notre départ. Vingt-deux Inengas ont été enrôlés aujourd'hui. Demain, nous demanderons les Gallois de bonne volonté. Tous ceux qui nous accompagneront auront cinq piastres, dont trois seront payées d'avance et deux lors du retour à Adanlinanlango.

7 JANVIER.

Nous avons inscrit cinquante-sept Gallois. Les Inengas ont été payés aujourd'hui par Marche, sur qui retombe, en ce moment, tout le travail, car j'ai la fièvre et des vomissements continuels. Rénoqué a reçu, en cadeau spécial, deux fusils, deux neptunes, vingt brasses d'étoffe, de la parfumerie, etc. Il paraît plein d'ardeur.

8 JANVIER.

Les Gallois ont, à leur tour, reçu leur payement aujourd'hui. J'ai passé toute la journée au lit. A neuf heures du soir, on est venu nous apprendre que *le Marabout* venait de jeter l'ancre à quelques milles d'Adanlinanlango. Cette nouvelle m'a causé une joie indicible : à la veille de me jeter, affaibli et souffrant, dans l'inconnu et dans des dangers de toute sorte, j'éprouvais un besoin presque puéril, mais néanmoins bien ardent, de retremper mon esprit énervé par la maladie et par une série non interrompue de tracas en serrant quelques mains amies, et en passant quelques heures avec des Français, sur un bâtiment de guerre français. Il n'y a pas à dire, on devient chauvin dans ces moments-là.

Ne pouvant y tenir, nous avons immédiatement, Marche et moi, fait armer une pirogue, et à onze heures nous arrivions à bord du *Marabout,* sur lequel nous avons réveillé tout le monde. Le commandant Guisolfe est accompagné d'un aspirant et d'un chirurgien de marine : ces messieurs nous ont forcés à prendre leurs lits, ceux que nous occupions durant le voyage au Fernand-Vaz, et nous

nous sommes endormis le cœur léger. Ce seul instant nous avait fait oublier tous nos maux.

9 JANVIER.

Notre journée s'est passée à bord : *le Marabout* s'est avancé aujourd'hui jusqu'à Lombaréni ; M. Guisolfe, en grand uniforme, a été faire une visite officielle à Rénoqué et à ses trois neveux ; ce sont de mauvais sujets et des hommes dangereux ; mais je crois qu'ils ne nous joueront aucun tour, car le commandant les a déclarés personnellement responsables de tout ce qui pourrait nous arriver par la faute des Inengas, et ils ont paru horriblement effrayés. M. Guisolfe s'est ensuite rendu à Adanlinanlango, où il a adressé à tous les Gallois réunis une petite allocution énergique et, j'ose le dire, bien sentie. Ces messieurs les Gallois voulaient encore remettre notre départ : mais M. Guisolfe leur a déclaré que, maintenant qu'ils étaient payés, il leur ordonnait de partir, et cela le lendemain à midi, sous ses yeux. Les noirs ont une profonde terreur de l'*owaro toutou* (bateau à fumée) et de ses canons, et tout porte à croire qu'enfin nous partirons demain.

10 JANVIER.

Dieu merci ! nous sommes en mouvement. Marche, plus robuste que moi, a pris le commandement des

Gallois, troupe turbulente et indisciplinée. Je prends place dans la grande pirogue du roi Rénoqué, et à onze heures et demie, après un déjeuner d'adieu au *Marabout,* après trois salves en l'honneur du pavillon français, notre petite armée se met en campagne dans cinq pirogues; sur chacune d'elles flotte le drapeau tricolore. Maintenant, à la grâce de Dieu !

CHAPITRE III

DE LA POINTE FÉTICHE AU PAYS DES OKANDA.

Les Gallois sont très-difficiles à faire partir. — Une escorte très-mal composée. — Nous franchissons la pointe Fétiche. — Invocation du roi Rénoqué aux esprits. — Son discours d'ouverture n'a pas de succès. — Une pluie torrentielle. — Un séchage beaucoup trop long. — Visite d'un hippopotame. — Emplettes de viande d'éléphant. — Derniers adieux au *Marabout*. — Les premiers rapides de l'Ogooué. — Arrivée chez les Okôta. — Un sale et vilain peuple. — Un faux roi démasqué. — Un aveugle extraordinaire. — Edibé, roi de tous les Okôta. — Échange de cadeaux. — Les affaires se brouillent. — La malédiction d'Édibé. — Une navigation dangereuse et difficile. — Les Yalimbongo. — Le mont Otombi et le lac Fétiche. — Les premiers villages apingis. — Un transfuge osyéba. — Il a très-mauvais caractère. — Blanc comme nous et pourtant manquant de tout. — Un roi grotesque. — Vendu pour l'amour d'une femme. — La fusée. — Un congrès international. — Sept de nos hommes se sauvent. — Symptômes orageux. — Révolte générale des Gallois. — L'insurrection est écrasée. — Chute d'Elandja. — Ma commère la reine bakalaise. — Le premier village okanda. — Un orage effroyable. — Une carotte du roi Rénoqué. — Nous franchissons la porte de l'Okanda. — Un beau moment dans notre voyage. — Arrivée à Lopé.

Le 10 janvier, comme je l'ai dit dans le précédent chapitre, nous nous étions mis en mouvement, Marche avec les Gallois, moi avec les Inenga, pour le pays des Okanda. Ce fut avec des difficultés inouïes que Marche arriva à faire partir les Gallois. Encore en fut-il pour les trois piastres payées d'avance à douze ou quinze d'entre eux qui, au dernier moment, manquèrent à l'appel : parmi ceux qui étaient venus, il y en avait la moitié au moins appartenant à ce qu'il y avait de plus ivrogne, de plus paresseux et de plus indiscipliné à Adanlinanlango : au reste, depuis la mort de N'Combé les Gallois ne voulaient plus obéir à qui que se soit : Marche les obligea à se choisir un chef, ils élurent un nommé Manilo, assez brave homme à sa manière, mais incapable d'exercer sur eux une autorité quelconque. Dès ce premier jour nous ne vîmes que trop clairement les racas sans nombre qui allaient pleuvoir sur nous quand nous serions à la merci d'une pareille escorte; mais nous n'avions pas le choix; à tout prix il fallait marcher en avant. Deux heures après notre départ, *le Marabout*, mouillé à Lombaréni, levait l'ancre et partait dans la même direction que nous. M. Guisolfe avait résolu de remonter avec son vapeur l'Ogooué jusqu'au pied des rapides. Cette tentative était d'autant plus méritoire qu'il allait sciemment au devant de difficultés extrêmes causées par le peu de profondeur des eaux à cette époque [1] et le manque absolu d'un pilote capable de guider le bâtiment.

[1] On se trouvait dans la seconde saison sèche, dite la petite saison sèche, qui commence le 15 décembre et finit habituellement à la fin de février. La grande saison sèche va du 1er juin au 1er octobre.

Néanmoins, les choses se passèrent bien au commencement ce jour-là, et *le Marabout* nous dépassa triomphalement. Il est vrai que nous ne fîmes pas grand chemin : devant la pointe Fétiche, Rénoqué avait perdu beaucoup de temps à évoquer les mânes de ses ancêtres et à les supplier de regarder notre expédition d'un œil favorable. A peine l'eûmes-nous dépassée, il ordonna de camper sur un grand banc de sable situé au milieu de la rivière. Nous voulions aller plus loin ; mais il nous dit que, de temps immémorial, ses pères, puis lui, avaient passé la nuit en cet endroit le soir de leur départ pour l'Okanda, et nous dûmes, bon gré mal gré, nous conformer à cette tradition. Les Gallois refusèrent de se mêler aux Inengas. On dressa les moustiquaires qui servaient de tentes, de manière à former deux camps bien distincts, qui tous deux affectaient la forme d'un cercle. Au centre de chacun de ces deux camps, on avait laissé un assez grand espace vide, destiné à Marche, chez les Gallois, à moi et à Rénoqué chez les Inengas. A huit heures du soir, Rénoqué agita vivement une sorte de clochette, afin de convoquer autour de lui tout le personnel de l'expédition, et, après de nouvelles invocations aux esprits, il prononça un long discours dans lequel il déclara aux Gallois qu'il était leur roi. Ceux-ci répondirent par des grognements et se retirèrent de fort mauvaise humeur.

11 janvier.

Partis de grand matin, nous rencontrons, au bout de sept à huit milles, *le Marabout*, qui avait touché sur un banc de sable dont il se dégageait à grand'-peine. Nous montons à bord, mendions un pain et un verre de vin de quinquina, et nous remettons en campagne quelques minutes après, accompagnés une fois de plus des vœux de succès de tous ces messieurs du bord.

12 janvier.

On ne voit plus *le Marabout*[1]. Nous sommes arrivés à Sam-Quita à onze heures et repartis à une heure. Les traitants gabonais qui se trouvent en ce moment sur ce point, le dernier qu'ils osent atteindre dans l'intérieur, ne nous ont pas dissimulé qu'ils nous regardaient comme des fous furieux qui allaient chercher chez les cannibales du haut Ogooué une mort certaine.

Nous avons couché sur un banc de sable; trois milles au delà de Sam-Quita, nos hommes ayant refusé d'aller plus loin ce jour-là. A onze heures du soir est tombé un véritable déluge de pluie. J'avais cherché un abri sous le moustiquaire de Rénoqué,

[1] Le *Marabout* a pu remonter le fleuve jusqu'à deux milles de Sam-Quita; il a eu ainsi l'honneur de s'avancer près de dix-huit milles au delà du *Pionnier*, qui, jusque-là, n'avait pas été dépassé dans l'Ogooué.

plus épais que le mien; mais bientôt l'eau nous a envahis, et nous avons couché dans une véritable mare. Rénoqué passait son temps à appeler à grands cris ses esclaves, dont, naturellement, pas un n'est venu.

13 JANVIER.

A trois heures du matin, nous avons reçu la visite d'un hippopotame qui est venu grogner ses bruyants « hon! hon!. » à deux pas de nos moustiquaires. Aussitôt que le soleil a paru, il a fallu procéder à un séchage général des étoffes, de la poudre, des fusils, etc., qui étaient dans un état épouvantable. A midi tout était fini; mais nos hommes ont refusé, sans raison aucune, de se mettre en mouvement. Il ne faut pas nous le dissimuler, quand ils ont une idée en tête, ce que nous leur disons ou rien est absolument la même chose.

14 JANVIER.

Aujourd'hui on a pagayé avec beaucoup d'entrain. Nous avons atteint les collines élevées d'Erere-Volo et fait environ quatorze milles. Dans la journée, nous avons rencontré sur la rive gauche une bande de Bakalais qui venaient de tuer deux éléphants, et étaient en train de les faire fumer : bonne occasion de faire de grandes emplettes de viande pour nos hommes et pour nous.

15 JANVIER.

La rivière est encaissée entre des collines élevées, et couvertes de forêts magnifiques. A neuf heures, nous passons devant les rochers de Télagogué, que leur forme a fait vénérer comme fétiches par les noirs, et, après avoir longé plusieurs grandes îles, nous arrivons à celle d'Adéké, presque au pied des rapides. Là, nos hommes débarquent et vont couper des lianes gigantesques qui serviront pour traîner les pirogues, lorsqu'il sera impossible de leur faire franchir autrement les obstacles en présence desquels nous allons bientôt nous trouver. A quatre heures de l'après-midi, nous sommes en vue des premiers rapides; ils n'ont, du reste, en cet endroit rien de bien effrayant. Seulement la rivière, très-large sur ce point, coule avec une excessive violence; des rochers montrent partout à fleur d'eau leurs pointes aiguës, et l'eau est couverte de gros flocons d'écume.

— Ce n'est rien auprès du N'Gounié, dis-je à Rénoqué.

— *Penguina* (attends), m'a répondu le vieillard en hochant la tête, *obe'iena, obe'iena* (tu verras, tu verras).

16 JANVIER.

Ce matin, nous avons eu un grand palabre avec nos hommes, qui demandaient une augmentation sur le prix convenu, et de plus, voulaient nous faire promettre formellement de revenir avec eux aussitôt que nous aurions atteint le pays des Okanda. Ils se figurent que nous allons établir là-bas une factorerie, et leur faire concurrence dans leur trafic avec ces peuples. La discussion a été très-violente; mais nous avons tant et si bien menacé du *Marabout*, qui n'est pas encore très-loin, que la peur a pris les séditieux, et qu'ils ont cédé. Vers cinq heures, nous avons atteint la grande île de Kamba, sur laquelle sont construits les premiers villages Okôta. Nous avons campé à côté de l'un de ces villages, auquel nous avons, dès notre arrivée, rendu visite. Les maisons sont faites en écorce d'arbre, l'herbe n'est pas arrachée autour, et tout, chez ces sauvages, est sale et misérable. Refoulés sur la rive gauche de l'Ogooué par les Osyéba, qui les ont chassés de leurs villages et de leurs plantations de l'autre côté de l'eau, les Okôta souffrent beaucoup de la faim : ils vivent presque exclusivement d'un assez gros fruit vert, un peu sucré et très-pâteux, qui croit en abondance dans leurs forêts. C'est, du reste, un vilain peuple que ces Okôta : les hommes sont petits, et ont l'air faux et méchant, comme ils le sont en réalité; les femmes sont non-seulement affreuses, mais encore excessivement grimacières; elles marchent toujours en se dandinant et en tendant l'estomac en avant, se maquillent horriblement avec du rouge, du jaune et du bleu, et se donnent de petits airs hideux. Leur chasteté nous avait été beaucoup exagérée par les Gallois; mais elles n'ont certainement pas le dévergondage des femmes appartenant aux autres tribus riveraines de l'Ogooué. La traite des esclaves est à peu près le seul commerce que font les Okôta. Leur langue présente les similitudes les plus frappantes avec celle de Benga de Corisco; mais la plupart d'entre eux comprennent et parlent le m'pongwé.

17 JANVIER.

Au moment où nous allions partir, une bande d'Okôta est venue nous déclarer que nous n'irions pas plus loin sans leur payer un tribut. Je leur ai répondu que je ne voulais avoir affaire qu'au roi de leur pays. Si ce roi était parmi eux, qu'il se montrât et prît la parole. — Après un instant d'hésitation générale, un homme se leva et soutint être le roi :

— Toi, un roi! lui dis-je aussitôt : où sont tes femmes? où est ton chapeau? où est ta canne? où est la chèvre que tu nous apportes en présent? Crois-tu que les blancs sont des fous?

Le prétendu roi s'est sauvé tout honteux, et le palabre en est resté là. Nous sommes partis à huit heures. Je suis vraiment stupéfié de l'intelligence et de la mémoire extraordinaire du vieil aveugle Rénoqué : il se rend compte de la vitesse de notre bateau, et calcule avec précision les distances parcourues par nous. Lorsque je demande le nom d'une crique, d'un rocher, d'un village, c'est toujours lui qui me répond, et cela avec autant d'exactitude que si ses yeux pouvaient voir le paysage devant lequel nous passons. Il est vrai que pendant vingt ans de suite, alors qu'il n'était pas encore privé de la vue, il a remonté plusieurs fois chaque année l'Ogooué, depuis Lombaréni jusqu'au pays des Okanda.

Deux heures après notre départ, nous passons devant une caverne qui ouvre sur la rive gauche du fleuve une bouche béante et profonde. C'est un objet de terreur pour les nègres. La rivière, en cet endroit, n'a pas soixante mètres : obstruée de tous côtés par des rochers et par de petites îles, elle présente un coup d'œil vraiment misérable. Sur la rive droite, on aperçoit la fumée des villages osyéba, ces cannibales dont le nom seul fait trembler les Okóta, les Apingis, les Okanda et même les Bakalais. Bientôt nous arrivons à la résidence du roi de tous les Okóta, Édibé, dont nous avions été avertis d'avoir beaucoup à nous méfier. Le village qu'il habite est construit sur une île, au sommet d'une petite colline. Aussitôt que nos pirogues ont accosté la terre, nous allons présenter nos hommages à Sa Majesté. C'est un tout petit homme, avec de tout petits yeux percés en vrille : sa figure est celle d'un singe, mais d'un très-méchant singe. Il a sur la tête un chapeau haute forme tout râpé, et est habillé d'une capote de garde mobile. Il nous tend la main, et, après s'être assis, fait apporter le présent qu'il nous destine. C'est un mouton[1], quatre poules et un régime de bananes. Ce cadeau était vraiment royal, et nous engageait à beaucoup. Aussi nous commençâmes par offrir au roi un brillant uniforme de chasseur d'Afrique. Édibé, dont les yeux s'étaient allumés à cette vue, eut un instant de désespoir, car la veste était trop étroite, et il ne pouvait entrer dedans. A force de travailler cependant, tout le monde tirant et poussant à qui mieux mieux, l'uniforme apparut sur le dos du monarque triomphant. Nous lui avons encore donné un grand baril de poudre, une chemise, des étoffes, du cuivre, du fer, du sel, des glaces, des couteaux, des perles et trois bouteilles de rhum. Le roi a tenu à nous embrasser, et semble très-satisfait.

18 janvier.

La nuit porte conseil. Ce matin, Édibé est venu nous déclarer qu'il n'était pas content de notre cadeau, et que si nous ne lui donnions pas encore de la poudre, des étoffes et du rhum, il ne nous

---

[1] Ces moutons (en mpongwé, *idombé*) semblent originaires du pays, et forment une sorte d'intermédiaire entre la chèvre, dont ils ont le poil, et le mouton, dont ils ont la tête : on n'en trouve du reste que fort rarement, et les nègres eux-mêmes les estiment beaucoup plus cher que les chèvres.

Femme okòta.   Edibé, roi des Okòta.

Dessiné par M. Breton sur des croquis pris d'après nature par le Mis de Compiègne.

laisserait pas aller plus loin. Après une violente et interminable discussion, il a été convenu que nous ajouterions au cadeau de la veille une pièce d'étoffe et du rhum. Mais à peine avons-nous eu payé ce tribut, de nouvelles difficultés ont surgi. Rénoqué, toujours conciliant, les a apaisés en donnant à ses frais un neptune de cuivre, et tout semblait terminé, lorsque le roi est entré, Dieu sait pourquoi! dans une grande colère, et a déclaré que nous ne passerions pas sans payer quatre barils de poudre. Cette fois, j'ai perdu patience; j'ai appelé mon ami Marche, qui s'était déjà embarqué. Il s'est empressé d'arriver, tenant à la main notre fameux chassepot, dont il avait eu soin, la veille, de montrer la puissance aux Okôta. De leur côté, nos Gallois ont couru aux armes, et nous avons crié que nous tirerions sur le premier nègre qui chercherait à nous barrer le passage. Les pauvres Okôta ont été pris d'une peur affreuse, et se sont sauvés à toutes jambes. Sa Majesté Édibé, qui s'était cachée derrière un gros arbre, vociféra bien un torrent de malédictions à notre adresse; mais le terrain était déblayé, et nous en profitâmes pour partir immédiatement.

Ce triomphe, qui caressait la vanité de notre escorte, a stimulé son énergie et son activité au passage des rapides qui, maintenant, sont vraiment terribles. Nous franchissons à chaque instant de vraies chutes d'eau ou des tourbillons effrayants. Tous nos hommes sont debout, armés de longues et solides perches avec lesquelles ils prennent un vigoureux point d'appui sur le lit du fleuve qui, heureusement, est peu profond à cette époque de l'année. Les deux meilleurs pagayeurs, armés de longues perches, tantôt évitent l'écueil avec ces perches, tantôt sautent sur le rocher lui-même pour tirer à eux la pirogue; d'autres se jettent à l'eau, tenant une corde qu'ils vont attacher à quelque endroit d'où l'on peut haler le bateau. Rénoqué excite sans cesse ses Inengas par ses cris; lorsque la difficulté devient trop grande, il se fait donner une perche, tâtonne un instant, puis pousse avec une vigueur herculéenne. Nos pirogues, d'ailleurs, sont plates, faites d'un bois extrêmement épais et peuvent supporter les chocs les plus violents sans être endommagées. — Sur la rive droite, au pied du pic de Kondo-Kondo, une très-grande rivière, la rivière Okono, vient se jeter dans l'Ogooué; ses bords sont habités par les Osyéba. A quelque distance de là, nous trouvons l'île Djana ou île de la Faim, qui certes n'a pas volé son nom : ce pays est le plus misérable que j'aie jamais rencontré, on n'y trouve même pas une banane à acheter. En arrivant à l'île d'Éménié, sur laquelle nous campons, nous découvrons que nos hommes ont acheté, chez Édibé, plusieurs esclaves qu'ils tiennent garrottés et cachés au fond de leur pirogue. Nous faisons semblant de ne pas les voir, car nous avons déjà sur le dos autant de difficultés que nous en pouvons porter.

19 JANVIER.

Après de longues et fatigantes discussions avec nos hommes, nous sommes partis à neuf heures et demie. Les rapides sont toujours très-dangereux, et le fleuve coule sur une pente si inclinée qu'il nous semble avoir une colline élevée à gravir; vers la fin de la journée nous sommes arrivés au pays des Yalimbongos, peuple qui diffère sensiblement des Okóta, bien qu'il parle la même langue et appartienne à la même famille qu'eux. Au physique, les hommes sont plus grands, et mieux faits; au moral, plus doux, plus accueillants et plus industrieux.

20 JANVIER.

Nous avons pris congé des Yalimbongos de grand matin; au bout de quelques heures, nous sommes arrivés à un village de Bakalais, au pied du mont Otombi, que M. Walker, trompé par de faux renseignements, avait désigné, à tort, comme un volcan en activité. Le mont Otombi est flanqué d'une autre éminence que les noirs considèrent comme sa femme; c'est le point culminant d'une chaîne de montagnes qui va de l'est à l'ouest parallèlement au cours de l'Ogooué. Les noirs prétendent qu'il y a un lac au sommet du mont Otombi; mais comme ils disent en même temps que ce sommet fétiche a pour gardiens des tigres et des gorilles innombrables, et que jamais être humain n'est arrivé en haut de la montagne, je ne vois pas bien comment ils peuvent savoir qu'il y a là un grand lac. Nous brûlions, Marche et moi, du désir de faire l'ascension de l'Otombi; mais c'eût été de la folie de quitter un instant nos hommes, qui, déjà, étaient en pleine révolte. Plusieurs accidents, arrivés ce matin à nos pirogues, avaient achevé d'exaspérer leur esprit, et les meneurs, tous Gallois, ne se gênaient pas pour dire constamment que nous sommes des fous, qu'il faut nous laisser en plan sur quelque île, et retourner au plus vite à Adanlinanlango... Toute la journée, nous nous sommes attendus à voir éclater l'orage; mais, comme plusieurs Gallois et beaucoup d'Inengas désirent acheter des esclaves chez les Apingis, dont nous ne sommes plus séparés que par quelques milles, la mise à exécution du complot a été retardée de quelques jours. Nous sommes, du reste, mis au courant de tout ce qui se trame par le fidèle Chico, qui, malgré la défiance qu'il inspire aux Gallois, trouve moyen d'être parfaitement renseigné sur leurs faits et gestes.

21 JANVIER.

Nous atteignons le premier village de la tribu des Apingis; c'est là qu'est mort, il y a quelques années, un frère de Rénoqué ; aussi le vieux roi se fait débarquer sur le sable, à l'entrée du village ; il s'asseoit et reste près d'une heure à méditer, la tête entre ses deux mains ; il ordonne ensuite trois décharges en souvenir de son frère, après quoi nous remontons en pirogue et poussons jusqu'au village suivant ; car, pour toutes les richesses des blancs, nous dit Rénoqué, je ne voudrais pas coucher en cet endroit maudit.

La tribu des Apingis, cantonnée sur les bords de l'Ogooué, n'est pas très-nombreuse. Je pense qu'elle compte sept ou huit cents membres au maximum. C'est un peuple doux, industrieux, concluant vite les affaires et n'importunant pas les étrangers par une mendicité perpétuelle comme les Okòta, Gallois, etc. Ils récoltent du caoutchouc et du miel en abondance et cultivent beaucoup le haschich. Ils ne veulent acheter ni perles, ni brimborions, mais seulement des étoffes, de la poudre et du sel, qui a déjà chez eux une grande valeur. Eux-mêmes fabriquent des nattes très-fines, des *tondos* (ou épingles à cheveux) pour les femmes et de la poterie. Ils ont une quantité de chèvres et de poules, et, somme toute, seraient très-heureux sans les Osyéba ; mais les Osyéba brûlent leurs plantations de la rive droite, tirent sur eux et les tiennent dans un état de terreur perpétuelle.

Nous avons passé la journée chez les Apingis :

nos hommes achètent beaucoup de caoutchouc, et nous, des bananes, des poules, des objets fabriqués dans le pays et de petites dents d'éléphants. Dans la journée, on nous a amené un transfuge Osyéba ; il a, paraît-il, tué par jalousie un chef de son village, et, pour échapper à la mort, s'est enfui chez les Apingis qui l'ont assez bien accueilli. C'est un beau garçon, à l'œil vif et intelligent ; il a adopté le pagne et la manière de se coiffer des Apingis, seulement ses dents sont limées en pointe comme celle des Pahouins. Je lui ai demandé de me traduire, dans sa langue natale, une certaine quantité de mots mpongwé ; j'étais très-curieux d'en prendre note, afin de comparer la langue osyéba avec celle des Fans ; mon homme m'a répondu qu'il ne faisait rien pour rien, et qu'il n'ouvrirait pas la bouche si je ne lui offrais pas un beau cadeau. J'ai fini par lui promettre du sel, et il m'a donné les renseignements que je lui demandais ; en conséquence, j'ai dit à Chico de lui remettre une demi-poignée de sel. Ce présent avait son importance, car avec quatre poignées de sel on achète, chez les Apingis, une chèvre de la valeur d'un fusil ; mais mon Osyéba a trouvé que c'était un prix dérisoire pour le bon service qu'il venait de me rendre, et est venu d'un geste dédaigneux, à l'horreur profonde de l'assistance, jeter à mes pieds la demi-poignée de sel qu'il avait reçu en payement. Si tous ses concitoyens sont comme lui, nous aurons de l'agrément quand il faudra voyager chez eux.

Les Apingis ont des captifs qui viennent, à ce qu'ils nous ont dit, des points les plus reculés de l'intérieur. J'en ai interrogé un qui parlait mpongwé et semblait fort intelligent : il me dit appartenir à la race des Madouma (peuple sur lequel j'aurai occasion de donner plus loin quelques détails); il avait les dents limées et un tatouage singulier sur le ventre ; je lui demandai le nom des divers peuples que nous rencontrerions dans notre marche en avant sur l'Ogooué; il me donna la succession suivante : Okanda, Akalois, Osyéba, Madouma, Ashaké, Ondômbo, Akanigi, Akané, Acrombo, Obamba : il prétendit que, chez les Obamba, l'Ogooué n'était plus qu'un petit ruisseau dans lequel on n'avait de l'eau que jusqu'à mi-jambe [1].

Chez les Apingis se trouve un albinos complétement blanc et d'une laideur repoussante; ce brave homme est intimement convaincu qu'il appartient à la même race que nous ; aussitôt qu'il a été informé de notre venue, il est accouru en gambadant et en

[1] Ces renseignements sont d'autant plus intéressants qu'ils se sont trouvés exacts jusqu'au pays de Madouma inclusivement, et, par conséquent, pourraient bien l'être jusqu'au bout. Je persiste cependant à croire que l'Ogooué ne finit pas ainsi en ruisseau, mais, au contraire, prend sa source dans quelque très-grand lac.

donnant tous les signes d'une joie extravagante : il voulait nous serrer sur son cœur, mais nous avons arrêté net cette effusion d'une tendresse un peu trop démonstrative ; il nous a alors tenu le discours suivant : « Je suis blanc, où sont mes vêtements ? où est mon tabac ? où est mon rhum ? où sont mes fusils ? Veuillez me donner de suite tout cela, afin que je ne diffère plus en rien de vous. » Nous avons accueilli quelque peu froidement ce collègue en blancheur, et nous nous sommes contentés de lui donner quelques feuilles de tabac et un verre d'alougou. Il est parti navré.

Ce soir, le roi des Apingis est venu nous voir et nous apporter un mouton : c'est un pauvre diable, nous lui avons fait cadeau d'un uniforme de spahis et de divers objets parmi lesquels se trouvaient du tabac et une bouteille de rhum. Aussitôt il a été entouré par une foule d'Apingis et d'Inengas qui voulaient partager avec lui le rhum et le tabac ; mais le bonhomme n'a pas perdu la tête, il a donné les étoffes et les menus objets à porter à un esclave, et vêtu de son uniforme de spahis il s'est sauvé comme un dératé, tenant d'une main son tabac et de l'autre sa bouteille de rhum ; il a gravi en courant une colline élevée, hué par les Inengas et poursuivi par tous ses sujets. Je n'ai jamais rien vu de plus grotesque.

A la nuit, nous faisons, à la stupéfaction générale, partir une fusée, présent de M. Walker; nous avons dit aux Apingis que c'était un projectile terrible, et que si nous l'avions dirigé sur leur village, au lieu de l'envoyer en l'air, il aurait produit un massacre épouvantable. Les pauvres Apingis nous ont de suite supplié de leur en donner pour exterminer les Osyéba.

Les Gallois et les Inengas ont acheté pas mal d'esclaves; nous avons avec nous un certain nombre d'Inengas qui voyagent pour leur compte, que nous ne payons pas, et par conséquent sur lesquels nous n'avons aucune autorité; naturellement, tous les esclaves sont *censés* achetés par eux; ces pauvres diables sont attachés par un procédé assez singulier: on leur met autour de chaque main une sorte de bracelet en lianes très-épaisses; dans ce bracelet, on passe un grand bâton, de sorte que, si le captif se sauvait, il se heurterait à chaque instant contre les arbres et les broussailles. Ce système permet au patient une certaine liberté de mouvements, mais il l'oblige à tenir constamment les bras écartés, ce qui, à la longue, doit être une vraie souffrance. Parmi les patients, il y a un tout jeune Apingi, un beau garçon, ma foi; un mari l'a surpris en flagrant délit d'adultère avec sa femme, et, en conséquence, l'a vendu à son profit à un de nos Gallois. Le pauvre séducteur a l'air honteux comme un renard qu'une poule aurait pris. Je cite ce fait parce que c'est la première fois, à ma connaissance, que des noirs de l'Afrique équatoriale vendent comme esclave un membre de leur propre tribu; habituellement, en pareil cas, le délinquant devient bien le captif du mari outragé et doit travailler pour lui, mais il ne doit en aucun cas être *exporté*. Comme les noirs connaissent l'horreur que nous inspire leur trafic d'esclaves, ils sont très-peu causants sur cette matière, et je n'ai pas pu m'assurer si les Apingis étaient coutumiers du fait ou si nous nous trouvions en présence d'un cas exceptionnel.

23 JANVIER.

Le matin, de très-bonne heure, les moustiquaires étaient déjà repliés, et nous allions partir lorsqu'un palabre, pour une question de femmes, s'est élevé entre les Apingis et quelques Okanda de passage qui s'en retournaient chez eux après avoir été visiter les Okôta. Rénoqué a été demandé comme arbitre par les deux partis, et comme les arbitrages de ce genre sont toujours payés par le cadeau d'une chèvre, il a immédiatement accepté. On eût dit un congrès international; il y avait là des Bakalais représentés par un vieux chef au teint cuivré comme celui d'un Peau-Rouge, des Okôta, des Gallois et des Inengas, tous gens que l'affaire ne regardait pas, mais qui parlèrent néanmoins beaucoup; enfin des Apingis et des Okanda. Ces deux derniers peuples ont une manière assez curieuse de discuter les palabres ; toute l'assistance s'asseoit en cercle, ceux d'un même pays ou d'un même parti ont soin de se grouper ensemble. Un orateur se lève, fait une sorte de salut avec son chasse-mouches en peau de bœuf sauvage, puis prononce, ou plutôt chantonne quelques paroles rhythmées que toute l'assistance reprend immédiatement en chœur : c'est le préambule d'un long discours qu'il débite avec des gestes très-animés. De temps en temps, il termine ses périodes oratoires par une phrase cadencée que tous ceux de son parti chantent bruyamment. Les Okanda accompagnent leur orateur en battant des mains en mesure. L'orateur apingi s'interrompt assez souvent pour exécuter au milieu du cercle une danse toujours très-applaudie, même par ses adversaires. Ce spectacle, nouveau pour Marche et pour moi, absorbait notre attention à tous deux et nous empêchait de surveiller nos hommes avec notre vigilance habituelle ; aussi un certain nombre de Gallois ont jugé le moment favorable pour mettre à exécution un complot tramé la veille dans le plus grand mystère. Sept d'entre eux se sont saisis d'une petite pirogue apingi, et ont redescendu l'Ogooué à toute vitesse emportant une partie de nos pagaies et de nos chaudrons. Chico, qui les a aperçus le premier, s'est mis à pousser des cris à fendre l'âme ; nous sommes accourus, mais il était déjà trop tard. Marche a bien fait siffler une balle de chassepot à vingt pieds au-dessus de leur tête; mais cette menace a eu justement pour effet d'accélérer prodigieusement leur fuite; ce ne sont pas, du reste, les premiers Gallois qui nous abandonnent : sur cinquante-sept payés par nous, il n'en reste aujourd'hui que vingt-six, dont vingt au moins sont de fort mauvaises têtes. Heureusement, nous avons pu engager, séance tenante, dix de ces Okanda qui s'en retournaient dans leur pays ; nous les avons payés d'avance à raison de deux brasses d'étoffe et d'une pincée de sel par homme.

A deux heures et demie nous sommes partis; mais au bout de trois quarts d'heure nos hommes ont fait halte sur l'île Téritché, et refusé d'aller plus loin aujourd'hui. Dans la soirée, Chico est venu nous prévenir que les Inengas et les Gallois avaient à nous parler; ils étaient assis en cercle, et l'absence de leurs deux chefs, Rénoqué et Manilo, nous a immédiatement fait voir qu'ils avaient quelque chose d'exorbitant à nous demander. En effet, tous ont, d'un commun accord, déclaré que, sans une forte augmentation, ils n'iraient pas plus loin. Nous leur avons répondu que nous brûlerions la cervelle au premier qui nous volerait quelque chose, mais qu'ils sont parfaitement libres de débarquer nos effets sur la plage et de nous abandonner sur l'île, quittes à régler, lors de leur retour, cette affaire avec le commandant français. Nous avons été ensuite trouver nos dix Okanda ; nous leur avons expliqué que les Gallois et les Inengas ne voulaient pas que les blancs apportassent leurs trésors chez eux, mais que nous irions malgré nos hommes voir leur pays et les faire profiter de l'immense quantité de merveilles que renfermaient nos caisses. Nous allions rester sur l'île de Téritché à la garde de nos bagages ; quant à eux, ils fallait qu'ils fissent force de pagaies pour regagner leur pays, et nous amener au plus vite des pirogues et des hommes qui vinssent chercher nous et nos affaires. Ils ont accepté avec enthousiasme ; seulement, nous voilà avec la perspective de rester huit jours, en les attendant, sur une petite île de sable, exposés à toutes les ardeurs du soleil, et sans autre nourriture que quelques boîtes de conserve. Nous nous apprêtons à passer toute la nuit à veiller, la carabine à la main, auprès de nos bagages. C'est d'autant plus pénible que nous souffrons, Marche et moi, d'une fièvre très-violente, augmentée encore par les contrariétés qui surgissent à tout moment devant nous.

24 JANVIER.

Rénoqué a passé la nuit à supplier les Inengas de ne pas nous abandonner. Déjà ébranlés par la fermeté de notre attitude, ils ont fini par écouter les prières de leur vieux roi, et ce matin, au jour, ont commencé à replier les moustiquaires et à faire leurs préparatifs d'embarquement comme si rien d'extraordinaire ne s'était passé la veille. Les Gallois, au contraire, réunis en groupe compacte, n'ont pas donné signe de vie. Marche voulant alors savoir au juste à quoi s'en tenir, s'est avancé vers eux. « Que ceux, a-t-il dit, qui veulent nous abandonner, restent où ils sont ; que ceux, au contraire, qui veulent continuer le voyage avec nous viennent se ranger à nos côtés. » Vingt-trois hommes ne bougèrent pas, trois seulement se présentèrent : le premier était Manilo, chef des Gallois ; le deuxième, l'homme dont Marche avait soigné la femme, blessée par les Bakalais ; le troisième et dernier, un petit bossu[1] nommé Jsingué, qui, depuis, nous a outrageusement volés. En présence d'un semblable résultat, nos dispositions ont été immédiatement prises. Il a été convenu avec Marche que l'un de nous allait partir tout de suite avec Rénoqué et les Inengas pour le pays des Okanda, d'où il enverrait le plus vite possible des pirogues et des hommes à son compagnon, qui devait garder les bagages sur l'île de Téritché, en compagnie du fidèle Chico. Refusant d'accepter le dévouement désormais inutile de Manilo et des deux autres Gallois, nous avons ordonné aux dix Okanda de décharger nos bagages et de les empiler sur le sable, ce qu'ils ont fait im-

---

[1] Cette infirmité est très-rare dans l'Afrique équatoriale, je ne me souviens pas d'en avoir rencontré plus de deux ou trois cas.

médiatement. De leur côté, les meneurs des Gallois, à la tête desquels était un sauvage nommé Adolpo, se sont mis à l'œuvre pour préparer leur départ immédiat sur Adanlinanlago; seulement, ils ont bientôt trouvé que la chose était loin d'être aussi facile qu'ils l'avaient cru d'abord, et que l'enthousiasme de leurs complices s'était singulièrement refroidi. Beaucoup de Gallois n'avaient voulu que nous intimider et nous arracher une augmentation de paye; d'ailleurs, ceux qui voulaient retourner chez eux n'avaient pas un instant mis en doute qu'ils nous ramèneraient avec eux, et maintenant, voyant la tournure que prenait l'affaire, avaient horriblement peur en songeant à la responsabilité qu'ils allaient encourir lors de leur retour vis-à-vis du grand commandant français. Manilo, le bossu et l'homme à la femme soignée se promenaient sur la plage en s'arrachant les cheveux et en hurlant : « Ah ! *mongéchino !* ah ! *mongéchino !* (ah ! concitoyens ! ah ! concitoyens !) *N'tchani ! n'tchani !* (honte ! honte !) Que de maux vont pleuvoir sur nous ! Le village brûlé ! la factorerie enlevée ! les Français nos ennemis ! Ah ! *mongéchino !* » Pour moi, assis sur une caisse, j'écrivais tranquillement sur mon mystérieux calepin les noms des plus séditieux, que je désignais à haute voix à mesure que je les notais. Cette pantomime acheva de les terrifier. Au bout d'un instant, nous étions, Marche et moi, entourés de Gallois nous suppliant de les emmener, et jurant qu'ils mourraient plutôt que de nous quitter. Pendant longtemps nous nous sommes fait prier, disant que tous les Gallois étaient mauvais et que nous n'en voulions plus aucun ; à la fin Marche leur dit : « Eh bien ! que ceux qui veulent venir se rangent auprès de moi ; que ceux qui veulent s'en aller restent au bout de l'île. » Du premier coup, quinze hommes sont à nos côtés ; ce que voyant les autres, la plupart d'entre eux se hâtent de rallier notre groupe, si bien qu'il ne reste plus du côté des séditieux qu'Adolpo et trois Gallois. Nous pardonnons aux pêcheurs repentants, seulement nous déclarons aux quatre communeux que comme on ne leur donnera pas un bateau pour quatre, ils resteront sur l'île ou s'en iront à la nage. A leur tour ils se traînent à nos genoux, pleurent, supplient, et sont fort heureux et fort aises de se cacher dans une des pirogues, dans laquelle nous n'avons pas l'air de les voir. Cette fois, je crois, l'insurrection est définitivement domptée.

Nous partons à onze heures ; bientôt nous arrivons à un endroit si dangereux que Rénoqué, qui le connaît, se fait débarquer à terre et suit à pied la rive du fleuve, tandis qu'on hâle les pirogues. Nous refusons de quitter les nôtres, pour bien montrer aux noirs que nous n'avons pas peur de ces rapides qui, disaient-ils auparavant, nous feraient frémir.

Nous nous arrêtons aujourd'hui sur l'île Kandja.

25 JANVIER.

Ce matin ce sont les Okanda qui demandent une augmentation; ces tiraillements et cette mauvaise foi perpétuelle deviennent insupportables à la longue. Dans la journée, nous arrivons à une vraie chute d'eau, celle d'Elendja; on décharge tous les bagages que l'on transporte par terre, et deux hommes seulement restent dans les pirogues, que l'on hisse au moyen de grandes lianes, et qui remontent à grand'peine.

A trois heures, six des Okanda payés par nous se sont sauvés.

A cinq heures de l'après-midi, nous nous arrêtons dans un grand village bakalais, où nous faisons emplette de bananes, de pistaches, de miel, de cannes à sucre, etc., etc. Le sel est de plus en plus demandé; une pincée achète cinq livres de miel. On nous apporte des paquets remplis d'un fruit oblong, en apparence assez semblable à une datte, et qui, haché et bouilli, a presque le goût de l'oseille. Les Bakalais sont très-accueillants pour nous; une femme à qui j'avais acheté une petite dent d'ivoire me prend pour *n'dégo*, c'est-à-dire pour compère. Les n'dégoï se doivent en tous cas aide et protection, et échangent de temps à autre de petits cadeaux. Ma nouvelle commère n'est rien moins que la reine du pays ; c'est aussi une élégante ; sa coiffure surtout est remarquable : toute sa tête est rasée, à l'exception d'un petit casque de cheveux plâtré de rose et de jaune vif, d'une natte qui lui forme un bandeau sur le front, et d'une autre natte qui descend du casque et va se percher derrière son oreille droite.

26 JANVIER.

A neuf heures du matin, on nous montre sur la rive gauche *le premier village okanda*. L'Ogooué a en cet endroit plus de huit cents mètres de largeur ; mais son cours est tellement obstrué d'îles, de bancs et de rochers, que nous avons toutes les peines du monde à nous frayer un passage. Le soir, nous couchons au pied du mont Okéko, l'un des sommets de cette chaîne de montagnes que nous avons trouvée à Édibé, se dirigeant constamment vers l'est, et dont le mont Otombi est jusqu'ici le pic le plus élevé.

Vers onze heures du soir a éclaté un orage gigantesque. Durant cinq années de séjour sous les tropiques nous n'avons, Marche et moi, rien vu de semblable. Les éclairs se succédaient avec tant de rapidité, que plusieurs fois nous avons cru le camp en feu, la foudre a brisé des arbres tout autour de nous, et la pluie est tombée par torrents ; en vain avons-nous étendu un caoutchouc sur nos moustiquaires, en vain nous abritions-nous sous un vaste parapluie, nous avons été mouillés jusqu'aux os. Nos hommes, terrifiés, n'osaient pas bouger, si bien que Marche et moi nous avons dû nous relever trois fois pour aller vider nous-mêmes nos pirogues, déjà plus qu'à moitié remplies d'eau.

27 JANVIER.

Tout ce qui était dans nos caisses, sans exception, est complétement trempé : nos étoffes sont tachées, nos instruments abîmés et, ce qui est infiniment plus grave, une partie de notre poudre, et presque toutes nos cartouches perdues sans ressource. C'est un véritable désastre. Le vieux roi Rénoqué nous a donné une comédie qui nous aurait amusés, si nous avions été un peu plus disposés à nous égayer. Durant la nuit, le bonhomme avait eu, comme les autres noirs, une peur affreuse de l'orage. Nous l'entendions sans cesse gémir et appeler à son secours, en pure perte, du reste, tous ses esclaves. Ce matin, il est venu nous trouver, fier comme Artaban. « Eh bien ! nous dit-il, j'ai triomphé ! — Triomphé de quoi ? — Eh ! n'avez-vous pas entendu cette nuit les fétiches qui gardent l'Okanda ? Ils me disaient : Non, Rénoqué, tu n'emmèneras pas les blancs dans l'Okanda. Et je leur disais : Esprits ! ce sont mes blancs, les amis du grand commandant français, et je leur ferai voir l'Okanda. Et les esprits répondaient : Non ! non !

non! et leur voix, la grande voix du tonnerre grondait plus fort; mais je n'ai pas eu peur. Je leur ai dit : Je suis Rénoqué, prince des Adjounto; c'est à moi et aux miens qu'appartient le passage de l'Okanda, je passerai malgré vous. Et les fétiches, vaincus, réduits à l'impuissance, ont cédé, et je vais vous ouvrir la porte de l'Okanda, qui est fermée... mais pour cela il faut me faire un beau cadeau. » A un peu plus d'un mille de l'endroit où nous étions campés, l'Ogooué semble tourner brusquement vers l'est, mais en réalité il ne forme qu'une petite crique de ce côté, et se dirige, par un chenal très-étroit, dans la direction opposée. Ce chenal, qui est complétement masqué à la vue par des arbres et par des rochers élevés, est ce qu'on appelle la porte de l'Okanda, et Rénoqué demandait un payement pour nous l'ouvrir. Après une discussion assez violente, nous réduisons considérablement les prétentions exorbitantes du roi; il est convenu que nous lui donnerons un habit noir et un pagne, et nous nous mettons en route. A peine embarqués nos hommes tendent un nouveau piége à nos marchandises. Ils nous demandent si nous voulons aller vers l'ouest ou vers l'est; si nous nous trompons, il faudra payer une forte amende. Comme je l'ai dit, la rivière semble se diriger vers l'est; aussi ils sont stupéfiés de nous voir désigner l'ouest comme la route à suivre. « Ah! *tangani, tangani!* dit Rénoqué, *avoué agnambié!* » (Ah! blancs! blancs, vous êtes des dieux!) Le fait est que, lors de son arrivée au même endroit, M. Walker avait été secrètement averti, et que nous, nous avions été, avant notre départ, prévenus à notre tour par M. Walker.

A onze heures nous entrons dans la passe étroite, tous les fusils sont chargés, et Rénoqué se tient debout dans le bateau, parlant à haute voix aux Esprits. L'Ogooué en cet endroit n'a pas vingt mètres de large ; arrivés au pied d'un grand rocher qui surplombe le fleuve, tous les Gallois tirent leurs fusils en l'air, Rénoqué agite pendant quelques minutes une grande sonnette et recommande ses blancs à toutes les divinités gardiennes de l'Okanda. L'horizon s'ouvre tout à coup, la rivière devient large et belle, et à perte de vue s'étendent les collines et les prairies vertes du pays des Okanda semées seulement de quelques bouquets d'arbres élevés. Dans le lointain on découvre des montagnes assez hautes et le sommet du pic de Bongi. Ce moment-là nous a payé de bien des mois de souffrance. Un quart d'heure après, nous étions à Lopé, point extrême atteint dans les explorations de MM. Walker et Shültz, et par conséquent le dernier qui nous séparait de l'inconnu.

CHAPITRE IV

LE PAYS DES OKANDA.

Lopé. — Installation des Gallois et des Inengas. — Nu-pieds pour le reste de notre voyage. — Chasse aux bœufs sauvages. — Face à face avec le troupeau. — Beaucoup de bruit pour rien. — Affluence de curieux pour nous voir. — Ces dames de l'Okanda. — Visite au roi Avélé. — Un souverain misérable. — Je hâte la mort d'Avélé. — Nous faisons un coup d'État. — Notre nouveau domicile à Lopé. — Les Bangouens. — Les Okanda veulent s'opposer à notre voyage chez eux. — Nous modifions énergiquement leurs idées à ce sujet. — Marche part pour le pays des Bangouens. — Il reçoit un accueil enthousiaste mais gênant. — Les Bangouens appartiennent à la grande famille bakalaise. — Leurs habitations. — Leur industrie. — Leurs mœurs. — Marche revient fort malade. — Évasion d'un esclave des Inengas. — Grand palabre qui résulte de sa fuite. — Les Gallois et les Inengas nous donnent des tracas de toute sorte. — Volés par notre interprète le Gabonais Paul. — Volés par notre domestique, le bossu Zingué. — Volés par notre aide cuisinier, Sipa, l'homme sans oreilles. — Hypocrisie de Rénoqué. — Notre installation à Lopé. — Marche tient le marché tous les matins. — Une chèvre laitière. — Les mangeuses de sel. — Une chasse aux bœufs qui faillit tourner mal pour moi. — Premier bœuf tué par les Bangouens. — Il est difficile d'en tirer parti. — Deuxième bœuf tué par les Bangouens. — L'histoire naturelle et notre table en profitent. — Nous coupons les vivres aux Gallois et aux Inengas. — Ils se décident à s'en retourner. Départ définitif des Gallois et des Inengas. — Toute voie de communication avec les pays civilisés nous est maintenant coupée.

L'endroit que les indigènes appellent Lopé, du nom d'une petite rivière qui vient là se jeter dans l'Ogooué, n'a en lui-même aucune importance : on n'y trouve pas même de village, car on ne saurait appeler un village quatre ou cinq cases bâties au sommet d'une colline que contourne le fleuve et qui ne sont habitées que par une seule famille. En temps ordinaire, ce lieu est tellement désert qu'en arrivant nous avons trouvé au milieu de ces cases l'empreinte toute fraîche de plusieurs troupeaux de bœufs sauvages qui traversent le village pour aller s'abreuver dans les eaux du fleuve. Mais aussitôt que la nouvelle de l'arrivée d'un convoi d'étrangers s'est répandue dans le pays, Lopé devient le rendez-vous général de tous les Okanda, qui accourent de vingt lieues à la ronde pour vendre des bananes, des chèvres, des esclaves et un peu d'ivoire. C'est là que se tiennent les palabres, et les habitants du pays y amènent, pour les offrir sans pudeur aucune aux nouveaux venus, toutes leurs femmes, qui ont sur la rivière une grande réputation de beauté. Là aussi viennent en foule les Bangouens, peuple dont j'aurai plusieurs fois occasion de parler, grands marchands d'ivoire et de caoutchouc.

Comme les Gallois et les Inengas devaient passer plus d'un mois à Lopé avant de s'en retourner chez eux, ils se mirent tout de suite à construire en feuillage et en bambou des abris sous lesquels ils pussent étendre leurs moustiquaires et se garer le mieux possible de la pluie. Ils choisirent pour former leur établissement un vaste banc de sable qui longeait l'Ogooué au pied de la colline, et travaillèrent si vite et si bien que le soir même ils eurent construit un vrai petit village. Rénoqué avait naturellement la plus belle hutte devant laquelle on planta tous ses fétiches et ses gris-gris. Il voulait nous en faire faire une pareille à côté de la sienne, mais nous nous y refusâmes. Nous savions bien que lui et les siens mettraient tout en œuvre pour nous forcer à revenir à Adanlinanlango, et nous tenions à nous isoler d'eux le plus possible afin d'être à l'abri d'un coup de main quelconque; ce soir-là même nous tînmes conseil, Marche et moi, et nous résolûmes de nous confier entièrement à Avélé, roi de tous les Okanda, d'acheter sa protection et de faire transporter, par ses sujets, tous nos bagages chez lui. Une fois là les Inengas et les Gallois ne viendraient pas nous y chercher.

Nos hommes nous avaient annoncé pour le lendemain la visite d'Avélé. En attendant, pour charmer nos loisirs et nous procurer de la viande fraîche dont le besoin se faisait vivement sentir, nous demandâmes à quelques Okanda qui étaient déjà venus pour nous voir, s'il ne serait pas possible de trouver quelque part ces bœufs sauvages dont nous voyions partout les empreintes en si grand nombre. Les Okanda nous répondirent d'un air goguenard que les bœufs étaient extrêmement faciles à trouver, mais que moins nous aurions affaire à eux et mieux cela vaudrait pour nous, car c'étaient des animaux horriblement féroces qui nous mettraient en pièces si nous faisions mine de nous en approcher. — « Nous ne sommes pas des mouana (enfants), répondîmes-nous avec dignité, montrez-nous les bœufs, et vous verrez si les blancs sont de grands chasseurs. » A l'appui de notre dire les Inengas et les Gallois se mirent à raconter toutes sortes d'exploits plus ou moins authentiques que nous avions accomplis avec nos fusils, et les Okanda à demi convaincus s'offrirent alors à nous guider vers l'endroit où étaient les bœufs. Nous fîmes immédiatement nos préparatifs pour la chasse. Depuis que nous naviguions dans les rapides nous avions pris l'habitude d'aller nu-pieds, car nos bottes, seules chaussures que nous possédions, auraient été complétement perdues par l'eau qui envahissait constamment nos pirogues. Ce jour-là nous voulûmes remettre ces bottes, mais nos jambes étaient horriblement enflées et crevassées, et nous acquîmes bientôt la triste conviction que nous étions pour bien longtemps condamnés à marcher nu-pieds. Depuis ce temps, en effet, jusqu'au jour de *mon arrivée à Lisbonne,* je n'ai pu revêtir aucune chaussure. Nous fîmes comme toujours contre fortune bon cœur et nous nous mîmes en route dans cet état, suivis par une vingtaine d'individus qui voulaient assister au grand combat entre les blancs et les bœufs sauvages, deux sortes d'animaux extrêmement curieux. A peine avions-nous fait sept ou huit cents mètres, un grand diable d'Okanda nommé Oréga, dont le nom reviendra souvent ici et qui en ce moment nous servait de guide principal, s'arrêta tout à coup et sans dire un mot nous désigna un troupeau de bœufs qui paissait paisiblement à quelque distance devant nous. Il s'assit ensuite tranquillement ainsi que ses compagnons et se mit à nous regarder d'un air qui voulait dire dans toutes les langues : maintenant, voyons ce que vous savez faire. Nous nous glissâmes immédiatement dans les herbes, Marche et moi, et quelques minutes après nous n'étions plus qu'à cent pas du troupeau. Là, un vieux taureau noir qui se tenait à quelques mètres en avant des autres bestiaux nous éventa ; il se mit à mugir, gratta la terre du pied et commença à regarder de notre côté d'un air qui n'avait rien de rassurant. En un instant, d'abord deux autres taureaux, puis tout le troupeau étaient en ligne à ses côtés frappant aussi la terre, se battant les flancs avec leurs queues et poussant des beuglements épouvantables. Nous comptâmes dix-huit paires de cornes. En cet instant, Marche et moi, nous jetâmes instinctivement un regard autour de nous : il n'y avait pas un rocher, pas un arbre, pas un abri. Je crois que nous aurions bien fait de rester chez nous, murmurai-je à l'oreille de mon compagnon. Mais nous nous serions fait hacher cent fois plutôt que de reculer devant tous ces nègres qui nous regardaient, et nous continuâmes d'avancer lentement, l'arme à l'épaule. Tout à coup un mouvement se manifesta sur toute la ligne de nos adversaires. Ils vont charger, dit Marche. Mais avant qu'il eût terminé ces paroles tout le troupeau, faisant volte-face avec la rapidité de l'éclair, nous avait tourné la partie postérieure de leurs corps et fuyait à toutes jambes. Nos quatre coups de fusils qui partirent aussitôt, ne firent qu'accélérer la vitesse de leurs mouvements, et le combat cessa... faute de combattants. Depuis, les bœufs nous ont souvent fait la même plaisanterie et nous nous y sommes habitués; mais ce jour-là nous restâmes complétement ahuris. Ah! tangani! nous dirent les Okanda qui vinrent alors nous rejoindre, quels hommes êtes-vous donc, pour que les animaux féroces vous fuient ainsi? — Les animaux féroces sont des poltrons, leur répondîmes-nous, et vous de plus grands poltrons encore.

Le lendemain, 29 janvier, dès le point du jour, une foule d'Okanda arrivait de tous côtés pour nous voir; le défilé a duré toute la journée; on voyait ces braves gens arriver dans la prairie par groupes de sept ou huit; les hommes marchaient en tête : la plupart n'avaient pour toute arme qu'un long bâton ferré. Ce sont de beaux hommes, inoffensifs, bavards, et selon toute apparence enchantés de notre arrivée ici. Leurs femmes les suivent à quelque distance, portant sur leur dos d'énormes charges de bananes ; leur réputation de beauté m'a paru quelque peu exagérée ; néanmoins beaucoup d'entre elles sont très-bien faites et ne le cèdent en rien, pour le physique, aux Gabonaises les plus en renom chez la gent nègre. Leur costume, fort primitif, consiste en un petit morceau de natte qu'elles s'attachent tant bien que mal autour des reins ; en revanche, elles portent en colliers et en bracelets une quantité de verroteries et de perles, et leur coiffure est un édifice très-compliqué, habituellement agrémenté de jaune et de rouge. Il est rare que leurs maris les maltraitent, mais ils leur font faire tous les ouvrages pénibles, et sous prétexte de religion, le féticheur leur interdit de jamais manger de la viande, autre que celle de la tortue, ou un poisson quelconque [1] ; elles sont donc obligées de vivre à peu près exclusivement de bananes et de maïs. Les femmes Okanda

---

[1] Chez les Mpongwés, Gallois, Inengas, etc., presque tous les individus ont un ou plusieurs aliments qu'il leur est interdit de manger. Souvent cette interdiction est collective pour toute une famille : les aliments interdits deviennent alors *roudah* pour l'individu ou la famille ; ainsi, depuis plusieurs générations, le sanglier est *roudah* dans la famille de Rénoqué, et le roi ou les siens ne pourraient en goûter sous peine d'infamie ou de sacrilége.

n'ont pas la plus petite notion de moralité ou même de pudeur. Notre présence semblait d'abord les frapper de stupeur, et généralement, après nous avoir regardé quelques instants, elles couraient se cacher à l'autre extrémité du camp ; mais, je dois le dire, cela n'a pas duré longtemps, et elles se sont très-vite enhardies et sont bientôt devenues fort gênantes et fort importunes.

Nous attendions ce jour-là la visite du roi Avélé, mais on nous dit qu'il ne viendrait pas, parce qu'il était gravement malade et ne pouvait pas quitter son village. Nous crûmes à un tour joué par Rénoqué pour nous empêcher d'entrer en relation avec lui, et nous déclarâmes aux Okanda que puisque Avélé ne pouvait venir à Lopé, nous irions le voir chez lui. Plusieurs d'entre eux s'offrirent immédiatement à nous guider, et jour fut pris pour le lendemain. D'après ce que nous avaient dit les Okanda, la résidence d'Avélé devait être à plus de dix milles de l'endroit où nous étions campés, ce qui faisait sept ou huit lieues aller et retour. De pareilles promenades sont peu agréables nu-pieds et avec les jambes malades; il fut donc convenu avec mon compagnon de voyage qu'au lieu de les faire tous deux, nous nous les diviserions à l'avenir. Marche devait le lendemain rendre visite au chef d'une tribu voisine, celle des Bangouens, je me chargeai donc d'aller voir Avélé. Les Okanda, chassés par les

Osyéba de la rive droite de l'Ogooué, sont aujourd'hui dispersés de tous côtés au milieu des vastes prairies qui se trouvent sur l'autre rive du fleuve : ils n'ont aucun village, mais ils vivent dans des hameaux composés de sept ou huit cases au maximum ; c'est dans l'un de ces hameaux que je trouvai le roi Avélé. Par extraordinaire on nous avait dit la vérité. Ce vieillard touchait à la fin de sa longue carrière, et je suis on ne peut plus honteux d'être obligé de l'avouer ici, ma visite a été le coup de la mort pour lui. Aussi pourquoi s'est-il obstiné, sous un soleil ardent, à garder pendant une heure sur sa tête un casque de pompier que je lui apportais en présent, et pourquoi a-t-il bu tout entière une bouteille de rhum que ses courtisans essayèrent en vain de lui arracher des mains ? Au moment où je pris congé d'Avélé, il me remit en main son sceptre, bâton en bois sculpté, auquel était attachée une grosse sonnette et me le fit agiter à trois reprises différentes : par là il me confiait l'investiture de ses droits sur le pays et me déclarait seigneur et maître de tout l'Okanda. L'assistance entière leva la main droite en signe d'acquiescement. Mais à quoi me servait tout cela ? Cet Avélé sur la protection duquel nous avions tant compté ne pouvait plus nous être d'aucune utilité. Après avoir planté sur sa case le pavillon français, je me retirai péniblement impressionné de cette visite et me creusant la tête pour savoir comment nous déjouerions les machinations des Inengas et des Gallois. Marche est avant tout homme d'action; aussitôt qu'à mon retour je lui contai ma déception, il alla trouver un Okanda nommé Baïli qui avait deux cases sur cette colline qui domine Lopé et lui offrit un prix fort élevé en sel et en perles s'il voulait nous céder la plus grande de ces cases pour le temps de notre séjour. Baïli accepta avec d'autant plus de joie qu'il était loin d'être bête, et prévoyait fort bien tous les petits profits qu'il pourrait tirer de notre présence chez lui. Marche appela alors tous les Okanda qui se trouvaient là et leur commanda d'aller chercher nos bagages dans le camp des Gallois et des Inengas et de les transporter dans la case de Baïli. Rénoqué était absent, la plupart de ses hommes partis pour acheter des esclaves, ou faire bombance chez leurs *n'dégoï* (compères) de la plaine, et ceux qui restaient, pris à l'improviste, n'osèrent pas s'opposer à l'exécution des ordres donnés par nous. Deux heures après, tous nos effets étaient installés dans la case Baïli que nous nous mîmes immédiatement à créneler de meurtrières et à barricader avec nos caisses.

Notre nouveau logis n'était ni grand ni confortable; il y restait juste la place nécessaire pour placer deux lits de bambous très-étroits et une toute petite table; on ne pouvait pas s'y tenir debout sans se courber ; le jour y pénétrait à peine et les cancrelats et autres animaux malfaisants y abondaient en foule. Néanmoins nous en primes possession avec joie : désormais notre cause était gagnée. Jamais, nous le savions, les Inengas ou les Gallois n'oseraient nous en déloger, et puis là, pour la première fois depuis bien longtemps, nous étions chez nous, séparés par une cloison, bien mince, il est vrai, mais enfin suffisante pour masquer la vue de tous ces importuns qui ne nous laissaient pas un instant de repos. Du reste, si l'intérieur n'était pas beau, nous n'avions pas loin à aller pour jouir d'un magnifique coup d'œil. Du seuil même de notre case, nous voyions se dérouler à nos pieds le cours de l'Ogooué, qui sortait comme par enchantement de cette fameuse porte de l'Okanda, et après quelques instants de tranquillité formait de nouveaux et terribles rapides dont le mugissement parvenait jusqu'à nous. A quelques centaines de mètres sur notre droite se dressait le mont Okéko, tandis que devant nous s'étendaient à perte de vue les riantes prairies de l'Okanda, qui n'étaient limitées que par les monts élevés de Bongi, repaire des Osyéba, cannibales.

Parmi la foule des noirs accourus pour venir nous voir, se trouvait un certain nombre d'hommes appartenant à la tribu des Bangouens; un de leurs chefs parlait m'pongwé et semblait fort intelligent; sa femme nous fit un petit présent de bananes et de miel, et lui-même nous pria instamment de lui rendre visite dans son pays qui était seulement à quelques heures de marche de Lopé. Il allait ainsi au-devant de nos désirs, car nous tenions beaucoup à faire connaissance avec un peuple dont le nom était jusque-là inconnu, et aussi à gagner l'amitié de toutes les tribus qui nous entouraient. Mon compagnon de voyage promit donc aux Bangouens de venir très-prochainement chez eux. Les Okanda qui l'entendirent convoquèrent immédiatement un palabre dans lequel ils décidèrent gravement que nous n'irions pas dans le pays des Bangouens. Ils vinrent en grande pompe nous notifier leur décision, déclarant qu'ils s'opposaient à ce voyage parce que les Bangouens étaient des *anome 'mbé*[1], ce à quoi nous leur répondîmes de convoquer de nouveau le palabre parce que nous avions une communication importante à leur faire. Nous nous y rendîmes armés jusqu'aux dents, et coiffés de notre grand chapeau de feutre orné de galons d'or et de grosses pierres brillantes. « Okanda! leur dîmes-nous, vous ne connaissez pas encore les blancs; les blancs sont bons et immenses (*m'biani m'polu*) : bons, ils ne vous feront que du bien; immenses, ils commandent et ne sont pas commandés. Nous voulons aller chez les Bangouens et nous irons chez les Bangouens. Dans le

---

[1] Mauvais hommes.

cas où vous voudriez nous en empêcher, vous connaissez nos armes, nous en ferons usage contre vous. » Ce discours olympien terrifia les Okanda; ils se précipitèrent en foule autour de nous, et, dans l'attitude de la supplication la plus humble, nous dirent que nous étions le père et la mère des Okanda, que ce que nous ferions serait bien fait, et qu'eux-mêmes nous guideraient chez les Bangouens et y transporteraient les bagages que nous voudrions y emporter. En conséquence, Marche partit le lendemain matin pour le pays des Bangouens en compagnie de Chico et de cinq Okanda, ayant à leur tête un homme nommé Oréga. Oréga, en arrivant, voulut exiger des Bangouens qu'ils lui fissent un cadeau, pour avoir conseillé aux blancs de venir chez eux et les y avoir amenés; mais ceux-ci, qui n'ignoraient rien de ce qui s'était passé la veille, se moquèrent de lui.

Les Bangouens appartiennent évidemment à la grande famille des Bakalais, dont ils parlent, à peu de variantes près, le langage : c'est une tribu très-nombreuse, dont le territoire commence à trois lieues et demie à l'est de Lopé et s'étend sans doute extrêmement loin dans l'intérieur. La venue d'un blanc dans leur pays fut pour les Bangouens un événement immense; plusieurs d'entre eux, prévenus deux ou trois jours à l'avance, avaient fait leurs quinze lieues uniquement pour le voir; il a été reçu avec enthousiasme, et ce peuple primitif s'est livré en son honneur à des danses frénétiques. Leur manière de célébrer son arrivée était du reste fort gênante pour lui ; comme le consul Duillius par son joueur de flûte, il était constamment suivi par deux ou trois cents personnes qui ne le quittaient pas d'une ligne. Quand la nuit vint, il trouva dans la case qu'on lui avait assignée une vingtaine de femmes qui refusèrent de s'en aller et s'installèrent tranquillement autour de son lit de bambous. Pendant la nuit cette troupe se grossit, et à son réveil trente ou quarante lui souhaitèrent par une attention très-raffinée le bonjour mpongwé : *M'bolo tangani*. Le vieux chef lui avait promis de lui vendre une chèvre, et pendant deux jours, sous les prétextes les plus variés, on la lui fit attendre d'heure en heure, afin de le conserver plus longtemps dans le village et de pouvoir l'exhiber à tous les curieux qui affluaient de l'intérieur pour contempler ce phénomène. A la fin Marche se fâcha tout rouge, il dit au chef qu'on se moquait de lui, qu'il allait partir tout de suite et ne reviendrait jamais. Le chef, sa femme et plusieurs nègres de l'assistance se jetèrent alors à ses genoux et le supplièrent de ne pas se mettre en colère contre eux ; ils coururent ensuite lui chercher une grosse chèvre qui était cachée tout près de là. Marche la paya un bon prix, et partit dans les meilleurs termes avec tout le monde. Seulement il était épuisé de fatigue ; il trouva la petite rivière de Lopé, qu'il avait traversée presque à pied sec, tellement gonflée par une pluie d'orage tombée la veille, qu'il y eut de l'eau jusqu'au cou et faillit s'y noyer. Il revint avec une fièvre ardente.

Somme toute, il avait été assez satisfait des Bangouens. L'explorateur pourrait facilement, chez eux comme chez les Bakalais du lac Isanga, trouver des guides et des porteuses. Ils semblent plus pacifiques et beaucoup moins cruels que les Bakalais de la côte, dont ils n'ont, du reste, ni l'industrie ni la rouerie pour le commerce. Comme les Okanda, ils ont la passion du sel et des anneaux de cuivre; ils sont assez bons chasseurs et récoltent pas mal de caoutchouc; aussi ont-ils été navrés en apprenant que Marche n'en achetait pas. Ils ont aussi beaucoup de miel; leurs ruches sont installées dans de gros morceaux de bois creusés et longs d'environ un mètre qu'on accroche en haut des bananiers ou des arbres voisins de la plantation; avec la cire ils font des galettes de trois ou quatre livres chacune, qui leur sont achetées pour quelques feuilles de tabac ou quelques pincées de sel par les Gallois et les Inengas. Naturellement les Bangouens sont polygames, mais leur première femme ou femme-chef a généralement sur les autres une grande autorité. En général toutes ces femmes sont très-laides, la couleur de leur peau est d'un jaune sale, et leur corps, surtout sur la poitrine et l'estomac, est couvert d'un trèsvilain et très-compliqué tatouage produit par des excroissances de chair teintes en bleu. En revanche, elles sont d'une force herculéenne, et portent pendant des journées entières d'énormes fardeaux. Les maisons des villages bangouens sont, comme celles des Bakalais, rangées sur une seule ligne et bâties en écorce. L'accès en est défendu par des fortifications semblables à celles que nous avons décrites à N'Gosko. Excepté en temps de guerre, les Bangouens préfèrent vivre dans leurs plantations ou camper dans la plaine, comme ils font lorsqu'ils ont tué un éléphant et même un bœuf. Dans ce cas-là, ils construisent sur le lieu même un de ces abris en feuillage appelé olakos, et y demeurent tant qu'il reste un os à ronger dans le gibier abattu.

Deux jours après le retour de Marche, il y eut un grand palabre dans le camp des Gallois. La veille nous avions vu passer devant notre hutte un esclave de très-grande taille acheté aux Okanda par le neveu de Rénoqué; on l'avait bâillonné, sans doute pour que nous ne pussions pas entendre ses cris, et on le poussait brutalement vers le camp des Inengas. Quand il fut arrivé au camp, on lui passa, suivant l'usage, le pied dans une énorme bûche et on le fit coucher dans une hutte destinée à le recevoir. Durant la nuit éclata un orage effroyable; les Gallois et les Inengas furent mouillés jusqu'aux os sous leur abri de feuillage, et suivant leur coutume, terrifiés pendant tout le temps que gronda le tonnerre. Au milieu de la confusion et de la stupeur qui régnaient partout, le pauvre esclave ne perdit pas son temps, il se traîna jusqu'à la case de Rénoqué, vola une grande hachette qui y était pendue et qu'il avait sans doute remarquée en passant, scia sa bûche et prit la clef des champs, emportant la hachette de Rénoqué et divers ustensiles de ménage appartenant à son propriétaire à lui. Il était cinq heures du matin, c'est-à-dire que le jour commençait à poindre, quand on s'aperçut de son évasion; en un instant Gallois et Inengas furent tous sur pied. Il s'éleva bientôt un tel concert de hurlements, d'imprécations et de malédictions, on fit un tapage si enragé, que dans notre case nous nous levâmes en toute hâte, barricadant la porte, sautant sur nos fusils, et nous apprêtant à défendre énergiquement notre case qui, nous en avions la persuasion, allait être attaquée. Chico vint nous détromper et nous apprit ce qui se passait. Quelques instants après, vingt Inengas en armes organisaient une véritable chasse à l'homme, suivant la piste du fugitif et battant toutes les broussailles. A notre grande joie ils ne trouvèrent rien et revinrent à la nuit tout honteux et tout penauds. Nous ne nous gênâmes pas pour nous moquer d'eux et leur dire que cet esclave avait plus de tête à lui tout seul que tous les Gallois et tous les Inengas réunis; nos plaisanteries ne contribuèrent pas peu à les exaspérer. Le lendemain, le roi Rénoqué prononça une malédiction solennelle qui devait faire mourir, avec sa femme et ses enfants, celui des Okanda qui, sachant où était le fugitif, ne le livrerait pas. Deux jours se passèrent néanmoins sans qu'on entendît parler de l'esclave. Rénoqué convoqua alors tous les Okanda à un grand palabre, on parla trois jours et trois nuits; à la fin il fut décidé que comme les Okanda ne voulaient pas ou ne pouvaient pas rendre l'homme qui s'était sauvé, ils payeraient à la place une femme avec un enfant à la mamelle, une chèvre, six poules et douze régimes de bananes.

Ces Gallois et ces Inengas nous donnèrent toute sorte de tracas et d'ennuis. Nous leur avions promis de les nourrir pendant le temps de leur séjour à Lopé où ils ne devaient, croyions-nous, passer que quatre ou cinq jours. Ils étaient donc encore censés à notre service et nous leur fournissions les vivres à raison de dix bananes par homme et par jour; ce n'était pas très-onéreux, car les Bangouens et les Okanda nous apportaient une quantité énorme de bananes pour une poignée de sel, et il nous restait encore trois cents livres de sel dans un baril transporté là à grands frais, il est vrai; mais nos hommes profitaient de ce que nous les mettions à l'abri de la faim pour s'éterniser à Lopé, et il n'était sorte de tours qu'ils ne cherchassent à nous jouer. Nous avions attaché à notre personne un état-major choisi dans ce qu'il y avait de mieux parmi eux ; il se composait d'un interprète gabonais appelé Paul, d'un petit bossu bakalais, Zingué, et enfin d'un Inenga répondant au nom de Sipa. Paul était un singulier interprète, attendu que, malgré son nom français, il ne savait pas un seul mot de notre langue ; mais il prenait ses fonctions très au sérieux et refusait tout service, sous prétexte qu'il n'était là que pour traduire ce que nous disions. Il nous volait depuis très-longtemps et nous ne pouvions pas le pincer, lorsqu'il s'avisa de subtiliser d'un seul coup quatre barils de poudre, deux flacons d'*eau de lavande de la famille impériale* [1], et plusieurs masses de perles ; il voulut avec ces divers objets acheter une chèvre, mais nous le prîmes en flagrant délit au moment où il traitait l'affaire. Marche avait déjà empoigné un cassingo (nerf d'hippopotame) pour lui administrer la correction à laquelle il avait droit, mais il avait de bonnes jambes et gagna la forêt, dans laquelle il vécut jusqu'au départ des Inengas. Zingué était notre grand favori et nous inspirait beaucoup de confiance, car il était d'une complaisance inépuisable et nous lui savions beaucoup de gré de ne pas nous avoir abandonnés au moment de la grande révolte de Téritché. Zingué

---

[1] Cet horrible parfum de traite est fort goûté des noirs, et il s'en fait sur la côte une très-grosse consommation.

désira sans doute emporter un souvenir de nous, car il remplit son petit coffre de voyage de couteaux, perles, étoffes, etc., qu'il nous avait dérobés. Sipa était un affreux nègre, d'autant plus laid qu'il n'avait plus d'oreilles ; sur la plainte d'un mari *gratuitement* outragé, il avait été condamné à les perdre, et on les lui avait solennellement coupées au ras de la tête. Au demeurant il avait une figure joviale et un caractère très-gai ; il s'était constitué le sous-verge de Chico, et en profitait pour être toujours dans notre case. Sipa nous volait comme les autres, et comme les autres aussi, était fort adroit. Malheureusement pour lui, il prit un jour une demi-livre de notre poudre anglaise qu'il vendit immédiatement à un Okanda ; ce brave homme était habitué à la poudre de traite, et ne voyant pas de différence dans la nôtre, il en mit deux pleines poignées dans son fusil ; naturellement le fusil vola en éclats, l'Okanda fut au trois quarts assommé et le larcin de Sipa découvert. Nous avions beau exercer la plus stricte surveillance, chaque jour il disparaissait quelque chose. Mais tout cela n'était encore rien ; ne pouvant nous obliger par la force à retourner avec eux, les Gallois et les Inengas eurent recours à toutes sortes de ruses pour empêcher les Okanda de nous conduire dans l'intérieur ; tantôt ils venaient en grand mystère nous révéler de prétendus complots des Okanda pour attenter à notre vie, tantôt ils nous dépeignaient aux Okanda comme des hommes bons et pacifiques en apparence, mais féroces dans nos moments de colère et très-friands de la chair des nègres. Chose singulière, cette horrible accusation, dont M. Duchaillu avait déjà été l'objet autrefois, trouvait beaucoup de crédit dans le pays. On n'ôtera jamais de l'esprit d'un grand nombre de nègres de l'Afrique équatoriale, que les Poutou (c'est ainsi qu'ils désignent les négriers portugais) n'achètent les esclaves que pour les engraisser et les manger ensuite ; ces pauvres esclaves en sont eux-mêmes intimement convaincus, et quand ils voient les blancs, ils sont persuadés que leur dernière heure est arrivée.

Les Gallois et les Inengas répétaient aussi sans cesse aux Okanda que des maux de toute sorte pleuvraient sur eux s'ils entreprenaient un voyage en notre compagnie. Rénoqué, dont nous n'avions eu en général qu'à nous louer jusque-là, était devenu, à l'instigation sans doute de ses neveux, l'âme de tous ces complots ; il convoquait sans cesse des palabres auxquels assistaient tous les Okanda. Quand nous y assistions, ou quand nous passions près de l'endroit où l'on délibérait, le vieil hypocrite criait de toutes ses forces : *Awé ni tangani biambié biambié* (traitez les blancs bien, bien !) ; *kend'awé ù tangani dava! dava!* (allez avec les blancs, loin ! loin) ; mais aussitôt que nous ne pouvions plus l'entendre, il défendait aux Okanda, sous peine de perdre l'amitié des Gallois et des Inengas et sous peine d'être la victime de sortiléges terribles qui feraient mourir leurs femmes et leurs enfants, de nous conduire dans l'intérieur. Nous étions, du reste, mis parfaitement au courant de leurs manœuvres par Chico, et souvent les Okanda eux-mêmes venaient avec force mystère nous prévenir de ce qui se passait.

C'est vers cette époque qu'eut lieu mon excursion chez les terribles Osyéba, d'où je revins en très-mauvais état. J'en remets le récit au chapitre suivant, afin de pouvoir consacrer une étude plus détaillée à ces cannibales et à leurs congénères de l'Afrique équatoriale.

Le séjour de Lopé n'aurait eu en lui-même rien de bien pénible; si nous n'avions pas eu à suivre, pour ainsi dire jour par jour, les progrès effrayants que faisait chez nous l'anémie, et l'épuisement progressif et constant de toutes nos forces, nous aurions vu le temps s'écouler sans trop d'impatience. Notre garde-manger était fourni avec une abondance et une variété toute nouvelles pour nous; on venait presque tous les jours nous apporter des poulets, des bananes, des poissons. Nous pouvions aussi très-souvent acheter des œufs de tortue; en revanche on ne voulait jamais nous vendre la tortue elle-même : les femmes okanda, pour lesquelles toute viande et tout poisson sont, comme nous l'avons dit plus haut, *rondah*, c'est-à-dire interdits, en profitent pour dé-

Types de femmes okanda.

Dessiné par M. Breton sur des croquis pris d'après nature par le Mis de Compiègne.

vorer à belles dents, quand elles en trouvent, les tortues, qui ne sont ni chair, ni poisson. Les tortues sont assez communes dans l'Ogooué, où elles viennent déposer leurs œufs sur les bancs de sable; il y en a deux espèces qui ne diffèrent que par la couleur et la marbrure de la carapace [1]. Cette carapace a environ un mètre de circonférence, et l'animal lui-même pèse de vingt-cinq à trente livres. Dans les poissons qu'on nous apportait se trouvaient en grand nombre plusieurs espèces de poissons électriques ; ceux-ci, fort intéressants au point de vue de nos collections, constituaient un piètre manger, car en cuisant, leur chair se transforme en une sorte de bouillie gélatineuse. Un matin Chico arriva tout triomphant nous dire qu'on offrait de nous vendre une chèvre qui avait du lait. Les indigènes de l'Afrique équatoriale font fi du lait, et quand on leur en parle, ils disent qu'ils en ont assez bu dans leur enfance ; mais nous qui n'avons pas comme eux teté jusqu'à l'âge de deux ans et demi, nous étions moins dégoûtés, et nous fîmes immédiatement l'acquisition d'Amalthée (c'est ainsi que nous baptisâmes la laitière). A partir de ce moment, nous pûmes prendre tous les matins une tasse de thé au lait sucré avec du miel; car nous avions un peu de thé

---

[1] Nous en avons rapporté plusieurs spécimens à M. Bouvier; mais aucun d'eux n'est adulte; car nous n'avons pu nous procurer que des tortues qui étaient trop petites pour être mangées.

vert, présent de M. Walker. Nous n'entretenions avec les Okanda que des relations fort agréables; pour ces pauvres diables, Chico lui-même était un grand personnage; Chico le savait fort bien, se faisait servir par eux à la baguette, et prenait des airs conquérants à mourir de rire. Ordinairement, le matin, Marche faisait le marché : il prenait place devant sa porte et s'asseyait sous un grand parapluie, ayant à sa droite un chaudron plein de sel, à sa gauche une boîte remplie de perles variées qu'il mesurait au moyen d'un dé à coudre, de petites barrettes de cuivre et quelques étoffes. Les Okanda et les Bangouens arrivaient de tous côtés, apportant, qui une poule, qui un poisson, qui du miel, qui des ignames. A neuf heures la séance était levée. On ne laissait jamais les noirs marchander : ceux qui refusaient le sel ou les perles qu'on leur offrait étaient ignominieusement renvoyés. La passion qu'ont ces gens-là pour le sel est vraiment extraordinaire. Nous voyions presque quotidiennement des femmes bangouens arriver de leurs villages, c'est-à-dire d'au moins quatre ou cinq lieues de distance, portant sur leur dos quatre-vingts ou cent livres de bananes. Elles donnaient tout pour une ou deux poignées de sel, qu'elles mangeaient immédiatement; puis se mettaient aussitôt en marche pour repartir, avec l'air satisfait d'un gourmet qui vient de faire un fin repas. Un jour, une femme okanda vint me trouver pour me vendre une petite dent d'éléphant. J'étais seul et malade : je lui dis d'attendre le retour de mon ami Marche, qui était à la chasse. Pour lui faire prendre le temps en patience, et en guise de rafraîchissements, je fis mettre devant elle un chaudron plein de sel. Elle se mit à l'œuvre sans perdre un instant, et pendant une heure et demie ne cessa de manger. De temps en temps elle jetait sur moi un regard inquiet, pour voir si je n'allais pas l'arrêter ; mais je la laissai faire par curiosité. Quand Marche revint, elle avait certainement absorbé plus d'une livre et demie de sel. Les femmes okanda raffolent aussi des perles : les élégantes en portent plusieurs livres autour du cou. Les hommes mendient sans cesse du rhum ; mais quand nous leur en donnions, nous avions soin de le couper de plus de moitié d'eau : ils ne s'en apercevaient pas, par la bonne raison qu'ils n'en avaient jamais bu de pur. Nous allions à la chasse tous les jours où nous n'avions pas la fièvre. Malheureusement, à l'exception des bœufs sauvages, le gibier est très-rare à Lopé : de plus, depuis la fameuse averse qui avait mouillé tous nos effets, nos cartouches rataient fréquemment, et nous donnaient des déceptions toujours désagréables et souvent dangereuses. Le fait suivant en donnera l'idée. Un jour, j'aperçus une centaine d'aigrettes blanches perchées sur les arbres d'un tout petit bois très-fourré qui se trouvait à peu de distance de notre case. J'en conclus aussitôt qu'il y avait un troupeau de bœufs dans ce bois. Au premier abord, cette conclusion ne semble pas naturelle; elle est cependant tout à fait logique, comme on va le voir. Les bœufs sauvages de l'Okanda, comme la plupart de leurs congénères des autres pays, sont infestés de toutes sortes d'insectes parasites, dont les plus malfaisants sont de gigantesques tics, ou poux de bois, verts et rouges. Ces pauvres bœufs traîneraient donc une triste existence, si la nature n'avait fait venir à leur aide deux ou trois espèces d'oiseaux qui vivent sans cesse en leur compagnie, et ont déclaré une guerre acharnée à leurs persécuteurs. Ainsi, dans l'Okanda, quand on trouve les bœufs, on voit toujours avec eux de grandes bandes de *pique-bœufs* [1] et surtout d'aigrettes. La blancheur éclatante de ces derniers oiseaux les fait apercevoir à de très-grandes distances, et lorsque nous voulions découvrir les bœufs dans les grandes herbes de la prairie, notre œil cherchait de tous côtés l'endroit au-dessus duquel voltigeaient les aigrettes, sûrs que les animaux que nous chassions étaient près d'elles. Voilà pourquoi, quand j'aperçus une quantité de ces oiseaux sur les arbres du bois,

[1] Ces pique-bœufs ne sont pas ceux qu'on trouve au Sénégal; ils sont jaunes et noirs et de la taille d'un étourneau; je les crois nouveaux pour l'histoire naturelle, mais nous n'avons malheureusement pu nous en procurer aucun exemplaire.

je pus savoir presque à coup sûr que les bœufs avaient cherché là un abri contre les ardeurs du soleil. J'étais sorti ce matin-là pour tirer une petite espèce de caille que je désirais vivement me procurer, et je n'avais naturellement que mon fusil de chasse. Je glissai dedans une cartouche chargée d'une balle explosible, la seule que j'eusse dans mon carnier, et je me faufilai dans le bois en suivant un sentier frayé au milieu d'épaisses broussailles par les animaux eux-mêmes. Au bout de quelques instants, je me trouvai en présence du troupeau, et, à moins de quatre pas devant moi, j'aperçus un énorme taureau qui paissait, sans se douter de ma présence. L'ajuster au défaut de l'épaule, et faire feu fut l'affaire d'un instant; mais, à mon profond désappointement, le coup rata. En ce moment, un grand veau, que je vois encore, sortit sa tête du milieu des branches, à deux pas de moi. J'étais si furieux, que, sans réfléchir aux conséquences, je lui envoyai mon second coup, chargé avec du plomb à lièvre. Le pauvre veau s'enfuit en beuglant; mais le reste du troupeau, affolé par la détonation, se massa tout à coup à soixante mètres devant moi; puis, enfilant le sentier dans lequel je me trouvais, arriva à fond de train sur moi. J'étais désarmé, et de gros arbres m'empêchaient de me garer à droite ou à gauche. Je me jetai donc à plat ventre, et pendant deux secondes m'attendis à sentir sur mon dos le poids de vingt bœufs lancés à toute vitesse ; mais tout à coup, par un hasard providentiel, au moment où l'animal qui était en tête me touchait presque, il changea brusquement de direction ; ceux qui venaient à sa suite firent comme lui, et brisant tout sur leur passage, ils disparurent dans l'épaisseur des bois. Je l'avais échappé belle. Aussi depuis ce moment je me suis abstenu de tirer au milieu d'un troupeau sans avoir deux bonnes balles dans mon fusil.

Dans les premiers jours de février, les Bangouens nous prévinrent qu'ils avaient tué un de ces bœufs sauvages (*niaré*), et nous demandèrent si nous voulions en acheter un morceau pour du sel ; nous nous empressâmes d'accepter et leur promîmes deux poignées de sel pour un cuissot de l'animal en question : ils apportèrent en conséquence le cuissot dans notre case le lendemain matin. A notre profonde horreur, nous constatâmes qu'il était dans un état de décomposition horriblement avancé : les vers tombaient à terre de tous côtés, et notre case en fut empestée pendant deux jours ; nous le renvoyâmes ignominieusement. Il ne fut pas du reste perdu pour tout le monde, car les Gallois s'empressèrent de l'acheter. Nous expliquâmes aux Bangouens que lorsqu'ils tueraient un bœuf, s'ils voulaient une bonne récompense, ils devaient venir nous chercher à l'instant même, et surtout ne pas commencer à le dépouiller sans nous. Nous tenions en effet à avoir un spécimen de cet animal qui pouvait être très-intéressant au point de vue de l'histoire naturelle. Quatre jours après, les Bangouens vinrent de nouveau nous trouver, nous disant qu'ils venaient de tuer deux heures auparavant un autre bœuf sauvage, et que, suivant nos instructions, ils avaient attendu notre venue pour y toucher. Marche se transporta immédiatement sur les lieux en compagnie de Chico, qu'il avait assez bien dressé à préparer les grands animaux. — Le bœuf se trouvait être une vache, mais Marche ne s'en mit pas moins à l'œuvre et eut la constance de passer toute la journée à travailler. Il revint le soir, rapportant la tête, la peau et tout ce qu'il fallait pour rendre plus tard à l'animal l'apparence de la vie; il rapporta aussi, ce qui était beaucoup plus pratique pour les circonstances actuelles, des morceaux taillés dans les parties les plus succulentes de la victime, et jamais vache ne fut mangée de meilleur cœur.

Le 13 février nous frappâmes un grand coup : excédés des agissements de Rénoqué et des siens, nous coupâmes les vivres à tous et nous refusâmes, dussent-ils mourir de faim, de leur donner une seule banane. Les Inengas et les Gallois avaient acheté vingt et quelques esclaves, du caoutchouc et un peu d'ivoire, ils avaient dépensé ce qui leur restait avec les femmes des Okanda, et le jour où ils ne reçurent plus à manger de notre main, la famine régna dans le camp et il leur fallut se décider à la retraite. Rénoqué convoqua un dernier et solennel palabre dans lequel il adjura avec force menaces et imprécations tous les Okanda de ne pas nous laisser quitter Lopé, et le lendemain, 15 février, il donna le signal du départ. Comme en apparence nous étions restés les meilleurs amis du monde, nous échangeâmes les plus tendres adieux avec lui et les siens. Au reste, nous gardions si peu rancune à ces gens-là que nous poussâmes la bonté jusqu'à leur payer sur-le-champ à Lopé la moitié du prix qui leur restait dû, et qu'ils ne devaient, d'après nos conventions, toucher qu'à leur retour à Adanlinanlango. Cette avance de fonds leur permettait d'acheter des vivres et même du caoutchouc durant leur route. Nous leur rendions là un service signalé en raison de leur dénûment et de la valeur considérable qu'ont les marchandises sur ce point de l'intérieur ; nous en avons été récompensés comme on l'est toujours par les nègres de ce pays ; nous leur avions naturellement donné un papier pour Sinclair, papier qui le priait de ne payer qu'une piastre au lieu de deux puisqu'ils en avaient déjà touché une là-haut. Arrivés à la factorerie, ils firent disparaître ce papier et réclamèrent leur payement comme s'ils n'avaient pas reçu d'à-compte de nous. Nous pouvons encore nous estimer heureux qu'ils n'aient pas fait disparaître, par la même occasion, le paquet de lettres pour le Gabon et pour la France que nous leur avions confié et qui contenait les dernières nouvelles que nos familles et nos amis devaient avoir de nous pendant bien longtemps.

A onze heures du matin, tous, Gallois et Inengas, étaient en mouvement; ils partirent en chantant et en tirant des coups de fusil. C'était un fameux soulagement que d'être débarrassé de ces gaillards-là, et cependant nous ne pûmes, Marche et moi, nous défendre d'une certaine émotion en voyant du sommet de la colline leurs pirogues surmontées de pavillons tricolores descendre avec une rapidité vertigineuse le cours de l'Ogooué et disparaître par la Porte de l'Okanda. Le dernier lien qui se rattachait, sinon au monde civilisé, du moins aux pays par lesquels on pouvait y arriver, venait de se briser.

CHAPITRE V

CHEZ LES CANNIBALES OSYÉBA.

Un très-nombreux peuple de cannibales. — Il nous faut absolument traverser leur pays. — Nous formons la résolution d'aller chez les Osyéba. — Difficulté de trouver un guide. — Nous mettons la main sur un *contrebandier* okanda qui nous en servira. — Je pars secrètement la nuit avec Isinga. — Douze heures de marche pieds nus. — Les Osyéba appartiennent à la grande famille des Fans. — Je suis froidement accueilli. — Mes affaires se gâtent. — Je m'en tire pour cette fois. — On ne m'apporte pas de chair humaine à dîner. — Une nuit orageuse. — Des gens à qui on ne peut pas faire d'acquisition. — Je me crois tombé dans un traquenard. — Tout est bien qui finit bien. — Souffrances du retour. — Le docteur Schweinfürth et les anthropophages de l'Afrique orientale. — Les Niams-Niams. — Un nom significatif. — Étroites affinités avec les Pahouins. — Leur cannibalisme. — Leur trafic des cadavres et de la graisse humaine. — Coutumes qui leur sont communes avec les Pahouins. — Les Monbouttous. — Leur grand appétit de la chair humaine. — Supériorité morale et physique des peuples cannibales de toute l'Afrique équatoriale sur les peuples non cannibales. — Qualités exceptionnelles des Monbouttous. — Comment l'excursion que j'ai faite chez les Osyéba a probablement sauvé la vie de Marche et la mienne.

Peu de jours avant le départ des Gallois, j'avais, ainsi que je l'ai dit plus haut, fait une excursion chez les Osyéba. Le moment est venu d'en donner le récit, que j'ai remis avec intention à ce chapitre, afin de pouvoir m'occuper plus à loisir de ces cannibales et profiter de l'occasion pour dire quelques mots des Monbouttous et des Niams-Niams, leurs collègues dans l'Afrique équatoriale.

La rive droite de l'Ogooué est, le lecteur s'en souvient sans doute, à partir du pays des Okóta, occupée par de très-nombreuses tribus cannibales, qui ont, depuis quelques années, envahi ces contrées, comme les Pahouins ont envahi une partie du Gabon, et, comme les Pahouins, ont chassé de leur nouveau domaine les anciens propriétaires du sol auxquels ils font une guerre sans merci : nous savions par les Okanda, auxquels ces mangeurs d'hommes inspirent du reste une profonde terreur, qu'au delà de la rivière Ofoué, cours d'eau qui va se jeter dans l'Ogooué, environ quinze lieues au-dessus de Lopé, les Osyéba occupaient les deux rives du fleuve, et que, pendant notre marche en avant dans l'intérieur, nous devrions nécessairement traverser leur territoire durant huit à dix jours. Dans ces conditions, je conçus avec Marche le projet d'aller rendre visite aux Osyéba les plus voisins de Lopé ; non-seulement nous avions un vif désir d'étudier *de visu* ce peuple qu'il n'avait été encore donné à aucun voyageur de voir, et sur le compte duquel circulaient tant d'histoires fabuleuses, mais encore nous regardions comme de la plus haute importance pour nous de nous aboucher avec eux, de leurs faire des présents et de chercher à nous concilier leur amitié. Dès cette époque, nous entrevoyions ce pays des Osyéba, qu'il nous fallait absolument traverser, comme le point noir de notre voyage, celui d'où partirait probablement l'orage qui viendrait anéantir nos espérances de découvertes glorieuses, et nous voulions faire tout ce qui était humainement possible pour conjurer cet orage. Malheureusement, il était très-difficile pour nous d'aller au pays des Osyéba. En général, ces cannibales n'entretiennent avec les Okanda que des relations *culinaires*, c'est-à-dire qu'ils les mangent toutes les fois qu'ils ont occasion d'en attraper, et, quand nous demandions à ces Okanda de nous conduire chez eux, nous leur faisions exactement l'effet que produirait à un épicier de la rue Saint-Denis un monsieur qui le prierait poliment de vouloir bien le conduire dans la cage des tigres au Jardin des Plantes. Cependant, un jour, Chico me signala un Okanda nommé Isinga, fort piètre sujet du reste, mais qui passait pour entretenir secrètement des rapports assez suivis avec les Osyéba et leur vendre du haschisch et diverses denrées dont ils sont très-friands. Nous fîmes immédiatement comparaître cet Isinga : il commença d'abord par nier énergiquement ses relations avec les Osyéba : « Les Osyéba mangent tout le monde, nous dit-il, ils me mangeraient comme les autres si j'allais chez eux. » — Alors, lui dîmes-nous, on nous a trompés ; c'est dommage pour toi, car l'homme qui nous aurait guidés jusqu'à leur premier village aurait reçu un baril de poudre, des couteaux, des perles et deux bâtons de sel. A l'énumération de tant de richesses, les yeux d'Isinga s'allumèrent : « Est-ce que vraiment, s'écria-t-il, vous donneriez tout cela ? est-ce que vraiment votre langue serait muette ? » Il nous avoua alors qu'il avait été une fois chez les Osyéba..... il y avait bien longtemps... mais peut-être se rappellerait-il le chemin... d'ailleurs, il avait encore là un *n'dégo* (ami)... enfin, si nous lui donnions en plus du prix dont nous venions de parler six barrettes de cuivre (*issassa*), il nous guiderait chez les Osyéba, au risque d'être mangé lui-même. Nous prîmes jour, et le surlendemain, à deux heures du matin, au moment où tous les autres nègres épuisés par une bamboula générale dormaient profondément, Isinga vint frapper doucement à la porte de notre case ; je lui donnai à porter les cadeaux que je destinais aux chefs Osyéba et je partis derrière lui : mon guide m'avait dit que la route serait longue, mais n'avait rien voulu préciser sur ce qu'il entendait par une longue route. Durant toute la nuit, nous fîmes dans la prairie une marche que l'obscurité rendait très-pénible ; vers le jour, nous atteignîmes l'Ogooué, qui, en cet endroit, forme un coude brusque vers le sud ; Isinga prit une petite pirogue cachée dans les herbes, et, après des difficultés inouïes, nous arrivâmes à traverser le fleuve, qui présente à cet endroit une largeur de quatre à cinq cents mètres avec un courant d'une extrême violence, et nous nous mîmes à gravir la montagne au sommet de laquelle étaient les cases des Osyéba : à partir de ce moment, la marche devint pour moi un véritable supplice, mes pieds nus et fatigués s'ensanglantaient sur chaque caillou, et il me fallait continuellement rassembler toute mon énergie pour ne pas m'avouer vaincu et me coucher par terre comme un lièvre forcé. Voulant me donner du courage, mon guide me montrait fréquemment un endroit peu éloigné et me disait que c'était l'emplacement du village osyéba ; mais à peine l'avions-nous atteint, il m'avouait qu'il s'était trompé et qu'il fallait encore aller un peu plus loin. J'arrivai cependant vers deux heures de l'après-midi, plus mort que vif, après avoir fait plus de sept lieues et marché pendant près de douze heures nu-pieds. Le repaire des cannibales est caché au milieu d'un fourré d'arbres touffus et épais, de sorte que je me trouvai brusquement et sans que rien m'y eût préparé au milieu d'eux ; ils m'entourèrent en foule d'un air qui n'avait rien d'amical : le premier coup d'œil m'apprit que j'avais affaire à des hommes de la race des Fans ou Pahouins ; comme eux, ils avaient les dents limées en pointe, les cheveux tressés en petites nattes et entremêlés de fils de cuivre ; comme eux, ils portaient par-devant un petit tablier fait avec de l'écorce et par derrière une peau de chat-tigre ; mêmes colliers en dents de tigre, mêmes couteaux-poignards, mêmes clochettes suspendues à leurs ceintures. L'un d'eux, qui selon toute apparence était un chef influent, me désigna une sorte de hangar qui semblait destiné à palabrer ou à recevoir des étrangers : à peine y fus-je entré et eus-je pris place, une quantité telle d'hommes s'y entassa qu'il m'était littéralement impossible de respirer. Épuisé de fatigue, suffoqué par la chaleur et par l'odeur nauséabonde qui s'élevait de tous côtés, je fis en vain prier par Izinga qu'on me laissât me reposer pendant un instant : je ne pus obtenir une minute de répit. Le même chef qui m'avait conduit là s'adressa à moi et me demanda d'une voix grave : « Pourquoi le blanc a-t-il quitté son pays ? pourquoi est-il venu chez nous ? quel a été son but ? que vient-il chercher ici ? » Isinga me traduisit la question du chef, et, par son intermédiaire, je lui fis la réponse suivante : « J'ai entendu beaucoup parler des Osyéba, c'est une puissante et nombreuse tribu de grands guerriers et d'habiles chasseurs ; les blancs aiment beaucoup les gens braves et adroits ; les blancs aiment à les connaître et veulent devenir leurs amis ; c'est pourquoi, passant non loin d'ici, j'ai voulu rendre visite aux Osyéba. » A peine eut-il fini de répéter dans la langue du pays cette déclaration que je venais de faire en mpongwé, un long murmure, accompagné de grognements ironiques, courut dans la foule. Le chef fronça le sourcil : « Est-ce que, me dit-il, les blancs ont coutume de parler deux langues, la langue du cœur et la langue de la bouche? est-ce que tu veux leur faire croire que toi, riche et puissant, tu as voyagé sous un pareil soleil et tu t'es mis les pieds en cet état pour le seul plaisir de nous voir? Non, non, en venant ici tu as eu un autre but et ce but nous voulons le connaître. » Je vis qu'il fallait sortir au plus vite de ce mauvais pas : « Chef osyéba, répondis-je, ta clairvoyance est admirable, toi et les tiens vous êtes grands, non-seulement par le courage, mais encore par la tête (*éwronjo*, tête, esprit); je ne suis pas venu ici uniquement pour vous voir, mais aussi pour acheter de l'ivoire, car, comme tu le sais, les blancs recherchent l'ivoire avec ardeur. » Les Osyéba, en relations constantes d'affaires avec les Pahouins du Gabon, savaient, en effet, que les blancs étaient de grands amateurs d'ivoire; ma réponse leur parut donc parfaitement vraisemblable, et je vis tout de suite qu'elle avait produit un effet satisfaisant. Le chef me dit que son peuple ferait volontiers des affaires avec moi, mais que l'ivoire était dans les plantations dépendant du village[1],

---

[1] Comme les noirs n'ont pas toujours des occasions de vendre

et que je ne pourrais le voir que le lendemain ; j'étais dans l'impossibilité de faire un pas ce jour-là ; aussi j'acceptai avec plaisir et je dis aux Osyéba que je passerais la nuit chez eux. Je fis tout de suite quelques cadeaux au chef et à plusieurs individus que me désigna Isinga, puis je demandai qu'on me vendît quelque chose à manger, car je mourais de faim. On ne m'apporta pas, comme pourraient le croire ceux qui ont suivi le récit du séjour de M. Duchaillu chez les Fans, une cuisse de négresse ou un cuissot de nègre, mais tout bonnement une corbeille de bananes bouillies avec des morceaux de piment. Je n'imitai pas l'exemple de M. Duchaillu, qui ne voulait rien manger qui fût cuit dans les marmites où ces gens-là avaient fricassé tant de chair humaine, et je dévorai à belles dents mon frugal repas ; du reste, je dois le dire, bien que leur cannibalisme soit incontestable, je n'ai jamais trouvé dans les villages des Fans ou des Osyéba ces « tas d'ossements humains amoncelés avec d'autres abats, des deux côtés de chaque maison », ces « tas de côtes, de tibias, de fémurs et de crânes adossés aux

---

leur ivoire, et ont toujours à craindre d'être volés, ils cachent leurs dents dans les plantations et les enfouissent au pied d'un arbre ou dans le lit d'un petit ruisseau ; bien des dents arrivent à la côte après avoir été enterrées pendant plus de quinze ans : cet ivoire devient alors d'une qualité très-inférieure et est connu dans le commerce sous le nom de « dead ivory », ivoire mort.

maisons », qui feraient, d'après le célèbre voyageur, des villages de ces sauvages un véritable charnier humain. Dans l'après-midi, j'achetai, pour du sel et des perles, quelques fruits, des clochettes fabriquées par les Osyéba et de toutes petites dents d'ivoire; on m'apporta bien une chèvre, mais à un taux qui n'était pas admissible. Les Osyéba ont une singulière manière de traiter les affaires : ils commencent par offrir l'objet qu'ils vendent à des conditions assez raisonnables ; quand on leur en a donné le prix, ils demandent quelque chose de plus et ainsi de suite, ils vont généralement en augmentant successivement jusqu'à quadrupler la valeur primitivement fixée par eux. Cette manière de procéder agaçait horriblement mes nerfs déjà très-surexcités, et, si la stricte prudence ne m'eût fait un devoir de ménager des gens auxquels je m'étais livré pieds et poings liés, je leur aurais cent fois jeté leurs bibelots à la tête.

Quand la nuit vint, comme personne ne m'invitait à entrer dans sa case, je m'étendis sans façon par terre sous le hangar, et, prenant mon chapeau de feutre pour oreiller, je m'apprêtai à faire un somme : en ce moment le chef vint me frapper sur l'épaule et me dit que ses hommes avaient organisé une petite fête en mon honneur, et que, si je n'y voyais pas d'inconvénient, on allait danser sous le hangar. Depuis longtemps, le bruit du tam-tam ne m'empêchait plus de dormir; d'ailleurs, il eût été très-grossier de refuser; je répondis donc que je serais enchanté de les voir célébrer leurs réjouissances, seulement que j'y assisterais étendu dans un coin, car j'étais souffrant : en mon for intérieur, je me promettais de ronfler consciencieusement durant la cérémonie; mais, hélas! j'avais compté sans l'infernal charivari qui m'attendait ; un orchestre osyéba réveillerait un mort. Les musiciens tiennent dans la main droite un cornet à bouquin fait d'une dent d'éléphant creusée, ils ont un petit bâton *passé dans le nez* et en tiennent un autre de la main droite ; tantôt ils produisent, Dieu sait comment, à l'aide de ces deux petits bâtons, dont ils approchent le second de leur bouche, un bruit assez semblable à celui qui sortirait d'un gigantesque mirliton ; tantôt ils soufflent à pleins poumons dans leurs conques et en tirent des sons horriblement bruyants, criards et discordants : toute l'assistance agite de petites clochettes en fer dont elle s'est préalablement armée, frappe le sol du pied et pousse des cris aigus [1].

J'étais exaspéré ; jusqu'à deux heures du matin je ne pus fermer l'œil une minute ; à cette heure-là seulement la danse cessa. et on me conduisit dans une case assez propre. Le lit était fait en terre bat-

---

[1] Mon ami Coffinières a assisté, chez les Pahouins du Como, à une scène de ce genre dont il a fait un fort joli croquis.

tue dure comme la pierre, et l'oreiller était formé par une bûche d'ébène ; là, du moins, je pus prendre quelques instants de repos. Au point du jour, Isinga vint me trouver ; il me dit que les Osyéba avaient entendu parler de mon adresse merveilleuse comme tireur et me priaient de leur faire voir quelque coup extraordinaire. Je pris aussitôt mon fusil, et, en présence de tout le village, déjà sur pied pour assister à ce grand spectacle, j'abattis deux pigeons d'un coup, puis, successivement, plusieurs très-petits soui-mangas perchés sur les grands arbres qui entouraient les cases. Il n'y avait pas grand mérite à cela, car je tirai tous ces oiseaux posés et à demi-portée de fusil ; mais les Osyéba en restèrent littéralement pétrifiés, ils ne regardaient plus mon fusil qu'avec une terreur superstitieuse. Vers sept heures du matin, on apporta l'ivoire des plantations. Il y avait beaucoup de dents de toutes les grandeurs. Quelques-unes pesaient trente à trente-cinq kilogrammes, tandis que d'autres n'arrivaient pas à quatre livres. Je dis aussitôt, ce qui était vrai, que je n'avais pas avec moi les marchandises nécessaires pour acheter tout cela, mais on me répondit que si je tombais d'accord avec les propriétaires sur les prix à payer, Isinga, qui était un homme fort habile, saurait bien aller chercher auprès de mon ami et me rapporter tout ce qu'il fallait. Seulement, quand il fut question du prix à payer pour chacune des grosses dents, les Osyéba demandèrent du premier coup une telle quantité d'objets que je ne sais pas si, à Paris, on les eût achetés aussi cher. Je me rabattis sur les petites ; il me restait quelques marchandises avec lesquelles j'aurais voulu en acheter une demi-douzaine, ne fût-ce que comme souvenir de cette excursion. Les dents de moins de quatre livres n'ont en elles-mêmes presque aucune valeur, et les Osyéba le savent parfaitement ; mais ceux à qui elles appartenaient mirent une telle mauvaise foi dans leurs marchés et se montrèrent si insolents que je perdis patience pour tout de bon, et, après avoir épuisé sur ces gens-là mon répertoire d'injures françaises, anglaises et mpongwé, j'ordonnai à Isinga de remballer immédiatement mes effets, et, prenant mon fusil et mon carnier, je me mis en devoir de quitter le village séance tenante ; mais, à peine avais-je fait quatre pas, que je me vis entouré par une centaine d'hommes armés de fusils et de lances qui me barraient le passage en me criant tous à la fois quelque chose que je ne comprenais pas. Allons, me dis-je, je suis tombé dans un traquenard, ce soir ces gens-là vont me faire rôtir pour leur dîner, voilà ce que c'est que de se fourrer dans la gueule du loup. Je m'apprêtais, le revolver au poing, à vendre chèrement ma peau, lorsque Isinga, qui était resté un peu en arrière, accourut au bruit du tumulte et m'expliqua qu'il ne s'agissait ni de me manger ni

Femmes osyéba et guerrier osyéba.
Dessiné par M. Breton sur des croquis d'après nature par le Mis de Compiègne.

d'attenter à ma liberté, seulement que les Osyéba ne voulaient pas me voir partir fâché contre eux et qu'il me fallait attendre une poule et des bananes que leur chef allait m'offrir en présent pour me laisser un excellent souvenir de lui et des siens. Ces paroles me causèrent un soulagement sensible, et, quand après avoir reçu la poule et les bananes, et donné, pour recevoir ce bon procédé, tout ce qui me restait de sel, je sortis du village osyéba et me trouvai seul dans la montagne avec mon guide, je respirai comme un homme auquel on a enlevé un poids de cinquante kilogrammes de dessus la poitrine. Dans l'état où j'étais, je mis plus d'un jour à gagner le premier hameau okanda qui se trouvait sur les bords de l'Ogooué, près de l'endroit où nous nous étions embarqués pour traverser le fleuve; Isinga dit à ses compatriotes que nous avions été chasser dans une forêt qui se trouve à quelque distance des habitations osyéba : les Okanda pensèrent que la chasse avait été rude, car je fus pris à cette première étape d'un accès de fièvre et de vomissements si violents que j'ai rarement souffert autant dans ma vie; les femmes du hameau me soignèrent avec un véritable dévouement, et, le lendemain, je pus me traîner tant bien que mal à Lopé, où je gardai le lit pendant huit jours.

Ainsi que j'ai commencé par le dire, il est incontestable que les Osyéba sont simplement des membres de la grande famille des Fans ou Pahouins ; comme eux ils arrivent par masses serrées venant de l'est ou plutôt du nord-est. Il y a évidemment au centre même de l'Afrique, un peu au nord de l'équateur, un immense foyer de populations cannibales qui rayonne à la fois sur l'occident et l'orient de l'Afrique ; à l'occident il envoie les Pahouins et les Osyéba ; à l'orient les Monbouttous et les Niams-Niams dont je vais avoir occasion de parler. Pahouins, Osyéba, Monbouttous et Niams-Niams sortent évidemment d'une même souche ; cette souche a donné des rejetons innombrables. M. le docteur Schweinfürth évalue la seule famille des Monbouttous à un million d'âmes ; M. l'amiral de Langle estimait à 60,000 le nombre des Pahouins qui, il y a sept ans, entouraient nos établissements, aujourd'hui ce nombre doit être triplé ; quant aux Osyéba, à notre connaissance seulement, ils s'étendent avec une extrême densité sur une longueur de plus de cent lieues. Il est naturellement impossible de dire exactement les causes qui ont poussé cette grande famille à se démembrer ainsi, mais il est plus que probable que la densité toujours croissante de la population, la destruction du gibier et le désir de se rapprocher des établissements commerciaux sont les principales raisons de leurs émigrations à l'occident comme à l'orient.

Je crois intéresser beaucoup le lecteur en lui

mettant sous les yeux quelques courts extraits de l'un des voyages de l'illustre voyageur Schweinfürth, qui, à plus de huit cents lieues de distance, a retrouvé des populations offrant avec les Pahouins des traits frappants de ressemblance; je ne serai pas fâché non plus de montrer aux personnes m'accusant d'exagération au sujet du cannibalisme des Pahouins qui mangent les cadavres de leurs morts de maladie, que le docteur Schweinfürth a constaté les mêmes horreurs, plus fréquentes encore, chez deux populations qui se rapprochent énormément des Pahouins pour le caractère, l'aspect extérieur et les mœurs. — Avant de commencer, je rappellerai que l'ouvrage du docteur Schweinfürth a été fait à peu près à l'époque où j'envoyai à la Société de géographie, sur les Pahouins et les Osyéba, tous les détails que l'on trouvera ici, et qu'en conséquence il m'a été aussi impossible, en décrivant ces peuples de connaître ses écrits, qu'il lui a été impossible d'avoir connaissance des miens en écrivant son récit.

Les Niams-Niams habitent à l'occident de l'Afrique, entre le quatrième et sixième degré de latitude nord ; pendant longtemps on leur a donné le nom d'*hommes à queue*, et l'on croyait réellement qu'ils naissaient avec un long appendice caudal. Cette méprise provenait de ce qu'ils s'attachent souvent derrière les reins une queue de bœuf qui, vue par des voyageurs trop crédules, leur avait semblé inhérente à la nature de ces sauvages. Le nom de Niams-Niams qui leur est donnée par les tribus voisines signifie mot à mot les *mange-mange,* c'est-à-dire les grands mangeurs, comme le traduit Schweinfürth, et, chose singulière, aurait le même sens en mpongwé, où *nia* signifie manger. On trouve chez eux, dit le docteur Schweinfürth, « diverses coutumes qui annoncent une étroite affinité avec les Pahouins du Gabon ; les deux peuples se liment les incisives en pointe, ils ont tous les deux des vêtements d'écorce ; tous les deux emploient un extrait de bois rouge pour se teindre la peau ; la dépouille du léopard est chez l'un et chez l'autre l'insigne du rang princier ; ils prennent le même souci de leur chevelure, dont la longueur est exceptionnelle, et qu'ils aiment à tresser en nattes. Les deux peuples ont le teint cuivré et se livrent aux mêmes danses et aux mêmes orgies à l'époque de la pleine lune. Enfin, tous deux sont essentiellement chasseurs..... » « D'après ce que j'ai entendu dire, et surtout d'après ce que j'ai vu, j'affirme sans hésiter que les Niams-Niams sont anthropophages ; que, loin d'en faire mystère, ils recueillent les dents de leurs victimes et en font des colliers dont ils se parent avec ostentation. Dans leurs trophées de chasse se voient les crânes des gens qu'ils ont dévorés, et la graisse humaine est chez eux d'un usage journalier. En temps de guerre, à ce que l'on rapporte, les gens de tout âge sont dévorés, principalement les vieillards que leur faiblesse rend une proie très-facile ; on ajoute que dans tous les temps, lorsqu'un individu meurt dans l'abandon, son corps sert de pâture aux habitants même du district où il a vécu. Les Nubiens m'ont affirmé que des Bougos morts de fatigue à la suite des caravanes avaient été déterrés pour servir d'aliments. Je n'en voulais rien croire, mais des Niams-Niams, qui ne rougissaient pas de leur cannibalisme, avouaient que chez eux tous les cadavres, excepté ceux des gens atteints d'une maladie de peau, *sont bons pour la table*. Parmi les Africains notoirement anthropophages, les Fans du Gabon semblent à cet égard les plus grands rivaux des Niams-Niams. De même que ces derniers ils trafiquent de leurs morts, et l'on cite des exemples de cadavres qu'ils ont également déterrés pour en faire leur pâture [1]. » Parmi les autres traits de ressemblance entre les Niams-Niams et les Pahouins ou les Osyéba, je citerai les suivants : « Pour les Niams-Niams, dit le docteur Schweinfürth, les perles ordinaires n'ont aucun crédit ; les seules qui jouissent de quelque faveur sont les grosses perles en verre bleu. » Or, lors de ma visite aux Osyéba on refusa toutes les perles de couleurs brillantes que j'avais apportées, ne me demandant que ces gros grains de verre bleu, que nous appelons

---

[1] Voir *le Tour du Monde*, année 1874, *Au cœur de l'Afrique*, voyages du docteur Schweinfürth.

là-bas « perles du Sénégal ». On alla jusqu'à m'offrir de l'ivoire pour ces perles bleues dont malheureusement je n'avais presque pas apporté. « Chez les Niams-Niams, dit encore le docteur Schweinfürth, beaucoup d'hommes ornent avec des cauries leur ceinturon et les parures de leur tête. » Or, dès que nous avions vu des Osyéba, nous avions été très-étonnés, Marche et moi, de trouver beaucoup de ces cauries sur eux, attendu que les cauries, petits coquillages qui servent à la fois de monnaie et d'ornement à Zanzibar et dans certaines parties de l'Afrique orientale, ne s'importent jamais dans l'Afrique occidentale, ou tout au moins dans la partie occidentale de l'Afrique équatoriale; ils ne pouvaient donc être venus chez les Osyéba qu'en traversant presque toute l'Afrique. — Le docteur Schweinfürth s'est procuré au pays des Niams-Niams des couteaux fabriqués par eux et qu'il appelle *troumbaches ;* ils sont presque pareils à ceux que nous avons achetés aux Pahouins et aux Osyéba et qu'on désigne sous le nom de couteaux à sacrifice : or, ces couteaux sont d'une forme très-bizarre et très-compliquée, et il serait à peu près impossible qu'ils aient été inventés à la fois par deux peuples n'ayant pas de relations communes. Enfin, le célèbre voyageur allemand décrit ainsi les chiens que les Niams-Niams emploient pour la chasse : « Ils ressemblent au chien loup, sont de petite taille et ont l'oreille droite et grande, le poil ras et lisse, la queue courte en tortillon comme celle d'un porcelet ; le museau, qui est très-pointu, se projette brusquement du front large et bombé, etc., etc. » Or les Pahouins ont exactement les mêmes chiens, et le signalement donné par le docteur pourrait identiquement s'appliquer à une petite chienne appelée Aiouna prise par mon ami Coffinières chez les Pahouins dans une expédition faite contre eux sur la rivière Çomo. Je borne ici ces citations, pour ne pas fatiguer le lecteur, et j'arrive aux Monbouttous, autre tribu immense visitée par le docteur Schweinfürth et qui, par son cannibalisme comme par ses mœurs, offre également tous les caractères d'une très-grande ressemblance avec les Pahouins. Les Monbouttous sont les voisins immédiats des Pahouins ; ils sont compris entre le troisième et le quatrième degré de latitude nord ; le docteur Schweinfürth croit que leur nombre va à plus *d'un million.* « De tous les pays de l'Afrique où l'on cultive l'anthropophagie, c'est ici qu'elle est le plus prononcée. Entourés au nord et au sud de noires tribus d'un état social inférieur et qu'ils tiennent en profond mépris, les Monbouttous ont chez ces peuplades un vaste champ de combat, ou pour mieux dire un vaste terrain de chasse et de pillage, où ils se nourrissent de bétail et de chair humaine ; tous les corps de ceux qui tombent sont répartis immédiatement, boucanés sur le lieu même et emportés comme provision de bouche. — Les prisonniers conduits par bandes sont réservés pour plus tard, et deviennent à leur tour victimes de l'affreux appétit des vainqueurs; ils préparent la graisse humaine et l'emploient régulièrement à leur cuisine, etc., etc. » — Chose singulière et pourtant incontestable, à l'orient comme à l'occident de l'Afrique, ces cannibales, ces enragés mangeurs d'hommes ont pour eux la bravoure, la force physique, l'intelligence, l'adresse, l'industrie, en un mot, une immense supériorité sur les peuplades abâtardies qui les entourent. Nous avons suffisamment parlé des Pahouins et des Osyéba, de leur courage, de leur habileté à forger le fer, à chasser et à faire le commerce, de leur profond mépris pour les tribus qui les environnent. Les Niams-Niams et les Monbouttous valent encore infiniment mieux, parce qu'ils sont moins turbulents, moins perfides et beaucoup plus susceptibles de reconnaissance et de dévouement. Voici ce que dit le docteur Schweinfürth des Monbouttous : « ... Et malgré tout cela, c'est une noble race de gens bien autrement cultivés que leurs voisins à qui leur régime alimentaire fait horreur. Ils ont un esprit public, un certain orgueil national ; ils sont doués d'une intelligence et d'un jugement que possèdent peu d'Africains. Leur industrie est avancée et leur amitié est sincère. »

J'espère que le lecteur est suffisamment édifié sur les Osyéba et sur leurs congénères de l'Afrique orientale ; je vais donc les quitter pour revenir aux récits de notre voyage et de nos aventures ; seulement, avant de terminer ce chapitre, je demanderai la permission de faire une dernière remarque : il est fort heureux que j'aie fait chez les Osyéba l'excursion dont je viens de donner le récit au lecteur et qui n'a pu pourtant s'accomplir sans de véritables souffrances pour moi ; cela est fort heureux non-seulement parce que j'ai eu pendant mon court séjour chez eux une occasion d'étudier leurs mœurs, leur caractère et leur habitudes, occasion qui ne nous a jamais été donnée depuis, mais encore et surtout parce que je suis tout porté à croire que sans ce séjour chez eux, sans la confiance que je leur ai montrée alors, sans les cadeaux que je leur ai faits et les marques d'amitié que je leur ai données, ni Marche ni moi ne serions revenus vivants de l'Ogooué. Il est bien certain en effet que plus tard, quand nous sommes tombés dans l'embuscade qu'ils nous avaient tendue, au moment où a eu lieu cette attaque subite que nous allons bientôt avoir à raconter, les Osyéba en voulaient aux Okanda qui nous accompagnaient et non pas à nous ; en ce moment-là ils tiraient à bout portant et auraient pu tout à leur aise nous choisir pour victimes ; il est bien certain aussi que jusqu'au moment où nous avons été forcés, pour défendre nos hommes, dont plusieurs étaient grièvement blessés, de nous servir à notre tour de nos fusils contre eux, les Osyéba ont affecté de ne pas faire feu sur nous. Or, il est probable qu'ils n'ont agi ainsi que parce qu'ils se sont souvenus que j'avais été leur hôte et que nous leur avions, mon compagnon et moi, envoyé de nombreux gages d'amitié et d'alliance.

CHAPITRE VI

L'ATTAQUE ET LA DÉROUTE.

Les Okanda consentent à remonter l'Ogooué avec nous. — Arrivée des députés Osyébo et Madouma. — Arrivée du roi Owanga. — Préparatifs de départ. — Nous quittons Lopé. — Chico reste à la garde des bagages. — Violence des rapides et adresse des Okanda. — L'île aux perroquets. — La rivière Ofoué. — Féticheurs et fétiches. — Je souffre beaucoup. — Notre flotte se met en mouvement. — Le premier village osyéba. — Négociations très-tendues. — Nombreuses menaces de guerre. — Les chutes Faré. — Fin des rapides. — Joie d'être à l'abri du danger. — L'embuscade. — Les Osyéba tirent sur nos pirogues à bout portant. — Première panique. — Nous ramenons nos hommes au combat. — La rivière Ivindo. — Nouvelle attaque. — Terreur de nos hommes. — Une effroyable déroute. — Je suis sur le point d'être noyé dans les chutes Faré. — Marche surprend une embuscade d'Osyéba. — Mort de deux Osyéba. — La trêve. — Les cannibales croient à la parole des blancs. — Retour à Lopé. — Injuriés par les familles des victimes. — Distribution de rhum non baptisé.

Les Okanda ne s'étaient pas laissé prendre aux instigations perfides de Rénoqué et des siens ; depuis notre arrivée, le sel, la poudre, le cuivre, les étoffes, toutes ces marchandises précieuses que jusque-là ils n'avaient eu qu'à des taux absolument exorbitants, affluaient chez eux ; nous les traitions avec beaucoup de douceur et ils se rendaient très-bien compte de l'avantage qu'ils avaient à garder les blancs et à leur rendre des services toujours payés au centuple. D'ailleurs eux-mêmes avaient un vif désir de remonter l'Ogooué jusqu'au pays des Osyébo[1] et des Madouma ; ils avaient autrefois des relations constantes de commerce avec ces deux peuples, auxquels ils achetaient de l'ivoire et des esclaves. Depuis deux ans l'invasion des Osyéba avait fait cesser toute communication avec eux et, à leur grand regret, les Okanda, n'osant pas traverser le territoire des cannibales, avaient renoncé à des voyages dont ils tiraient cependant de gros bénéfices. La présence de deux blancs qu'ils considéraient comme des êtres supérieurs, la vue de nos armes si perfectionnées, et par-dessus tout le payement relativement considérable offert par nous à ceux des Okanda qui conduiraient nos pirogues et nos bagages leur rendirent courage, et ils nous promirent de nous guider chez les Madouma. Vers cette époque quatre députés Osyébo et quatre Madouma, trompant la surveillance des Osyéba et pagayant chacun une pirogue minuscule, arrivèrent chez les Okanda, les

---

[1] Il faut éviter de confondre les Osyébo avec les Osyéba, leurs ennemis mortels. Les Osyébo sont, de temps immémorial, les alliés des Okanda et appellent de tous leurs vœux la venue des blancs ; tout porte à croire que le cannibalisme n'existe pas chez eux.

suppliant de venir dans leur pays et annonçant qu'il y avait à vendre à grand rabais une quantité d'ivoire et d'esclaves. Cet incident augmenta encore l'ardeur des Okanda et les détermina tout à fait. Le 23 février, nous reçûmes la visite d'un roi, grand poltron et grand idiot, appelé Owanga. Depuis la mort d'Avélé, cet homme se partage, avec un chef nommé N'Doundou, le commandement des Okanda. Il venait réclamer notre tribut; car sa famille, chez les Okanda, comme celle de Rénoqué à Lombaréni, a le droit d'exiger des cadeaux de tous ceux qui veulent remonter le fleuve. Nous lui fîmes un présent assez important, et depuis ce moment nous pûmes organiser sérieusement notre départ. Il fut convenu que les hommes de N'Doundou et ses pirogues transporteraient nos bagages, et seraient seuls payés par nous; les autres Okanda, très-nombreux, du reste, qui voulaient aller pour leur compte chez les Osyébo et chez les Madouma, iraient à leurs frais. Pour ne pas créer de jalousies, je me décidai à faire la route en compagnie d'Owanga, tandis que Marche voyagerait dans la pirogue de N'Doundou. Le départ fut fixé au 28 février. Pour être plus sûrs de l'exactitude de N'Doundou et de ses hommes, nous les avions fait coucher la veille à Lopé. Aussi, le 28, dès l'aurore, tout le monde était prêt à partir. Chico ne nous accompagnait pas : nous le laissions à la garde de ceux de nos bagages que nous ne pouvions pas emporter, ou que nous avions mis en réserve pour assurer notre subsistance dans le cas — qui n'avait rien d'invraisemblable — où nous serions pillés et dévalisés en route. Le pauvre homme versa un torrent de larmes en nous voyant partir. A peine étions-nous embarqués depuis un quart d'heure, nous nous trouvâmes en présence d'une série de rapides effrayants que les Okanda désignent sous le nom de M'Boumbé. Dès le premier instant, nous eûmes la satisfaction de voir que les Okanda étaient plus habiles encore, si cela est possible, que les Inengas et les Gallois, pour pagayer dans les endroits dangereux ou difficiles. Ils ont fait souvent devant nous une chose que je n'aurais jamais crue possible, si je ne l'avais vue de mes yeux : prenant entre leurs dents la liane amarrée au bateau, ils plongeaient; puis, remontant à la nage, entre deux eaux, comme de véritables saumons, les rapides les plus violents, ils allaient attacher la pirogue à quelque rocher d'où ils la tiraient ensuite à eux. Dans l'après-midi, nous fîmes une halte de quelques instants chez les Oaka, qui habitent sur la rive droite un coin de terre que les Osyéba leur ont laissé, Dieu sait pour combien de temps encore. Les Oaka vivent presque à l'état primitif, et à peu près exclusivement du produit de leur chasse et de leur pêche. Ils sont traités de sauvages par les Okanda eux-mêmes!

Nous passâmes la nuit près d'un village dans lequel nous attendait Owanga, aux côtés duquel je devais voyager. Le 1er et le 2 mars se passèrent à remonter les rapides et à faire toute sorte de cérémonies qui devaient nous assurer la protection des esprits. Chaque fois que nous passions devant un des villages que l'on rencontre à chaque instant sur la rive gauche du fleuve, nous faisions un temps d'arrêt. Une foule nombreuse, accourue pour nous voir, stationnait toujours sur la rive. Les Okandakanda, comme eux-mêmes aiment à s'appeler, ne se rassasiaient jamais de nous regarder; ils nous témoignaient, du reste, la plus grande déférence, et nous répétaient sans cesse : « *Awe tangani fala!* (vous, blancs Français) vous êtes les pères et les mères de tout notre peuple! » Dans presque tous les villages, nous étions rejoints par de nouvelles recrues; elles arrivaient le fusil à la main, et faisaient apporter dans les pirogues, par leurs femmes, un petit coffre en bois blanc, contenant les marchandises dont on devait trafiquer une fois arrivé, un régime de bananes et de gros morceaux de bœuf plus ou moins pourri.

3 MARS.

Nous atteignons, sur la rive gauche, la grande rivière Ofoué, qui mène au pays de Shibé, les plus beaux hommes que j'aie connus dans l'Afrique équatoriale. Cette rivière a aussi une très-grande importance parce qu'elle sert de délimitation entre les Okanda et les Osyéba ; c'est-à-dire qu'après ce point nous serons en pays ennemi.

Nous avons passé la nuit dans une île appelée Neng'n'gosho, c'est-à-dire l'île aux Perroquets. Certes elle n'a pas volé son nom ; tous les soirs des milliers de perroquets gris viennent se coucher sur ses grands arbres ; ces perroquets gris sont les perroquets les plus bruyants que j'aie entendus, et ce n'est pas peu dire[1]. A partir du coucher du soleil jusqu'à la tombée de la nuit, ils arrivent de sept à huit lieues à la ronde, faisant un tapage épouvantable. Durant toute la nuit ils ne cessent pas un instant leur infernale musique qu'ils font entendre avec un redoublement de furie au petit jour, avant de reprendre leur vol et de se répandre dans la campagne.

Il nous a été impossible de fermer l'œil.

---

[1] On sait que le perroquet gris à queue rouge du Gabon est, de tous les perroquets, celui qui apprend le mieux à parler. Chose singulière, les perroquets gris du Calabar et du Congo, qui, à part une teinte un tout petit peu plus foncée du plumage, leur ressemblent identiquement, sont rebelles à tout enseignement ; aussi, à Saint-Paul de Loanda ou à Bonny, on a un perroquet gris pour trois ou quatre francs, tandis qu'au Gabon, à Libreville, je les ai souvent vu payer quarante ou cinquante francs.

4 MARS.

Nous sommes rejoints par deux nouvelles pirogues dont l'une amène le grand féticheur ou ogangaga. C'est un petit homme à figure de fouine, qui a sur la tête un chapeau en feutre des plus ridicules, et autour du cou une quantité d'amulettes et de talismans variés. Il tient à la main un grand bâton, au bout duquel est emmanchée une sonnette, et auquel sont attachés des os de singe, un morceau de peau de loutre, des barbes d'éléphant, des pattes d'oiseaux et toutes sortes de saletés. C'est un fétiche très-vénéré. La venue de ce personnage célèbre donne lieu à toutes sortes de cérémonies qui ne nous permettront pas de partir avant demain. Cette journée a été une des plus misérables de mon existence ; il nous a fallu la passer sur un banc de sable, mal abrités par nos moustiquaires contre un soleil de 42°, et consumés par une fièvre ardente. Dans la soirée, je me suis trouvé mal entre les mains de Marche. Les Okanda me regardaient souffrir avec stupeur. Comment, disaient-ils à haute voix, cet homme est blanc, il est immensément riche, il est tout-puissant, et cependant il est malade comme un simple nègre. Vers onze heures du soir, au moment où, mon accès passé, je commençais à fermer les yeux, je fus réveillé par un charivari épouvantable : les Okanda dansaient, hurlaient, tiraient des coups de fusil et faisaient un tapage épouvantable. Marche se releva pour voir ce qui se passait, et apprit que l'ogangaga, après une cérémonie mystérieuse dans laquelle il avait consulté l'avenir, répondait du succès de l'expédition et prédisait des bénéfices énormes à tous ceux qui en faisaient partie. Il n'est pas inutile de dire ici que l'ogangaga emportait une grande quantité de marchandises et tenait énormément à arriver chez les Osyébo et les Madouma, pour les échanger à gros profits contre des esclaves et de l'ivoire.

5 MARS.

Au jour, nous nous mettons en mouvement. Notre petite flotte est maintenant régulièrement constituée; en voici la composition : un vaisseau amiral, une énorme pirogue à nous, pesante, massive et incommode, mais de fer contre les chocs les plus violents et au milieu des rochers les plus aigus. Le roi Owanga et votre serviteur la commandent; trente-deux hommes d'équipage. Deux grandes frégates, celle de N'Doundou, que Marche accompagne, et celle de l'ogangaga; chacune vingt-deux pagayeurs. Trois corvettes appartenant à différents chefs okanda, et présentant un effectif d'environ cinquante hommes; cinq bateaux-mouches montés par les quatre Osyébo et les quatre Madouma. Cette partie de la division navale n'est pas la moins intéressante à étudier. Les députés s'en retournent chez eux, quelques-uns tout seuls, quelques-uns deux ensemble, dans des bateaux qui sont de véritables coquilles de noix. Leur bagage n'est pas lourd ; il consiste en une boîte de bois blanc qui contient quatre ou cinq neptunes, un peu de poudre, des perles et quelques morceaux d'étoffe (c'est pour gagner ce peu de marchandise qu'ils ont entrepris un dangereux voyage qui dure six semaines); ils ont en outre un régime de bananes, deux harpons et un filet avec lesquels ils se procurent leur subsistance tout le long de la route. Ils pagayent avec une vitesse inouïe. Lorsqu'ils arrivent à un point de la rivière difficile à passer, ils se rapprochent des rives, prennent tranquillement leurs embarcations sur leurs épaules, et marchent le long du bord jusqu'à ce qu'ils puissent de nouveau lancer leurs pirogues à l'eau. Ils franchissent ainsi en quelques minutes des passages que nous mettons des heures à traverser. Dans ce cas-là, ils s'occupent à pêcher en nous attendant, et il est rare qu'au moment où nous les rejoignons ils n'aient pas déjà pris au filet ou harponné plusieurs gros poissons. Ceux des Osyébo que nous avons avec nous ressemblent assez aux Okanda ; seulement ils sont moins grands et moins bien faits; les Madouma sont de vilains sires, tout petits et excessivement larges d'épaules, le nez démesurément épaté et les yeux percés en vrille.

Nous avons aujourd'hui, comme les jours précédents, une chaleur écrasante. La température de ces pays diffère sensiblement de celle du Gabon : tandis qu'au Gabon le thermomètre se tient presque constamment à 31 ou 32°, dans l'Okanda il n'est pas rare d'en avoir 40 ; par contre, quelquefois nous avons vu, à Lopé, la température s'abaisser jusqu'à 18°. La journée s'est passée à lutter péniblement contre les rapides. Nous avons passé devant un grand nombre de villages osyéba construits indifféremment sur les deux rives. Non-seulement les habitants ne nous témoignent aucune hostilité ouverte, mais encore ils offrent de vendre des bananes, des poules, etc.; seulement on se montre, des deux côtés, d'une confiance plus que limitée. Nos guerriers restent dans les pirogues, le fusil armé et l'œil au guet ; le gros des Osyéba s'arrête à portée de fusil et nous tient presque en joue. Quelques-unes de leurs femmes font quelques pas en avant et apportent leurs provisions, que deux ou trois des nôtres vont marchander. L'affaire conclue, on échange, donnant donnant, le sel, les perles ou le cuivre contre les comestibles, et chacun s'éloigne au plus vite. Souvent, au beau milieu du marché, une panique générale s'empare, on ne sait pourquoi, de toute l'assistance : les vendeurs osyéba se sauvent au plus vite vers les leurs, qui disparaissent dans les bois, et les Okanda regagnent précipitamment les pirogues, qui font aussitôt force de pagaies vers le milieu de la rivière. Nous ne pouvions, Marche et moi, nous empêcher de rire en voyant cette manière grotesque de faire du commerce. Naturellement, nous ne couchions jamais à terre, mais seulement sur des bancs de sable qui, à cette époque, se rencontrent assez fréquemment au milieu de l'Ogooué. Cette nuit, nous avons été trempés jusqu'aux os par un violent orage. Les Okanda n'ont même pas de moustiquaires ; ils dorment tout nus sur le sable mouillé, et la pluie ne paraît nullement les affecter.

6 MARS.

La journée d'aujourd'hui n'a guère différé de celle d'hier : même chaleur torride, même lutte épuisante contre les rapides, mêmes marchés ridicules et entremêlés d'alertes avec les Osyéba. Les Madouma ont attrapé une énorme tortue de rivière qui dormait sur un banc de sable, mais ils ont refusé de la vendre. Elle aurait pourtant bien figuré dans notre menu. Chaque fois que nous prenons nos repas, nous sommes entourés d'une bande d'Okanda qui se jettent comme des chiens affamés sur les os de poulet, sur les arêtes de poisson ou sur les épluchures d'ananas que nous jetons. Ces gens-là sont dégoûtants. M. Duchaillu a dit quelque part que les noirs de l'Afrique équatoriale n'avaient pas le sentiment de la décomposition des viandes ; nous ne le sentons que trop : quand on pense que les Okanda ont encore dans leurs pirogues des morceaux d'un bœuf tué il y a huit jours ! Seulement, aujourd'hui ils nous ont donné un spécimen de saleté qui passe toutes les limites : dans l'après-midi, quatre hommes de la pirogue de Marche, voyant flotter quelque chose au cours du fleuve, se jetèrent à l'eau au risque de faire chavirer l'embarcation et rapportèrent dans le bateau l'objet en question ; c'était un *anomalarus* (sorte de gros écureuil volant), noyé sans doute depuis dix ou douze jours, tout vert, horriblement gonflé, et dont l'épiderme était entièrement détaché. Eh bien ! ce soir ils ont fait rôtir cette charogne et l'ont mangée, sans même la vider, avec l'air de faire un repas exquis.

Dans la soirée, nos hommes semblent inquiets ; il paraît que si les Osyéba nous attaquent, ce sera probablement demain ; aussi l'ogangaga passe la nuit à prier Magongo (le iàssi des Okanda), M'Bouiri et d'autres puissances célestes ou infernales, de nous protéger.

7 MARS.

Ce matin, quelques Osyéba nous ont crié sur notre passage qu'on nous avait tendu une embuscade sur un point dont nous n'étions pas éloignés, et que nous ferions bien de retourner au plus vite sur nos pas. Cet avertissement n'offrait que trop de vraisemblance : l'endroit qu'ils nous avaient désigné était excessivement favorable à un coup de ce genre, car là nous ne pouvions remonter l'Ogooué sans longer la rive et traîner notre bateau à la corde, au milieu d'obstacles de tout genre ; aussi nous fîmes tout de suite halte, et l'ogangaga agita trois fois en l'air son fameux fétiche à sonnette, afin de conjurer le danger. A partir de ce moment, chaque fois que les rapides nous obligeaient à passer à portée de fusil du bord, nous avons débarqué vingt-cinq ou trente guerriers qui se glissent dans les broussailles comme de véritables serpents, et éclairent le terrain devant nous ; mais ils n'ont découvert rien d'hostile ni à l'endroit indiqué, ni plus loin. Nous avons seulement vu sur la rive droite une vingtaine de guerriers osyéba, le corps entièrement teint en rouge ; ils nous ont crié quelque chose ; mais nos hommes, qui tenaient en ce moment le milieu de la rivière, n'ont pas compris ce qu'ils voulaient dire et ont passé outre, se souciant fort peu de s'approcher d'eux pour leur donner des explications.

L'après-midi de ce jour-là a été marquée par un événement qui est une grande joie pour nous, et qui a ranimé notre ardeur au milieu de tant de dégoûts, de fatigues et de privations de tout genre.

Nous avons découvert les magnifiques chutes de Bôoué, auxquelles, usant du privilége des voyageurs, nous avons depuis donné le nom de chutes de Faré, en souvenir de M. Faré, directeur général des forêts. En cet endroit, l'Ogooué tout entier tombe avec le fracas du tonnerre d'une hauteur de vingt-six pieds ; c'est un des plus admirables spectacles qu'il nous ait jamais été donné de contempler. Bien qu'il ne soit pas tard, nous passons au pied de ces chutes le reste de la journée : tandis que Marche en prend les photographies [1], nos hommes harponnent et surtout attrapent dans des nasses gigantesques, tendues là par les Osyéba, de très-gros poissons dont plusieurs ne pèsent pas moins de quinze livres ; nous en avons immédiatement empaillé plusieurs spécimens nouveaux pour l'histoire naturelle.

8 MARS.

Nos guerriers font avec nous des reconnaissances aux environs de Bôoué, craignant quelque embuscade ; ces excursions, faites dans des chemins impossibles, font horriblement souffrir nos pieds nus et blessés ; mais nous ne pouvons nous y soustraire, car nos hommes croiraient que nous avons peur. Toutes les collines déboisées qui environnent la chute sont couvertes de guerriers osyéba en armes,

---

[1] On sait que ces photographies n'ont pas réussi.

mais ils n'ont pas leurs ornements de guerre et leurs allures sont pacifiques quoique méfiantes. A neuf heures, on commence le transport par terre des pirogues et des bagages, et à deux heures nous nous remettons en route, laissant derrière nous les chutes de Bòoué. Au bout d'un mille et demi, les rapides recommencent et nous forcent à longer la rive sur laquelle les Osyéba sont concentrés en grand nombre : nous voulons palabrer avec eux, mais ils nous font signe de ne pas accoster. Nous faisons neuf milles toujours sur le qui-vive ; mais, heureusement, les craintes d'attaque ne sont pas justifiées.

9 mars.

Nous partons au jour, il faut constamment tirer le bateau à la corde. Les rives sont maintenant couvertes de forêts dans lesquelles les Osyéba ont défriché de nombreuses plantations. Près d'un de leurs villages, ils nous appellent au passage ; nous faisons halte hors de portée de leurs fusils et ils nous crient que nous trouverons une embuscade dans une passe très-difficile. Nouvelle cérémonie. Les guerriers osyéba sont bien à l'endroit indiqué, mais au lieu de nous attaquer ils nous offrent de nous vendre des poules. Marche et moi nous descendons au milieu d'eux, leur tendons la main, leur achetons fort cher tout ce qu'ils offrent et leur faisons des cadeaux. En somme, tout s'est passé paisiblement; ces avertissements répétés, donnés par des gens qui s'entendent évidemment entre eux comme larrons en foire, ont évidemment pour but de nous effrayer et de nous faire retourner sur nos pas; mais personne de nous n'a envie de s'y laisser prendre. — Le soir nous couchons sur une grande île de sable : les Okanda sont fous de joie; maintenant, disent-ils, les rapides sont finis pour toujours, les Osyéba ne nous attaqueront plus; dans trois ou quatre jours nous serons arrivés. Les maudits rapides ont duré cent dix milles; maintenant la rivière s'offre à nous dégagée de rochers, de brisants et d'îles, large et paisible. On le comprend sans peine, nous partageons la joie de nos hommes; nous avons passé la nuit à bavarder avec Marche, faisant les plus beaux projets d'avenir. Dans notre enthousiasme, nous ne voyons plus d'obstacles et nous parlons des grands lacs découverts par Livingstone comme si nous y étions déjà.

10 MARS.

A six heures du matin, nos hommes sont partis en chantant. La petite flottille Madouma et Osyébo avait pris l'avance et pêchait tranquillement à deux ou trois cents mètres devant nous. Nos six pirogues se suivaient longeant la rive gauche; le courant était très-fort, et les hommes s'aidaient des branches qui pendaient au-dessus de l'eau pour tirer à eux les pirogues. Un chef que nous avions surnommé « l'homme au petit chapeau » ouvrait la marche, je suivais avec Owanga, Marche se trouvait le dernier. Tout à coup, partent de la forêt deux décharges que nos pirogues reçoivent presque à bout portant. Il est plus facile de se figurer que de décrire la confusion qui s'ensuit : la moitié des hommes se jetant à l'eau, les bateaux se heurtant les uns les autres et les guerriers tirant à tort et à travers du côté du bois. Pour comble de malheur, notre pirogue échoue. Owanga, fou de terreur, gesticule, crie et rend toute manœuvre impossible ; je suis obligé de lui mettre mon revolver sous le nez et de le faire coucher à plat ventre dans la pirogue, où je lui mets mon pied sur le dos afin d'être bien sûr qu'il ne bougera plus. Heureusement, les Osyéba s'étaient sauvés après avoir fait ce beau coup, ce qui nous permet de regagner pêle-mêle l'île sur laquelle nous avions couché. Le premier moment de stupeur passé, on se compte ; nous trouvons six hommes horriblement blessés par les morceaux de fer avec lesquels les Osyéba chargent leurs fusils. Tandis que l'on extrait les projectiles en fouillant à pleine main dans les blessures, les chefs tiennent un conseil de guerre. Le grand féticheur, qui a toute influence, ne manque pas d'une certaine bravoure ; d'ailleurs, il y va de sa réputation, puisqu'il a prédit l'heureux succès de l'entreprise ; il encourage les guerriers. De notre côté, nous faisons défoncer deux barils de poudre et nous distribuons de l'eau-de-vie et des morceaux de plomb. En vain les blessés poussent des gémissements affreux, en vain l'homme au petit chapeau, qui a perdu cinq hommes sur dix-huit, proteste avec quelques timides, il est décidé que nous forcerons le passage. Chacun célèbre d'avance les prouesses qu'il va faire. Le féticheur frotte le front de chaque guerrier avec une certaine poudre noire, fait une distribution générale de gris-gris, puis tous les hommes tenant un petite branche d'arbre à la main, vont en procession toucher le fameux fétiche à sonnette et à os de singe, après quoi nous repartons. Les blessés sont couchés ou plutôt jetés au fond des pirogues sous un soleil ardent. Nous faisons quatre milles, direction sud, en tenant le milieu du fleuve, et nous arrivons à la grande rivière Ivindo, aussi importante que l'Ogooué, qui semble en cet endroit bifurquer en deux branches d'égale largeur. Dans cette rivière Ivindo, disent les Okanda, il y a de violents rapides et des chutes aussi importantes que celles de Bôoué ; puis on arrive, après quatre ou cinq jours, à de très-grands lacs. Malheureusement les deux rives sont habitées par les Osyéba. A l'embouchure de l'Ivindo se trouve une île couverte de rochers, sur laquelle nous nous arrêtons pour faire cuire notre déjeuner. Tout à coup, sur les deux rives de l'Ivindo et sur la rive gauche de l'Ogooué, retentit le cri de guerre des Osyéba, qui se montrent en masse, hurlant et tirant sur nous de tous côtés. Marche est touché au bras par une petite barre de cuivre qui, heureusement, ne produit qu'une légère contusion. La lutte a duré une heure ; on s'apostrophait et on s'invectivait d'une rive à l'autre à la manière des héros d'Homère ; mais tandis que Marche et moi nous montrions à ces sauvages l'effet tout nouveau pour eux des balles explosibles, tandis que nos guerriers tiraillaient de leur mieux, les chefs, à l'abri derrière les rochers, tenaient conseil, et, à l'unanimité, décidèrent de fuir au plus vite. C'est N'Doundou qui est venu tout tremblant nous faire part de leur résolution. Prières, insultes, promesses, menaces, rien ne peut y faire ; nous pleurions de rage de voir ainsi perdus, en un instant, le fruit de deux ans de fatigues et de sacrifices. Mais il a fallu céder, et céder au plus vite, on nous aurait laissés là : déjà les Okanda commençaient à jeter leurs bananes, leurs moustiquaires, etc. Nous avons dû intervenir, le revolver à la main, pour les empêcher de jeter nos caisses par-dessus le bord. Quand une fois la panique s'est emparée de ces gens-là, ils deviennent de véritables brutes. Nous avons commencé alors, dans les rapides de l'Ogooué et sous le feu de l'ennemi, une retraite ou plutôt une déroute insensée.

Quand les Osyéba nous virent prendre la fuite, ils poussèrent un long hurlement de triomphe et nous saluèrent d'une décharge générale qui, heureusement, n'atteignit personne. Sans doute ils avaient longtemps hésité, longtemps tergiversé avant d'attaquer les Okanda à cause de ces deux blancs qui les accompagnaient et qui, pour ces sauvages, étaient des êtres quasi divins. Mais un premier succès exalta ces mêmes hommes qui, lorsque nous remontions le fleuve, nous parlaient des rives et affectaient des sentiments de bienveillance. Les plus obséquieux se montrèrent les plus acharnés. Quand nous passions devant leurs plantations, les coups de fusil partaient du milieu des grandes herbes, de derrière les rochers et du sommet des arbres.

Nos hommes étaient en proie à une terreur profonde. Le roi Ocvanga donnait de tels signes d'insanité, que je fus contraint de l'obliger à se coucher au fond du bateau et de lui mettre mon pied sur le dos pour qu'il ne bougeât plus. Les piroguiers, courbés sur leurs pagaies, faisant voler les embarcations, filaient droit devant eux et tenaient le milieu du fleuve. Nous sommes arrivés ainsi aux rapides que nous nous sommes mis à franchir avec une vitesse vertigineuse. C'est miracle que nous n'ayons pas été brisés cent fois en descendant ces cascades à pic, ou en heurtant les rochers à fleur d'eau dont la rivière était hérissée. Le fusil à la main, cherchant à percer des yeux l'épaisseur des forêts et à découvrir quelque embuscade, ou du moins quelque ennemi auquel je pusse faire payer cher notre déroute, je ne regardais pas en avant. Depuis quelque temps déjà nous ne voyions plus d'Osyéba. Tout à coup nos hommes poussèrent un grand cri de détresse. Machinalement, je regardai en avant, et un coup d'œil me révéla l'imminence du danger. Cette fois je crus que ma dernière heure avait sonné. Nous étions en haut des chutes de Bôoué, vers lesquelles notre pirogue était entraînée avec une extrême rapidité; quelques secondes de plus et nous allions être précipités dans l'abime. Par un effort désespéré, les Okanda qui étaient à l'arrière rapprochèrent notre bateau de la rive et le jetèrent entre deux gros rochers entre lesquels il resta pris. Nous étions à vingt mètres du bord où, par un hasard providentiel, il n'y avait pas d'Osyéba embusqués. — « Maintenant, me dit un Okanda appelé Oréga, il faut que vous sortiez de la pirogue, et que, de pierre en pierre, vous gagniez le rivage. » Les rochers étaient nombreux et peu distants l'un de l'autre; pour un homme agile et vigoureux la chose était très-faisable, mais pour un malade, peu adroit de sa nature, nu-pieds et épuisé par la souffrance, il y avait tout à parier qu'il y resterait. — « C'est impossible, m'écriai-je ! — Il le faut cependant, répondirent tous les Okanda. »

Il le fallait, en effet, ce mot était sans réplique, et je tentai l'épreuve. Quelques-uns de mes hommes me montrèrent en ce moment, je me plais à le reconnaître, un véritable dévouement. S'accrochant les uns aux autres et se tenant dans l'eau jusqu'à mi-corps, ils formèrent une espèce de chaîne pour m'aider à franchir ce mauvais pas. Pendant quelques instants tout alla bien, mais au milieu du trajet, une grosse pierre sur laquelle je posais le pied se déroba sous moi, je fis un faux pas et je tombai dans l'eau. L'Okanda qui me tendait la main me rattrapa par une jambe, mais je restai pendant un instant la tête en bas suspendu au-dessus du gouffre. Mon guide, qui n'avait lui-même qu'un très-faible point d'appui, cria à l'aide; deux Okanda arrivèrent à temps et on me retira; comment, je ne le sais pas bien moi-même, car, aux trois quarts suffoqué par l'eau que j'avais bue, je ne me suis pas rendu compte de ce qui s'était passé entre le moment où je suis tombé et celui auquel on m'a traîné à terre. Quand je fus en sûreté sur la rive, les Okanda dégagèrent la pirogue des rochers qui la retenaient et la laissèrent, vide, bien entendu, descendre les chutes de Bôoué. Telle était son épaisseur et sa solidité qu'elle sortit de cette terrible épreuve. Elle arriva en bas sans être mise en pièces et en fut quitte pour quelques avaries. Le grand féticheur et un chef okanda furent moins heureux que nous : chacun d'eux eut son embarcation brisée dans les chutes de Bôoué. On recueillit les naufragés dans la nôtre. Il est certain que si les Osyéba nous avaient attaqués en cet endroit, ils nous auraient exterminés jusqu'au dernier.

Tous ces accidents avaient naturellement entraîné une perte de temps assez considérable. Seule la pirogue de Marche qui, au départ était déjà en tête de nous, avait pu sans le même retard poursuivre sa route et prendre sur nous une avance de près de trois kilomètres. Nous ne la revîmes pas pendant une grande partie de la journée.

A partir de Bôoué le feu de l'ennemi avait à peu près cessé ; çà et là seulement partaient du bord quelques coups de fusil isolés. Déjà nous approchions de la rivière Ofoué, et par conséquent de la limite du pays des Osyéba, quand tout à coup j'entendis le bruit d'une vive fusillade à quelque distance en avant. L'inquiétude me prit, je pressai mes hommes de faire force de pagaies. Au bout de vingt minutes cependant, nous vîmes la pirogue de Marche arrêtée tout contre une petite île située au milieu de l'Ogooué ; les hommes qui la montaient étaient à terre et semblaient complétement fous : ils dansaient, hurlaient, sautaient, brandissaient leurs fusils en l'air et s'embrassaient en riant aux éclats. L'un d'eux, dans l'eau jusqu'à la ceinture, avait pris le pavillon français planté à l'avant de la pirogue et l'agitait au-dessus de sa tête en faisant des contorsions et des grimaces inouïes. « Pour l'amour de Dieu! criai-je à Marche qui se tenait debout appuyé sur son fusil et le visage impassible au milieu de ce groupe d'insensés, qu'est-ce que tout cela signifie? » Avant qu'il eût répondu, tous les Okanda, qui devinaient sans doute le sens de ma question, me crièrent à la fois : « *O tangan' ayoni Osieba, azué ayoni Osiéba, Osiéba niengué !* » (le blanc a tué des Osyéba, nous avons tué des Osyéba, beaucoup d'Osyéba). Au milieu de tout ce tapage, j'eus toutes les peines du monde à apprendre de mon ami ce qui s'était passé. A peu de distance au-dessus de l'endroit sur lequel nous nous trouvions en ce moment, les piroguiers de Marche avaient aperçu deux grands radeaux accostés à la rive droite du fleuve. C'est seulement sur ce genre de radeau que les Osyéba, qui ne savent pas encore construire de pirogues, peuvent traverser l'Ogooué. Comme il n'y avait là ni plantation, ni village osyéba, les Okanda, qui avaient recouvré tout leur sang-froid depuis que l'ennemi ne tirait plus sur eux, en conclurent que les Osyéba n'avaient pu se servir de ces radeaux que pour aller s'embusquer derrière les arbres qui bordent la rive et nous attendre au passage. Marche, N'Doundou et les dix ou douze guerriers de leur pirogue résolurent aussitôt de prendre l'ennemi dans son propre piége. Ils débarquèrent avec le moins de bruit possible, et prenant un assez long détour vinrent tomber sur une vingtaine d'Osyéba qui, tout occupés à épier le fleuve, ne les virent pas venir. Le beau-frère de N'Doundou les aperçut le premier et en tua un presque à bout portant. Pris à l'improviste, les Osyéba abandonnant le petit bouquet de bois dans lequel ils se trouvaient, se sauvèrent dans la direction de la prairie, mais Marche et ses hommes leur coupèrent la retraite et ils n'eurent d'autres ressources que de se réfugier derrière de grosses pierres plates qui étaient là, décidés sans doute à vendre chèrement leur vie. Ce rempart improvisé les cachait fort mal, Marche était environ à quarante mètres d'eux, c'est-à-dire hors de portée de leur fusil à pierre. Il en ajusta un par lequel il était lui-même couché en joue, et le foudroya d'une balle explosible en pleine poitrine. Les compagnons de la victime terrifiés ne bougèrent plus et mon ami avait beau jeu de les exterminer ainsi un à un sans qu'ils aient pu même riposter, mais nous ne sommes ni l'un ni l'autre sanguinaires, et il ne voulut pas verser inutilement même du sang d'Osyéba. Au grand scandale de ses hommes, il remit son fusil en bandoulière, et, accompagnant ses paroles d'un geste expressif, cria en mpongwé aux cannibales : *Kandagani!* (Allez-vous-en!) Alors se passa un fait extraordinaire qui prouve la puissance morale de l'homme civilisé sur le sauvage : ces cannibales sans foi ni loi, qui venaient si traitreusement de nous tendre une embûche, qui ne connaissent que la fausseté et la perfidie, eurent confiance dans la parole du blanc; ils sortirent de leur cachette et vinrent passer tranquillement à moins de vingt mètres de lui. Bien plus, deux d'entre eux étant restés derrière leurs pierres, deux autres revinrent les chercher et les décidèrent à s'en aller avec eux. Cet incident nous releva un peu dans l'esprit des Okanda, seulement ils furent inconsolables que Marche n'ait pas tué plus d'Osyéba.

Dans la nuit, nous atteignîmes la rivière Ofoué; désormais à l'abri de toute attaque, nous nous arrêtâmes pour camper au pied des collines de Djico. Nos hommes étaient épuisés de fatigue et il y avait de quoi : nous avions mis moins de douze heures à redescendre plus de cent cinquante kilomètres; il nous avait fallu sept jours pour faire le même parcours en remontant le fleuve. Le lendemain 11 mars, nous nous remîmes en campagne dès le point du jour, et au bout de deux heures nous atteignions le premier village okanda. Là commencèrent des scènes navrantes pour nous qui se continuèrent sans cesse jusqu'à ce que nous fussions arrivés à Lopé ! Le bruit de nos désastres avait déjà été répandu, avec la rapidité que met toute mauvaise nouvelle à circuler, par quelques hommes qui, durant la nuit, avaient quitté notre camp et s'étaient rendus à pied dans leurs cases. Devant chaque village stationnait une foule compacte, composée surtout de femmes et d'enfants : une profonde anxiété régnait parmi elle. Devant ceux de ces villages auxquels appartenait quelqu'un de nos blessés, nous nous arrêtions et on le portait à terre. Les pauvres diables, le corps horriblement déchiré par les morceaux de fer des Osyéba, exposés toute la journée de la veille à un soleil ardent, touchaient pour la plupart à leurs derniers moments. J'ai rarement vu quelque chose de plus poignant que la douleur de leurs mères, de leurs femmes, de leurs sœurs lorsqu'on débarquait ces pauvres blessés! Ces malheureuses hurlaient, sanglotaient, se roulaient dans le sable, puis éclatant en injures contre nous, nous jetaient de la boue et nous accusaient d'avoir mené les leurs à la boucherie, d'être leurs meurtriers. Je rendrai cette justice à nos Okanda qu'ils mirent tout en œuvre pour leur imposer silence : « Taisez-vous, leur criaient-ils, n'accusez pas les blancs ; eux seuls se sont battus comme des hommes quand nous avons tous eu peur comme des femmes. » Dans un village où nous avions déposé trois blessés, les vociférations et les insultes des femmes devinrent si violentes que nos hommes se saisirent de bâtons pour les faire taire ; mais nous les leur fîmes jeter à l'instant. Pauvres créatures! Après tout elles avaient raison, sans nous les Okanda seraient restés chez eux et tous ces malheurs ne seraient pas arrivés. Par une fatalité inexplicable, tandis que, sur quatre-vingts guerriers, nous n'en avions que deux d'atteints, presque tous les coups des Osyéba avaient porté sur des pagayeurs inoffensifs dont plusieurs étaient encore des enfants.

Ce ne fut que vers dix heures du matin que nous regagnâmes Lopé, où notre vieux Chico, notre hôte Baïli et ses femmes nous reçurent avec les plus vives démonstrations de joie et d'affection. Tel était l'état de nos esprits alors, que l'accueil de ces nègres, accueil très-intéressé sans doute pour la plupart d'entre eux, nous émut cependant jusqu'aux larmes. A quatre heures nous fîmes à N'Doundou, Owanga, Oréga et à tous ceux de nos compagnons de route et d'infortune qui se trouvaient là une forte distribution de rhum ; en le buvant ils se mirent à danser, à crier, et à donner toutes les marques d'une joie frénétique : c'est que, brisés de fatigue et n'ayant pas trop la tête à nous, nous avions oublié de donner à l'alougou ce large baptême d'eau, sans lequel nous ne l'avions jamais laissé goûter aux Okanda. A partir de ce moment du reste, il nous fallut renoncer à mettre de l'eau dans notre rhum ; aussitôt que nous en offrions d'un peu mélangé à nos hommes, ils le repoussaient dédaigneusement en disant : « Non, non pas cet alougou-là, il nous faut celui que tu nous as donné le jour où nous sommes revenus à Lopé après notre grand voyage.

CHAPITRE VII

UNE RETRAITE DÉSASTREUSE.

Notre intérieur s'accroît d'un nouvel habitant. — Anatole. — Il tombe malade. — Extrême difficulté de revenir chez les Gallois. — Chico achète un petit esclave. — Cruautés de ce nouveau propriétaire. — Nous y mettons bon ordre. — M. Duchaillu et les nains obongos. — Miani et les nains akka. — Les Akka ramenés par le docteur Schweinfürth. — Les Akka vus par M. E. Marno et par le colonel Long-Bey. — Il est incontestable qu'il existe une race de pygmées au centre de l'Afrique. — Nous achetons de l'ivoire aux Bangouens. — Mort d'Anatole. — Owanga manque à la parole qu'il nous a donnée. — Oréga s'offre à nous emmener. — Une députation de Shibé. — Nous brûlons nos vaisseaux, c'est-à-dire que nous jetons notre sel dans la rivière. — Grand palabre. — Le fils du roi Avélé. — Affreuse anxiété. — Moïna nous amène dix-huit pagayeurs. — Préparatifs de départ. — On transporte nos bagages dans le bateau. — Tous nos hommes nous abandonnent. — Une situation désespérée. — Nos menaces produisent leur effet. — Nous partons avec seize hommes. — Nouvelle désertion. — Nuit d'angoisse. — Sam-Quita. — Accueil triomphal. — Une soirée orageuse. — Arrivée à la factorerie d'Adanlinanlango.

Au moment de notre retour à Lopé, nous avons trouvé que notre intérieur s'était accru d'un nouvel habitant. Chico est venu d'un air tout joyeux nous présenter un petit être plus aimable que joli, sans doute, mais dont la société a été pour nous une grande distraction et un grand plaisir au milieu de tant de tracas et de misère. Anatole, c'est le nom que nous lui donnâmes immédiatement, n'était rien moins que le fils d'une vieille mère gorille massacrée quinze jours auparavant par les Bangouens à peu de distance de notre case. Chico, prévenu de sa mort et sachant combien nous recherchions les dépouilles du gorille, s'était empressé d'accourir sur le lieu de l'exécution. Lorsqu'il arriva, les Bangouens avaient déjà mis en pièces leur victime qu'ils étaient en train de croquer à belles dents; mais Chico arriva à temps pour recueillir le petit njina (gorille) qu'on avait pris tout plein de vie sur le cadavre de sa mère; il l'acheta pour deux poignées de sel, il l'installa dans notre case et lui prodigua des soins tout paternels. Anatole n'avait pas plus de six à sept mois; c'était une petite créature toute souffreteuse, demandant sans cesse à être caressée et portée dans les bras; quand on le posait à terre, il pleurait et criait constamment[1]. Nous lui fîmes, dans le compartiment de notre case affecté à Chico et aux poules, un beau petit lit; nous lui arrangeâmes un joli manteau avec de l'étoffe et l'habillâmes de notre mieux : il mangeait de bon

---

[1] M. Walker et plusieurs négociants du Gabon qui ont eu de petits gorilles vivants ont constaté chez eux la même douceur et le même besoin de caresses; il est vrai que celui qu'a eu M. Duchaillu était, nous a-t-il dit, d'une férocité indomptable.

appétit une sorte de fruit rouge qui croissait en abondance dans le pays, et dormait assez bien, mais cependant il maigrissait à vue d'œil et sa santé déclinait visiblement; c'est que le pauvre petit était beaucoup trop jeune et avait besoin de soins que bientôt, absorbés par les préoccupations les plus sérieuses, nous ne pûmes plus lui donner. Il n'y avait pas à se le dissimuler, le jour de notre déroute sur la rivière Ivindo, nous avions dû dire un adieu irrévocable à tout espoir de nous enfoncer plus avant dans l'intérieur de l'Afrique. Aucune promesse, aucun cadeau n'aurait pu décider les Okanda à tenter de nouveau le passage; d'ailleurs, malades et épuisés comme nous l'étions en ce moment, c'eût été courir au-devant d'une mort certaine que de marcher en avant; il ne nous restait donc qu'une chose à faire : regagner au plus vite le Gabon, et de là nous rembarquer pour la France. Malheureusement les Okanda, effrayés par les menaces de Rénoqué qui leur avait interdit de nous ramener chez lui et de mettre les pieds chez les Gallois, craignant d'être pris et vendus comme un vil bétail, s'ils s'avançaient jusqu'à la factorerie, très-contents de conserver ces blancs dont la présence faisait régner chez eux une abondance extraordinaire de sel, de perles, de tabac, en un mot, de tous les objets qui, pour eux, constituent les jouissances les plus raffinées de la vie, ne tenaient nullement à nous reconduire à Adanlinanlango ; et sans eux, comment franchir les terribles rapides? Nous nous adressâmes d'abord à Owanga, nous lui fîmes un beau cadeau et les plus magnifiques promesses, s'il nous ramenait chez les Gallois. Le vieux roué ne nous refusa pas ; bien au contraire, il fit semblant d'être charmé d'avoir l'honneur de reconduire ses blancs dans leur factorerie : seulement il nous demanda dix jours pour se reposer et rassembler ses hommes, promettant que le jour de la nouvelle lune, c'est-à-dire dix jours plus tard, il serait à Lopé, prêt à partir avec tout son monde. Il n'y avait rien à objecter à cette demande, nous lui accordâmes le délai qu'il sollicitait et primes congé de lui, en lui faisant bien promettre d'être exact au rendez-vous. En attendant, nous primes patience de notre mieux ; notre existence n'était pas très-gaie, car notre santé ne nous permettait guère de quitter notre lit de bambous, mais nous nous consolions en pensant que dix jours seraient bientôt passés ; l'idée seule du retour nous causait des joies folles. Un matin, Chico vint nous dire qu'on lui avait offert de lui vendre un petit esclave : depuis longtemps la possession d'un esclave était la suprême ambition de Chico. « Monsieur, me disait-il sans cesse, je t'en conjure, laisse-moi acheter un captif sur mes gages ; ma femme sera si heureuse quand je le ramènerai ! il sera le soutien de notre vieillesse, et quand nous ne pourrons plus rien faire, il travaillera pour nous; et puis, au Gabon, si j'ai un esclave, je serai un *grand monde*. » Devenir un *grand monde* était le rêve de Chico ; or, ce matin-là, il avait trouvé à acheter fort bon marché, disait-il, un négrillon de onze à douze ans, et il nous suppliait de le lui laisser acquérir. Nous ne nous y opposâmes pas, à la condition qu'il fît bien comprendre aux Okanda que l'esclave était pour lui et non pour nous, qu'il le traitât bien et qu'il le fît instruire à la Mission ; en conséquence, il fallait qu'il s'entendît avec Isingué (celui qui nous avait menés chez les Pahouins) et à qui l'esclave appartenait, et s'il tombait d'accord sur le prix, qu'il nous donnât la liste des objets à payer, qui seraient naturellement retenus sur ses appointements. On amena le pauvre petit, il semblait plus mort que vif, car il se figurait que nous allions l'acheter pour le manger; aussi il fut stupéfié de nous voir lui témoigner une extrême douceur et lui offrir quelques bananes dont il paraissait avoir grand besoin. Le marché se débattit devant lui. Chico et Isingué se démenaient comme des possédés : Isingué débinant les marchandises de Chico, Chico débinant l'esclave d'Isingué; enfin ils finirent par arrêter le prix ainsi qu'il suit : un baril de poudre (de 4 livres), quatre brasses d'étoffe, un couteau, un bonnet en laine rouge, une chemise, une mesure de sel, un neptune en cuivre, un matchette et quelques perles. Quand ces divers objets eurent été payés à Isingué, il prononça le fameux *amani* (c'est fini, marché conclu), et remit en échange l'enfant, auquel il ne dit même pas un mot en partant. Chico rayonnait, il prit son esclave sous le bras, l'enferma dans sa case et l'y barricada solidement; après quoi il s'achemina rapidement vers la forêt. Nous l'en vîmes bientôt revenir portant une de ces énormes bûches percées d'un trou, appelées *mpala* et dans lesquelles on passe le pied des esclaves pour les empêcher de s'évader; ils sont emboîtés là dedans de telle manière qu'il faut ensuite, pour les débarrasser, scier le mpala sur leur jambe; ce système écorche horriblement la cheville du patient, et, à la longue, lui cause de cruelles souffrances. « Qu'est-ce que tu vas faire de ce morceau de bois-là? criâmes-nous à Chico, du plus loin que nous l'aperçûmes. — Mon père, c'est pour le petit. — Comment, misérable, tu as été esclave, tu es chrétien et tu veux mettre aux pieds de cet enfant une bûche qu'un homme aurait peine à porter? — Mais, mon père, si le petit se sauve, je suis un homme ruiné! — C'est possible, mais si tu lui mets cela aux pieds, ou si tu le fais souffrir d'une manière quelconque, tu seras assommé par nous; maintenant, arrange-toi. » Chico savait que, depuis longtemps, nous n'étions plus d'humeur à plaisanter; aussi, il se hâta de nous demander pardon, et se contenta, pour ne pas perdre *le petit*, de ne le quitter ni le jour, ni la nuit; au reste, le pauvre enfant n'avait guère envie de se sauver; nous le nourrissions bien, nous lui faisions quelques menus cadeaux, et il avait bien vite compris qu'il valait mille fois mieux, pour lui, être chez nous que chez ses anciens maîtres.

M. Walker, au moment de notre départ d'Adanlinanlango, nous avait signalé, d'après le dire des noirs, l'existence, non loin du premier village Okanda (Obombi), de ces tribus naines que M. Duchaillu écrit avoir rencontrées dans le pays des Ashangos. J'avoue que nous ne croyions qu'à demi à ces nains qui, d'après le voyageur américain, sont appelés Obongos par les indigènes. M. Duchaillu, en altérant la vérité sur quelques points, s'est fait un tort immense : toutes les fois qu'il y a une assertion extraordinaire dans ses récits, le premier mouvement du lecteur ou du voyageur est toujours de la révoquer en doute. Aussi nous croyions que les fameux nains Obongos n'existaient que dans l'imagination de M. Duchaillu, ou tout au moins qu'ayant vu deux ou trois nègres très-petits, — il y en a parmi les nègres comme parmi les blancs, — il avait fait de ces deux ou trois individus tout un peuple de nains; néanmoins, pour l'acquit de notre conscience, nous interrogeâmes Oréga et d'autres Okanda, et nous leur demandâmes s'il n'y avait pas près d'Obombi ou dans tout autre endroit un peuple minuscule. Oréga et ses compatriotes nous répondirent que bien sûr nous voulions rire, que tous les hommes étaient de même, et qu'ils n'avaient jamais entendu qu'il existât des gens semblables à ceux dont nous parlions. Nous n'insistâmes pas, et nous restâmes convaincus que M. Duchaillu avait, une fois de plus, donné carrière à sa fantaisie. Cependant, je dirai en toute impartialité : les Obongos existent vraiment, ils forment une race à part, probablement les anciens Pygmées d'Hérodote, et M. Duchaillu, sauf un seul détail, celui des poils dont ils seraient couverts, les a très-bien décrits. Je crois intéresser le lecteur en lui donnant quelques détails sur ces êtres singuliers dont on a pu dernièrement ramener deux spécimens vivants en Égypte et même en Italie.

M. Duchaillu a trouvé pour la première fois les villages de ces peuples nains dans le pays des Ashangos (1° 58' latit. S. et 11° 56' long. E.). Ils vivaient dans un état à peu près complet de nudité, sous des huttes de feuillage, mangeant des racines ou des animaux pris par eux au piége; ils étaient très-farouches et s'enfuirent aussitôt l'arrivée dans leur village de M. Duchaillu, qui put seulement s'emparer d'une vieille femme, et à force de cadeaux l'apprivoiser un peu. Celle-ci, enchantée des présents d'une splendeur inouïe pour elle que le blanc lui avait faits, calma un peu les terreurs de ses camarades, et M. Duchaillu put voir plusieurs fois de près des femmes, des enfants et même un jeune homme Obongo. La couleur des Obongos est d'un jaune sale, moins foncé que celui des Ashangos leurs voisins. Leurs cheveux croissent par petites touffes frisées. Le jeune homme que vit M. Duchaillu avait sur la poitrine et sur les jambes une quantité de poils également réunis en touffes frisées, comme sur la tête. Les récits des Ashangos s'accordent, dit-il, à représenter ces petits sauvages comme velus sur toutes les parties de leur corps, et quand, à son retour dans le pays des Ashangos, il a rencontré des Obongos mâles, bien qu'ils ne se soient pas laissé approcher, il a parfaitement distingué, à ce qu'il dit, les touffes frisées de leurs poils. « Les Obongos sont, continue M. Duchaillu, un peuple extrêmement nomade; il change de pays aussitôt que le gibier devient rare, et il s'étend vers l'est aussi loin que vont les connaissances géographiques des Ashangos à l'est. — Ils s'étendent même beaucoup plus loin que M. Duchaillu n'a pu le supposer; car Giovanni Miani, ce martyr trop peu connu de son amour pour la science, rencontra à plus de cinq cents lieues à l'est du pays des Ashangos des nains Akkas, appelés aussi par les indigènes Mabongos, et qui appartiennent évidemment à la race des Obongos. Quand le pauvre Miani, de retour de ses voyages, parla de ce peuple nain, on nia qu'il les eût jamais vus, comme on nia qu'il se fût avancé jusqu'à ce point extrême du centre de l'Afrique, où sept ou huit ans plus tard, sir Baker trouvait son nom gravé sur l'écorce d'un baobab. Dans cette dernière expédition, où Miani, revenu le cœur ulcéré en Afrique, s'avança sans ressources et sans appui plus loin qu'aucun blanc n'avait jamais été avant lui, il eut la joie de pouvoir s'emparer de deux de ces nains Akkas, et les avait encore avec lui quand la mort vint le surprendre sur la frontière d'Égypte [1]. Les deux Akkas furent recueillis, avec tout ce qui restait de Miani, par le docteur Schweinfürth, qui amena les Akkas au Caire, et de là ils furent expédiés à la Société de géographie de Rome ; ils sont encore vivants aujourd'hui, et le docteur

---

[1] Miani mourut au moment où, après deux ans de misères, de souffrances et de dangers inouïs, il touchait à la frontière de ce monde civilisé vers lequel il revenait, tenant en main les preuves qui devaient confondre ceux qui l'avaient calomnié et traité d'imposteur. Un des membres les plus éminents de la Société de géographie italienne me racontait tout récemment ses derniers moments. Je connais peu de récits aussi touchants. Sentant venir la mort, Miani ordonna à un des hommes qui l'accompagnaient de creuser sa tombe ; il écrivit ensuite d'une main tremblante sur son journal de voyage quelques lignes qui, grâce au docteur Schweinfürth, sont parvenues jusqu'à nous : « J'ai à peine la force d'écrire... Je fais creuser ma tombe... Adieu, Italie, pour la liberté de laquelle j'ai jadis combattu.... Adieu tous mes rêves, dont j'allais voir la réalisation... » Tous ses hommes vinrent alors lui baiser la main en lui disant : « Qu'Allah vous garde encore longtemps parmi nous, seigneur. » Il les bénit du geste et rendit le dernier soupir.

Schweinfürth s'est chargé de pourvoir à leur existence. Deux femmes Akkas ou Tiki-Tiki, car c'est le nom qu'ils se donnent à eux-mêmes à l'ouest du pays des Niams-Niams, ont été observées par le voyageur autrichien E. Marno. La première était une petite fille de dix à douze ans, remarquable par la proéminence excessive de son abdomen ; la seconde était âgée de vingt-cinq ans et avait déjà été mère ; elle était persuadée que M. Marno l'achetait pour la tuer et la manger ; aussi elle poussait des cris à fendre l'âme. Des présents de perles et d'étoffes la calmèrent bientôt ; elle se mit à jouer, à jacasser et à rire avec la petite fille de sa race ; toutes les deux apprenaient très-vite ce qu'on leur enseignait et étaient très-obéissantes et très-gaies. Enfin les Akkas viennent d'être vus et même photographiés par un voyageur qui a récemment accompli au centre de l'Afrique un magnifique voyage d'exploration, le colonel Chaillé-Long-Bey. L'existence dans l'intérieur de l'Afrique de nombreuses tribus de Pygmées, qui s'étendent sur un espace de plusieurs centaines de lieues, ne saurait donc plus faire l'ombre d'un doute.

Mais revenons au récit de nos aventures personnelles ; le lecteur nous pardonnera, j'espère, cette longue digression, en raison de l'intérêt exceptionnel du sujet.

Comme nous avions une certaine quantité de marchandises avariées qu'il nous était impossible de vendre en redescendant à la factorerie, nous résolûmes de les échanger contre de l'ivoire. C'était facile, car les Bangouens nous avaient dit souvent avoir plusieurs belles dents à vendre ; nous nous adressâmes donc à un vieux chef bangouen dont la femme, une élégante avec une coiffure à toupet et des tatouages d'un très-joli dessin sur le ventre, était, je crois, très-admirée du galant Chico. Le chef parlait très-bien le mpongwé, il avait toujours témoigné une extrême amitié à nous, à notre rhum et à notre tabac, et dans cette circonstance il accueillit avec empressement l'occasion de nous servir d'intermédiaire, voulant, disait-il, nous témoigner sa reconnaissance pour nos nombreux bienfaits (traduisez : voulant réaliser un joli bénéfice) ; seulement il nous recommanda le plus grand mystère : « Il ne faut pas, dit-il, que les Okanda sachent rien de l'affaire ; après-demain, je vous amènerai les propriétaires des dents ; ils apporteront leur ivoire, et nous conclurons en famille. » Le lendemain, en effet, au petit jour, cinq personnes se glissèrent mystérieusement dans notre case et vinrent s'asseoir sur nos caisses ; c'étaient le vieux chef, trois de ses amis et une jeune fille qui leur servait de porteur ; l'un des Bangouens déballa tout de suite une dent d'éléphant qu'il avait soigneusement enveloppée dans de l'herbe et dans des feuilles de bananier. N'ayant pas de balances, nous dûmes naturellement évaluer le poids de l'ivoire en le pesant dans nos mains; seulement l'extrême affaiblissement de nos forces, nous le fit paraître beaucoup plus lourd qu'il n'était en réalité et nous l'évaluâmes à plus de trente livres, quand il n'en pesait pas plus de quatorze. Quand il s'agit d'en régler le prix, nous vîmes tout de suite que nous avions affaire à des négociants très-retors. L'un d'eux se leva et fit un long discours pour nous dire qu'il n'était pas un Okanda (c'est-à-dire un imbécile), qu'il connaissait parfaitement la valeur de l'ivoire, et qu'il avait été plusieurs fois en vendre lui-même au Gabon (ce qui était un gros mensonge) ; il conclut en demandant quatre fois le prix que nous voulions lui donner. Nous refusâmes net ; alors le chef proposa un atermoiement, et l'on discuta tant et si bien, qu'à midi et demi on discutait encore ; à une heure, cependant, nous tombâmes d'accord : il nous fallut payer un fusil, deux barils de poudre (avariée), trois neptunes de cuivre, deux chemises, un matchette, deux couteaux, huit morceaux d'étoffe, deux anneaux de cuivre, des pierres à fusil, des perles et du sel. Au fond, l'affaire était encore bonne puisque le tout ne nous revenait guère à plus de cent francs. Seulement il n'y eut pas moyen de cacher la chose aux Okanda, et un palabre assez violent surgit entre eux et les Bangouens, que nous soutinmes, du reste, énergiquement. Durant les trois jours suivants, chaque matin, ces Bangouens nous apportèrent une dent à peu près de la même grosseur, que nous achetâmes, également après des discussions interminables.

Cependant le jour de la pleine lune, c'est-à-dire l'époque où, d'après nos conventions avec Owanga, notre départ devait s'effectuer, était arrivée, et nous ne voyions ni le roi ni aucun de ses hommes. Son village était à sept ou huit lieues de Lopé ; nous lui dépêchâmes cinq ou six messagers, qui tous revinrent en disant qu'Owanga n'était pas chez lui, mais qu'il allait incessamment venir nous trouver : c'est seulement le troisième jour que nous apprîmes qu'il était parti pour le pays de Shibé et ne serait pas de retour avant deux mois ; il s'était évidemment moqué de nous ; nous entrâmes dans une grande colère, ce qui ne servait à rien, puis nous nous occupâmes de trouver quelque Okanda influent qui pût rassembler le monde nécessaire pour nous ramener à Adanlinanlango. Justement un de nos voisins, nommé Oréga, vint s'offrir à nous et nous dit que dans cinq jours il aurait réuni tous les hommes nécessaires pour notre voyage et serait prêt à partir : nous savions qu'Oréga était un intrigant et un carottier de la pire espèce, mais nous l'acceptâmes, car il était intelligent, actif et plus capable que personne de mener, s'il le voulait, l'entreprise à bonne fin. D'ailleurs, nous n'avions pas le choix : seulement, au lieu de lui accorder les avances qu'il nous demandait, nous nous contentâmes de lui donner, comme témoignage d'amitié, quelques menus présents. Oréga nous affirmait avec un tel aplomb que dans cinq jours, au lever de l'aurore, nous quitterions Lopé, que nous finîmes par le croire et par faire nos préparatifs en conséquence : ceci se passait le 25 mars 1873 ; le 30 était donc le jour fixé pour notre départ. Le lendemain 26, nous vîmes arriver une députation de Shibé venus de leur pays exprès pour nous voir. Ces Shibé habitent à une assez grande distance du pays Okanda, sur les bords de cette rivière Ofoué dont j'ai parlé plus haut : ils vinrent au nombre de huit, à peu près nus et n'ayant pour tout ornement que des plumes rouges de perroquet plantées dans les cheveux. Ils ont la réputation d'exceller dans l'art de la musique et de la chorégraphie, et aussitôt arrivés nous donnèrent une séance musicale et dansante. Ce sont des hommes superbes, les plus beaux que j'aie rencontrés dans l'Afrique équatoriale ; ils arrivent à tirer des sons très-harmonieux d'une sorte de mandoline fabriquée par eux, et leurs chants sont infiniment plus variés et plus mélodieux que ceux des autres nègres de ces régions : les Shibé ont une figure vraiment sympathique ; ils appellent de tous leurs vœux la venue des blancs, et je crois que l'explorateur qui viendra après nous, au cas où les Osyéba lui barreraient encore le passage de l'Ogooué, ferait très-bien de remonter le cours de la rivière Ofoué et de continuer ensuite son voyage par terre en prenant des Shibé pour porteurs. Nous fîmes quelques cadeaux à nos visiteurs et nous leur donnâmes l'assurance que, dans douze ou quinze lunes, des blancs viendraient visiter leur pays.

Le 28 mars, Chico vint tout consterné nous dire qu'il ne fallait plus compter sur Oréga, qui était parti le matin même pour le pays des Bakalais : la situation devenait intolérable ; j'avais les jambes couvertes de plaies horriblement douloureuses, il ne se passait pas de jour que nous n'eussions, Marche et moi, la fièvre accompagnée de forts vomissements ; en un mot, la vie s'en allait ; nous résolûmes de frapper un grand coup. Nous avions devant notre porte un gros baril de sel toujours hermétiquement fermé ; c'était toujours avec le plus grand mystère que nous y puisions pour y prendre la provision nécessaire à nos besoins journaliers, nous ne voulions pas initier les Okanda à la décroissance un peu rapide de nos richesses ; en ce moment, à leur insu, du reste, le baril était aux trois quarts vide, mais chaque fois qu'ils passaient devant, ils le regardaient avec la convoitise de ces pauvres mendiants qui, arrêtés devant la boutique d'un changeur, dévorent des yeux les trésors qu'elle renferme. Ils en profitaient du reste constamment, car tous les matins nous leur donnions du sel en échange de poules, de bananes, de bois, etc., etc.; aussi il était devenu évident pour nous qu'ils ne nous laisseraient pas partir de chez eux tant qu'il nous resterait une parcelle de cette précieuse denrée. Il fallait à toute force leur ôter cette tentation : nous convoquâmes un grand palabre à Lopé pour le 30 mars; dans la nuit du 29, vers onze heures, alors que tout dormait dans le village, nous nous relevâmes, Marche et moi; nous sortîmes de la barrique et nous cachâmes dans nos caisses tout l sel qui nous restait (il y en avait infiniment moins que ne le croyaient les noirs), et rassemblant toutes nos forces, nous roulâmes le tonneau maintenant vide jusqu'au bord de l'eau : après quoi nous le lançâmes dans l'Ogooué. Le lendemain, de très-bonne heure, les Okanda arrivaient en masse; ces bonnes gens, qui n'ont rien à faire du matin au soir, considèrent un palabre comme une fête oratoire à laquelle ils sont très-friands de prendre part. D'ailleurs, ils avaient toujours l'espoir de grappiller quelque chose sur nous : ils se rassemblèrent devant la porte de notre case, que nous laissions à dessein fermée; bientôt nous les entendîmes se demander à haute voix, puis crier de tous côtés : « *Isanga, isanga, éré goué?* Le sel, le sel, où est-il? » En ce moment, j'ouvris brusquement la porte, j'étais presque nu, afin de bien leur montrer mon corps décharné et les plaies de mes jambes : « *Isanga éré goaningo;* le sel est jeté à l'eau, » dis-je d'une voix sévère. Ils crurent d'abord à une mystification; mais les traces de la barrique roulée dans la direction du fleuve étaient encore visibles sur la terre humide : un instant, la stupeur leur coupa la parole ; puis, tous à la fois, levant les bras au ciel, se mirent à crier : « *Ntchani! ntchani!* » (Honte! honte!) L'incendie du ministère des finances par les communeux ne provoqua certes pas, chez les Parisiens, une plus grande explosion de colère que la destruction de notre barrique de sel chez ces nègres. « Okanda, leur dis-je alors, vous avez voulu nous retenir prisonniers chez vous, parce que vous espériez avoir notre sel et nos marchandises, mais je le jure par Magongo, — et je portai ma main droite sur mon épaule gauche[1], — à partir d'aujourd'hui nous n'achèterons plus rien de vous, et nous brûlerons ce qui nous reste plutôt que de vous en laisser profiter. Maintenant, regardez-moi ! je suis très-malade, je vais bientôt mourir : alors que diront les peuples qui vous environnent ? quelle nouvelle viendra jusqu'aux blancs ? la nouvelle que vous nous avez assassinés : alors aucun blanc ne mettra plus les pieds chez vous, jusqu'au jour où

---

[1] Le serment par Magongo équivaut, chez les Okanda, au serment pariâssi chez les Cama, lorsqu'en le faisant on accompagne ses paroles du geste consacré, qui consiste à porter la main à l'épaule gauche; c'est pour les noirs le plus solennel et le plus redoutable de tous les engagements.

leur chef, avec les gros fusils (njali mpolu), viendra chez vous pour tirer de notre mort une vengeance sanglante. Okanda, si vous me laissez mourir chez vous, les dieux et les hommes feront fondre sur vous des maux terribles. » — Ce discours produisit un effet immense : au fond, les Okanda ne sont pas méchants ; d'ailleurs, ils sentaient très-bien qu'ils étaient responsables de notre vie. Aussi ils m'entourèrent tous en me criant à qui mieux mieux : « Non, Compini, non, ne sois pas fâché, tu partiras bientôt pour ton pays, tu guériras ; nous ne voulons pas que rien arrive à nos blancs. — Eh bien, leur dis-je, délibérez ! et prenez les moyens nécessaires pour que tout cela finisse au plus tôt. » Malheureusement, aucun grand chef n'avait voulu assister au palabre, et il n'y avait dans l'assistance personne qui pût prendre le commandement de l'expédition : les hommes qui étaient là tinrent cependant conseil, et, après trois heures de palabre, l'un d'eux nous tint le langage suivant : « Lorsque notre roi Avélé est mort, plusieurs chefs puissants, tels qu'Owanga et N'Doundou, se sont partagé le commandement de notre pays; cependant Avélé laissait un fils : ce fils s'appelle Moïna; si tu veux le décider à se mettre à notre tête pour nous conduire chez les Gallois, nous le suivrons. » Naturellement, nous envoyâmes tout de suite des émissaires au fils d'Avélé, le priant de venir immédiatement. Il arriva dans la soirée ; durant deux heures, nous lui fîmes les plus belles promesses, lui disant que le cadeau que nous lui donnerions à Adanlinanlango lui permettrait d'être de nouveau un chef influent et de reprendre le pouvoir qu'avait jadis son père. Moïna promit tout ce que nous lui demandions et demanda sept jours pour rassembler son monde. Ces sept jours se passèrent pour nous dans une extrême anxiété. C'était notre dernier espoir ; si Moïna nous trompait comme les autres nous avaient trompés, ou même s'il ne pouvait réussir, nous ne voyions réellement plus d'issue à notre situation. Le temps nous parut horriblement long. Anatole, notre seule distraction, était trépassé phthisique après une longue agonie ; nous avions conservé ses restes mortels dans l'alcool, mais ses grimaces nous faisaient bien défaut. Je ne me levais plus et je n'avais d'autre passe-temps que de prendre, avec mon hôte Baïli, des leçons d'okanda : c'est une langue assez harmonieuse, elle est facile à apprendre quand on parle déjà le mpongwé, avec lequel elle offre de grandes similitudes ; cependant beaucoup des mots dont elle se compose dérivent du benga de Corisco, qui est évidemment aussi la source des langues apingi et okôta. Baïli mettait à m'instruire un zèle extraordinaire ; c'était un brave homme qui a été très-dévoué pour nous durant tout notre séjour à Lopé ; seulement, il a eu le tort de nous voler le jour de notre départ.

Le 6 au soir, nous eûmes la joie de voir arriver Moïna avec dix-huit Okanda ; leurs femmes apportaient des bananes et des provisions de route, et tous semblaient très-disposés à nous accompagner. Il fut convenu que le lendemain on les payerait et que le surlendemain nous partirions : le salaire à donner aux hommes serait d'un baril de poudre (4 livres), d'un couteau, deux brasses d'étoffe et des perles ; tout cela payable avant le départ. A Adanlinanlango, ils devaient recevoir un chaudron de sel ; ce chaudron de sel était naturellement pour eux d'une valeur inappréciable.

Le lendemain, arriva un grand féticheur, encore inconnu de nous ; c'était un vieillard à longue barbe blanche dont les cérémonies devaient, paraît-il, assurer le succès de notre voyage ; inutile de dire qu'il fallut aussi lui faire un cadeau. Nous eûmes aussi deux nouvelles recrues : l'un était cet Isingué qui m'avait conduit chez les Pahouins ; nous l'accueillîmes avec satisfaction, car il était très-intelligent et très-roué ; l'autre était le beau-frère de N'Doundou, celui qui avait tué le premier Osyéba le jour de notre déroute ; c'était un ivrogne et un bavard, dont nous avions eu souvent à nous plaindre ; aussi fallut-il les instances de tous ses camarades pour nous décider à l'accepter. Dans la soirée, tous les hommes reçurent le prix convenu et établirent leurs moustiquaires autour de nos

cases, afin d'être tout prêts à partir le lendemain. Ce jour-là, 9 avril, était celui qui devait, pensions-nous, voir le terme de nos maux; aussi nous ne pûmes fermer l'œil de la nuit; dès l'aurore, nous vîmes arriver des centaines d'Okanda qui venaient, disaient-ils, pour assister à notre départ. La grande pirogue qui devait nous emmener était toute prête sur le bord de l'eau : on commença tout de suite à y transporter nos bagages; chacun mettait un grand zèle à aider nos hommes, et au bout d'une heure tout était préparé. Chico s'installa dans la pirogue avec son petit esclave, et nous arrivâmes à notre tour pour nous y embarquer : à notre grand étonnement, aucun des piroguiers que nous avions payés et qui devaient nous guider n'était là; seuls, Moïna et le beau-frère de N'Doundou se tenaient près du bateau; tous deux semblaient fort agités. Nous demandâmes où étaient les autres, on nous répondit qu'ils faisaient une dernière cérémonie avant de partir; nous nous assîmes sur le sable en les attendant : une heure se passa, puis deux; nous étions à bout de patience; d'ailleurs, l'air ému de Moïna et de son compagnon nous montrait bien qu'il se passait quelque chose d'extraordinaire. « Qu'est-ce que tout cela signifie? cria tout à coup Marche à Moïna; sur ta tête, il faut que tu nous l'expliques.
— Cela signifie, balbutia Moïna, que les porteurs que vous avez payés se sont sauvés et que les

Okanda disent que personne d'entre eux ne vous conduira chez les Gallois, où ils seront maltraités ou vendus. » — Un instant, nous restâmes frappés de stupeur par cette réponse qui anéantissait nos espérances au moment où nous les croyions réalisées, puis une colère brutale s'empara de nous. « Eh bien, dîmes-nous tous deux à la fois, si nous devons mourir ici, nous n'y mourrons pas seuls. » Un instant, nous tînmes conseil; à quelques pas de la rive se trouvait une île de rochers, dans laquelle on pouvait se mettre à l'abri, comme dans une vraie forteresse. « C'est là, m'écriai-je, que nous allons désormais habiter. » Puis, me tournant vers le grand féticheur qui était là entouré d'une foule de noirs : « Ogâga, lui dis-je, et vous, Okanda, écoutez ceci : l'heure de la parole est passée, l'heure du sang va commencer; si, lorsque le soleil sera ici (je montrais le méridien du soleil, et il était environ huit heures et demie), nous n'avons pas seize hommes pour manœuvrer notre pirogue, nous déclarons la guerre aux Okanda. — Chaque matin, reprit Marche, nous descendrons dans la plaine et nous tuerons tous ceux que nous trouverons; vous connaissez le fusil qui a tué l'Osyéba; à vous de voir si vous voulez que je m'en serve contre vous. » — Marche aurait pu parler longtemps comme cela, il n'y avait déjà plus personne pour l'entendre : saisis d'une panique épouvantable, le féticheur et les Okanda, hommes, femmes et enfants, s'étaient sauvés à toutes jambes, et nous nous trouvâmes seuls vis-à-vis l'un de l'autre; je dis seul, parce que Chico et son esclave, couchés à plat ventre au fond de la pirogue, ne donnaient plus signe de vie. Nous mîmes alors nos carabines en bandoulière, et sûrs que les Okanda nous guettaient des rochers environnants, nous commençâmes à nous promener lentement de long en large, regardant de temps à autre le soleil comme pour attendre l'heure de commencer la guerre. Au bout de vingt minutes, nous vîmes paraître derrière un rocher la tête du grand féticheur qui, évidemment, voulait palabrer avec nous, mais il avait grand'peur que, dans un moment de vivacité, nous lui envoyions une balle dans le corps. Nous désirions du reste autant que lui arriver à un arrangement ; aussi je déposai ostensiblement ma carabine et j'allai à lui sans armes. « Tangani, me dit-il, tu as glacé mon peuple d'effroi. Les Okanda feront tout au monde pour ne pas avoir la guerre avec vous; je vais faire venir seize hommes qui vous conduiront où vous leur direz de vous mener; seulement, ceux que vous avez payés se sont enfuis au loin; ceux qui vont pagayer votre pirogue ne peuvent pas faire la route pour rien; il faut donc que vous leur donniez ce que vous aviez donné aux autres. — C'est bien, répondis-je, nous acceptons, seulement nous ne nous laisserons pas voler une seconde fois. Que ceux qui veulent venir avec nous arrivent ici avec leurs femmes : chacun d'eux, à son tour, montera dans notre pirogue ; nous donnerons immédiatement à lui ou à sa femme, comme il voudra, le prix qu'il doit toucher d'avance, mais une fois embarqué et payé, il ne mettra plus le pied à terre sous peine d'être tué par nous. » Le palabre fut ainsi réglé. Dix minutes après, les Okanda arrivaient de nouveau en foule, et, outre Moïna et le beau-frère de N'Doundou, quatorze hommes se présentèrent pour partir ; nous vîmes tout de suite que c'était le ramassis des plus mauvais garnements du pays, mais peu nous importait ; les choses se passèrent comme il avait été convenu. Chico avait ouvert une caisse de marchandises, et à mesure que chaque homme montait dans le bateau, lui payait son baril de poudre, son couteau, ses perles et ses étoffes qui, en général, étaient tout de suite transmis à sa femme. Marche et moi nous nous tenions de chaque côté du bateau, la carabine armée, pour empêcher qu'il ne prît à quelqu'un une velléité de se sauver ; quand le dernier homme fut embarqué et payé, nous sautâmes dans la pirogue et donnâmes l'ordre de pousser au large, ce qui fut fait. Un immense biambié (adieu) retentit sur le rivage ; nous agitâmes, en signe d'adieu, le pavillon français, et, emportés par le courant, nous commençâmes à des cendre le fleuve avec une rapidité vertigineuse. Il nous semblait qu'on avait enlevé de dessus notre cœur un poids énorme ; pendant une heure tout alla bien, nous franchimes sans encombre la porte de l'Okanda et nous atteignîmes bientôt le dernier village de ce pays. Il était deux heures et demie ; nos hommes, comme nous, du reste, n'avaient encore rien pris de la journée, ils nous demandèrent à s'arrêter pour déjeuner ; c'était naturel et nous fîmes halte au pied d'une petite colline qui se trouvait à quelques cents mètres de là ; on commença à allumer le feu et à faire cuire les bananes, quand tout à coup Chico nous montra deux de nos hommes gravissant la colline et se sauvant en courant ; tous les autres s'écrièrent qu'il fallait les rattraper ; évidemment ils allaient encore nous jouer un tour. Le désespoir nous donna des forces, nous coupâmes le chemin à nos hommes, et les couchant en joue nous les menaçâmes de faire feu sur eux s'ils n'allaient pas immédiatement regagner la pirogue : ils obéirent tout de suite, en nous jurant leurs grands dieux qu'ils avaient seulement voulu arrêter les fugitifs. Marche fit l'appel des hommes ; il n'en manquait que deux. Maintenant, dîmes-nous, sous aucun prétexte, personne ne débarquera plus sur les rives du fleuve. C'est sur les bancs de sable, au milieu de la rivière, qu'on s'arrêtera soit pour coucher, soit pour manger. Ce fut en effet sur un banc de sable que nous dînâmes et que nous passâmes la nuit. Vers huit heures, Chico se glissa tout effaré sous notre moustiquaire : « Ces messieurs, nous dit-il, les Okanda veulent se sauver cette nuit avec la pirogue et nous abandonner sur l'île. — Sois tranquille, Chico, répondîmes-nous, pour cela il faudrait qu'ils nous tuassent d'abord. » La lune brillait de tout son éclat ; nous fîmes, avec le pied, une ligne sur le sable, devant l'endroit auquel la pirogue était accostée, puis appelant tous nos hommes : « Okanda, leur dîmes-nous, toute la nuit l'un des deux blancs veillera ici ; le premier d'entre vous qui franchira sous un prétexte quelconque cette ligne que nous avons tracée sur le sable, et s'approchera de la pirogue est un homme mort. Quant à toi, dîmes-nous au beau-frère de N'Doundou, comme tu es le seul chef qui sois ici à présent (Moïna n'avait aucune influence sur les hommes), à la première tentative que fera un seul des Okanda qui est ici pour se sauver, nous te tuerons comme un chien ; tu es prévenu, arrange-toi. » Marche se mit immédiatement en sentinelle ; la carabine armée, le revolver à la ceinture, il se tenait debout devant la pirogue. Hors d'état de faire un quart régulier, nous nous relayions d'heure en heure : à partir de ce moment jusqu'à celui de notre arrivée à Sam-Quita, nous avons passé ainsi toutes les nuits. Il me souvient encore de ces longues heures dans les quelles, brisés par la fatigue, grelottant la fièvre, tourmentés par des vomissements continuels, il nous fallait cependant rester debout l'œil au guet, surveillant tous les mouvements des Okanda qui, couchés sur le sable, palabraient souvent jusqu'au lever du jour. Quelquefois l'un de nous, succombant à la fatigue, venait réveiller son compagnon et le prier, avant que son temps fût fini, de prendre la garde qu'il ne pouvait plus monter; mais c'était bien rare; en général, chacun de nous deux, quelles que fussent nos souffrances, tenait à honneur de rester jusqu'au bout à son poste.

Le 13, comme nous n'avions plus rien à manger, il fallut bien accoster la rive ; nous fîmes halte au pays des Apingi; seulement Marche resta dans la pirogue, et, le revolver à la main, je ne quittai pas un instant le beau-frère de N'Doundou qui, sachant qu'il jouait tout simplement sa tête, s'arrangea pour maintenir ses hommes sous sa main. Le beau-frère de N'Doundou, qu'à Lopé nous avions d'abord refusé d'emmener, nous a été précieux durant tout ce voyage. Le 15, nous arrivâmes aux premiers villages okôta : nous ne tenions pas du tout à nous fourrer dans les griffes du roi Edibé; nous voyant revenir vaincus, malades et escortés seulement par quelques hommes, il nous aurait probablement fait payer cher l'affront qu'il avait reçu de nous au mois de janvier. Le lecteur se rappelle qu'à cette époque nous avions un peu énergiquement forcé le passage qu'il voulait nous interdire. Nous eûmes soin de ne pas approcher du bord ; seulement nous ne pûmes y arriver qu'au prix des plus grands dangers, car nous faillîmes plusieurs fois chavirer dans les rapides.

Le 17 fut un grand jour pour nous ; dans la soirée, après un travail acharné de nos hommes, nous atteignîmes Sam-Quita : le hasard voulut que deux ou trois cents nègres Gallois, Inenga et Gabonais y fussent rassemblés pour traiter diverses affaires d'ivoire et de caoutchouc. Voyant arriver une pirogue surmontée du pavillon français, ils accoururent sur la rive, car tous ces gens-là sont essentiellement curieux. Digomi, le traitant Gabonais, dont nous avions reçu l'hospitalité au lac Oguémonen, nous reconnut le premier : « *I tangani Fala ! i tangani Fala !* (les blancs Français ! les blancs Français !) » se mit-il à crier comme un fou ; les autres ne voulaient pas en croire leurs yeux. Depuis longtemps le bruit s'était répandu que nous avions été tués et mis à la broche par les Osyéba. Quand nous eûmes mis pied à terre et que le doute ne leur fut plus possible, ils se mirent à pousser des exclamations si bruyantes et à faire un tel tapage, que nos Okanda, croyant à une démonstration hostile, voulaient pousser au large et s'enfuir. Une foule compacte se pressa tout de suite autour de nous et nous accabla de questions ; ce fut pour nous en ce moment une véritable émotion d'entendre Digomi et deux ou trois autres Gabonais nous parler français ; là se trouvait aussi notre ancien chasseur François, qui, en voyant Chico revenir bien portant, riche et possesseur d'un esclave, se mordit les lèvres de nous avoir abandonnés. Les honneurs de la soirée furent pour ledit Chico, dont le visage rayonnait de joie ; il dut raconter cent fois nos aventures merveilleuses, qui étaient naturellement accueillies par des Heu ! heu ! marques de la plus vive admiration ; quant à nous, nous priâmes Digomi de distribuer à l'assistance quelques gallons de rhum, remerciement obligé de ses démonstrations enthousiastes, puis de nous préparer au plus vite un endroit dans lequel nous pussions nous étendre pour passer la nuit paisiblement. Digomi nous donna sa chambre dans la factorerie, et, après avoir mangé un morceau de chèvre, présent de notre hôte, nous nous couchâmes : c'était la première fois depuis dix jours que nous pouvions reposer sous un toit, la première fois aussi que nous pouvions nous coucher tous les deux à la fois ; du reste, nous ne parvînmes pas à fermer l'œil cette nuit-là ; l'émotion et la joie d'être arrivés dans un endroit d'où nous étions à peu près sûrs de regagner la France nous tinrent éveillés pendant longtemps ; ensuite tous les noirs qui se trouvaient à Sam-Quita se grisèrent horriblement avec le rhum que nous avions fait distribuer, et firent un tapage épouvantable. Vers minuit, une rixe s'éleva entre les Gabonais qui étaient là et les Bakalais de Sam-Quita; des deux côtés on échangea des coups de matchette, et quand nous intervinmes, les deux partis rangés, en bataille et le fusil armé, allaient faire feu l'un sur l'autre. Nous eûmes toutes les peines du monde à les calmer un peu.

Au point du jour, nous nous mîmes en marche. Nos Okanda, pour nous faire oublier les torts qu'ils avaient eus à notre égard, travaillèrent avec une ardeur sans égale, et vers trois heures de l'après-midi nous atteignîmes la factorerie d'Adanlinanlango. Inutile de dire que Sinclair nous reçut à bras ouverts. Les Gallois étaient accourus en foule au devant de nous; mais nous fûmes tout de suite informés qu'ils nous avaient volés sur le payement qu'ils avaient reçu en arrivant, nous étions d'ailleurs indignés de tous les tours qu'ils nous avaient joués chez les Okanda; aussi nous refusâmes de leur adresser la parole, excepté pour leur dire que leur compte serait réglé au retour du *Marabout*, et que s'ils se permettaient de molester en quoi que ce soit nos Okanda, ils auraient immédiatement affaire à nous.

CHAPITRE VIII

L'INDUSTRIE ET LE COMMERCE

DANS L'AFRIQUE ÉQUATORIALE

Obligés de rester à Adanlinanlango. — La factorerie. — Coup d'œil sur l'industrie et le commerce de l'Afrique équatoriale. — L'ancienne manière de faire le commerce. — Aujourd'hui les blancs ont supprimé les intermédiaires. — Extension rapide du commerce. — Les négociants français sont restés en dehors du mouvement. — Les maisons anglaises, allemandes et écossaises. — La maison Hatton et Cookson, et la maison Francis Würmer. — Le commerce de l'Afrique équatoriale a quatre débouchés. — La rivière Mondah. — L'estuaire du Gabon. — Le Fernand-Vaz. — L'Ogooué. — Importance du commerce de l'Ogooué. — Le confluent de N'Gounié et de l'Ogooué est le quartier général de toutes les factoreries. — Produits qui s'achètent sur le fleuve. — On n'y récolte pas l'huile de palme et les arachides. — La cire. — La noix de golo. — Les peaux. — L'ébène. — Le caoutchouc. — L'ivoire. — Difficulté d'acheter l'ivoire. — Énumération des principaux articles qui composent un *paquet* d'ivoire. — Par chaque fusil donné pour une dent, on doit payer un nombre déterminé de tous ces articles sans exception. — Quelques détails sur la poudre, les étoffes, le rhum, les perles, etc., etc. — L'ivoire est infiniment meilleur marché à l'est de l'Afrique. — Conclusion. — Impossibilité pour un négociant de réussir au Gabon s'il n'a pas des capitaux considérables pour s'établir. — Arrivée de M. Shültz. — Un explorateur inexpérimenté. — Causes qui avaient retardé M. Shültz. — Nous partons avec lui sur le *Mpongwé*. — Nous arrivons dans un état piteux. — Accueil excellent. —

Naufrage de trois courriers consécutifs. — Nous nous décidons à gagner l'île du Prince pour prendre la ligne portugaise du Congo.

A la factorerie nous apprîmes, à notre grand regret, que, depuis le départ du *Marabout*, aucun vapeur n'avait remonté l'Ogooué, qu'à partir de ce moment il n'était venu aucune nouvelle du Gabon, et qu'on ignorait absolument quand *le Delta* ou tout autre vapeur reviendrait à Adanlinanlango. Dans l'état de notre santé il eût été insensé de tenter le voyage au Gabon en pirogue; il n'y avait donc qu'une chose à faire : prendre patience et s'installer à la factorerie en attendant une occasion plus favorable. Nous ne pûmes pas y faire bonne chère, malgré l'extrême bonne volonté de M. Sinclair; car les conserves, l'eau-de-vie, etc., étaient depuis longtemps épuisées, mais du moins nous pûmes nous reposer à notre aise, dans une bonne case bien abritée, avoir autour de nous des visages amis et être débarrassés de tous les tracas qui, dans la dernière partie de notre expédition, nous avaient certes fait autant de mal que les privations et la misère. Nous passâmes ainsi les jours dans un état de faiblesse et d'abattement que le temps ne nous parut même pas long ; je dormais en moyenne seize heures par jour. Notre seule distraction était de nous asseoir devant la factorerie et de regarder Sinclair traitant ses marchés avec les noirs qui, à

LA FACTORERIE.
Exposition des diverses marchandises avec lesquelles on vient de faire l'acquisition d'une grande dent d'éléphant.
Dessiné par M. Breton, d'après une photographie de Jonque.

cette époque, apportaient en grandes quantités l'ivoire et le caoutchouc : et puisque nous sommes en ce moment oisifs et inactifs à la factoterie, j'en profiterai pour consacrer quelques pages à l'industrie et au commerce de l'Afrique équatoriale, sujet intéressant pour beaucoup de nos lecteurs.

M. Duchaillu a donné dans son *Afrique équatoriale* des détails assez étendus sur le commerce qui se faisait de son temps au Gabon ou dans les pays environnants. Le commerce avait pour base à cette époque un vaste système de commission et d'intermédiaires ; les blancs confiaient des marchandises aux Gabonais et surtout aux habitants du cap Lopez; ceux-ci les portaient chez les Gallois ou chez les Fans, qui à leur tour allaient les échanger dans le pays des Okanda ou dans celui des Osyéba; l'ivoire, le caoutchouc et l'ébène que ces marchands étaient allés acheter revenaient de même en passant par quatre ou cinq tribus avant d'arriver jusqu'au négociant. M. Duchaillu a parfaitement fait ressortir les détestables résultats de ce système, qui, hâtons-nous de le dire, a été entièrement modifié, sinon changé dans ces derniers temps. Des maisons de commerce considérables, qui sont venues depuis quelques années s'établir au Gabon, ont par des cadeaux importants triomphé de la jalousie des peuples riverains de la côte qui leur interdisait l'accès de l'intérieur; au moyen de petits vapeurs d'un faible tirant d'eau, elles se sont avancées très-loin sur les grands fleuves et les lacs ; enfin, elles ont lancé dans l'intérieur un assez grand nombre d'agents blancs qui y ont établi partout des factoreries : autour de ces factoreries rayonnent une grande quantité de traitants noirs qui s'avancent plus ou moins dans l'intérieur ; ces traitants reviennent à des époques fixes, tous les mois ordinairement, rapporter les produits qu'ils ont acquis en échange des marchandises que leur a confiées la factorerie au prix courant du Gabon, c'est-à-dire fort cher. Au reste, les noirs de toutes les tribus savent aujourd'hui parfaitement où sont les factoreries, et y viennent eux-mêmes, souvent de distances très-éloignées, apporter leur ivoire et leur caoutchouc. L'intermédiaire est donc à peu près supprimé aujourd'hui.

C'est avec un profond regret que nous le constatons, dans cette extension qu'a prise le commerce de ces pays, dans ces progrès rapides qu'il a faits, la France n'a qu'une part très-minime. Les maisons allemandes, anglaises et écossaises tiennent entre leurs mains les affaires de notre colonie : deux de ces maisons, l'une anglaise, celle de Hatton et Cookson, représentée par M. Walker ; l'autre allemande, celle de Francis Würmer et Cie, représentée par M. Wolber, emportent à elles seules les trois quarts des produits de valeur (ivoire, ébène et caoutchouc) qui sont expédiés du Gabon. Une maison de Glascow, la maison Cooper et Cie, fait aussi des affaires considérables ; il y en a encore beaucoup d'autres de ces diverses nations qu'il serait long et inutile de citer ; il n'est pas jusqu'à un noir sénégalais, Kerno-Mahmadou-Seydiou, qui ne soit venu fonder sur la côte un grand établissement. En revanche, la France ne possède sur la côte qu'une maison sérieuse, la maison très-honorablement connue de M. Pilastre, du Havre. Les quatre ou cinq autres commerçants français qui sont au Gabon ont seulement un magasin de détail pour le débit de boissons principalement et expédient quelquefois du bois rouge en France, mais elles n'ont pas les ressources nécessaires pour acheter de l'ivoire. Les maisons Hatton et Cookson, et Francis Würmer, ont de grands vapeurs qui leur rapportent directement les marchandises d'Angleterre ou d'Allemagne et remportent les produits acquis à la côte occidentale ; chacune d'elles a aussi trois petits vapeurs chargés de faire le service des factoreries à l'intérieur. Les autres grandes maisons reçoivent ou expédient leurs produits en Europe par des voiliers et ont également de petits vapeurs pour les transmettre aux factoreries de l'intérieur. Quant aux petits négociants, ils sont obligés de faire venir leurs marchandises par le paquebot (*African-mailsship Company*), et, sans parler des nombreux naufrages qu'ils ont eu à subir, l'élévation exorbitante du taux du fret leur rend les bénéfices très-difficiles. Deux projets ont été conçus, l'un par M. Pilastre, l'autre par M. Almeida (de San Thomé), pour relier le Gabon à l'île du Prince, distante seulement de cent quarante milles; là viennent toucher les paquebots de Lisbonne au Congo, dont les tarifs sont infiniment plus abordables.

Le commerce, dans l'Afrique équatoriale, n'a guère que quatre débouchés, que nous allons successivement passer en revue.

1° La rivière Mondah : on y fait en grande quantité et d'une manière presque exclusive le commerce du bois rouge; il se paye vingt-cinq francs (en marchandises) les cent bûches. Sans doute, à cause des frais de transport et de son peu de valeur intrinsèque, le commerce du bois rouge n'est guère profitable à ceux qui le font. Il est à portée de tout le monde, car il ne faut, pour acheter du bois rouge, qu'un petit nombre d'articles, et non un assortiment complet comme pour faire des marchés d'ivoire; mais les maisons importantes le laissent entièrement de côté, et les quelques négociants qui s'y livrent s'en plaignent amèrement et à juste titre.

2° L'estuaire du Gabon : c'est, on le sait, sur les bords de l'estuaire du Gabon que se trouvent Libreville, chef-lieu de notre colonie, et Glasstown, résidence des négociants anglais et allemands. Dans les factoreries de Libreville et de Glass, on achète surtout l'ivoire qui y vient après avoir été porté par les noirs de factorerie en factorerie souvent pendant une année entière. A Libreville comme à Glass les prix sont très-peu rémunérateurs, en raison de la concurrence acharnée que les négociants s'y font entre eux. Ainsi, l'ivoire s'y achète au prix exorbitant de douze à quinze francs la livre payable en marchandises; ces marchandises sont représentées par cent trente articles différents, qui constituent le paquet d'ivoire dont je vais avoir occasion de parler. Le caoutchouc est monté en deux ans de quatre-vingt-dix centimes à un franc cinquante la livre, et tout en proportion. Comme nous avons eu, je crois, occasion de le dire, tous les produits qui sortent du Gabon sont grevés d'un droit de quatre pour cent *ad valorem* payable à la douane française.

3° Le Fernand-Vaz : M. Duchaillu a pénétré le premier sur le Fernand-Vaz; depuis cette époque on y compte cinq factoreries appartenant à MM. Pilastre, Hatton and Cookson, Cooper, Francis Würmer et Town's end. La factorerie de M. Pilastre est, si je puis m'exprimer ainsi, la sentinelle avancée du commerce dans ce pays; elle est établie au milieu du pays des Ashiras, à près de soixante lieues au delà des autres, sur le Rhemboë, fleuve qui vient se jeter dans le Fernand-Vaz. On exporte de cet estuaire un peu d'ivoire et beaucoup d'ébène et de caoutchouc. Malheureusement, l'esprit turbulent des Cama et le danger que présente la barre qui se trouve à l'embouchure du Fernand-Vaz, empêcheront toujours le commerce d'y trouver un débouché bien important. Les dernières nouvelles que j'ai reçues du Fernand-Vaz étaient du reste très-mauvaises : à la suite d'un démêlé assez violent surgi entre M. Chills, agent de MM. Hatton et Cookson, et un chef du pays, les Cama avaient pillé plusieurs factoreries, et tous les blancs, réfugiés dans l'île de Sea-Forth, y soutenaient contre eux un siége en règle. On attendait avec angoisse l'intervention du *Marabout*. Nous avons au Fernand-Vaz une douane dont l'agent est un quartier-maître de la marine, et qui est établie dans les mêmes conditions et au même tarif que celle du Gabon.

4° L'Ogooué : le principal débouché du commerce de l'Afrique équatoriale est sans contredit l'Ogooué. Comme aujourd'hui il se fait plus d'affaires sur l'Ogooué seul que sur la rivière Mondah, l'estuaire du Gabon et le Fernand-Vaz réunis; comme on y trafique de tous les produits qui sont exportés du Gabon et des pays environnants, comme enfin ce trafic se fait de la même manière partout, je vais m'attacher à décrire plus sommairement, quoique toujours d'une manière succincte, le commerce tel que je l'ai vu faire sur l'Ogooué.

Le fleuve Ogooué, inconnu il y a six ou sept ans, inaccessible aux négociants jusqu'en 1870, est aujourd'hui un centre d'affaires très-actif et très-animé. Les lecteurs qui ont suivi le récit de mes voyages, savent déjà que le quartier général des principaux négociants a été établi à Adanlinanlango, cent soixante milles environ plus haut que l'embouchure du fleuve. J'ai déjà eu occasion de faire valoir l'admirable situation de ce point au confluent du N'Gouniés et de l'Ogooué, à une journée de pirogue du lac Z'Onangué, Azingo, Isanga, etc. J'ai déjà parlé de la factorerie de MM. Hatton et Cookson et de celle de M. Würmer. Il y en a encore une autre, celle de M. Holt, de Liverpool. Chacune de ces maisons a, durant la saison des pluies, seule saison où ils puissent remonter l'Ogooué, des vapeurs constamment occupés à remorquer d'énormes chalands de marchandises. On aura une idée de l'importance des affaires qu'elles font, quand on saura que la seule maison Hatton et Cookson exporte par mois environ vingt mille livres de caoutchouc (l'ivoire et l'ébène en conséquence). De chacune de ces grandes factoreries dépendent une quantité de petits magasins tenus souvent à des distances considérables par des traitants nègres autour des grands lacs et dans le haut du fleuve. Ces détails donnés sur l'installation des diverses factoreries, il nous reste à examiner quels sont les produits qu'elles exportent, dans quelles conditions et au moyen de quelles marchandises elles se les procurent.

L'huile de palme (en mpongwé, *ogâli*) se trouve en petite quantité sur l'Ogooué comme sur les autres points de la côte occidentale de l'Afrique équatoriale : les noirs n'en récoltent que ce qu'il en faut pour les apprêts de leur nourriture. Cette denrée précieuse, l'âme et la richesse du commerce à Bonny, Brass, au Calabar, au Camérons et aussi dans les provinces du sud, Embryse, Banana, Loanda, etc., est complétement négligée au Gabon ; l'arachide, objet d'un trafic immense au Sénégal et dans certaines parties du Congo, n'est aussi cultivée dans l'Afrique équatoriale que pour la consommation journalière des indigènes. Les seuls objets d'exportation sont donc : le bois rouge, la cire, la noix de golo, les peaux de bêtes, et surtout l'ébène, le caoutchouc et l'ivoire.

J'ai déjà parlé du bois rouge (*oïngo*) ; au reste, on le laisse entièrement de côté dans l'Ogooué.

La cire (*nponga*) n'est guère récoltée que par les Bakalais ; ils l'apportent généralement par pains de deux ou trois livres très-peu raffinés, car il y a certainement dedans autant d'abeilles que de cire ; ils ne semblent pas du reste y attacher une grande valeur, et acceptent avec empressement tout ce qu'on veut leur donner en échange.

La noix de golo (*gourou*) ne s'exporte qu'en petite quantité, elle est surtout destinée aux noirs du haut Sénégal et du haut Niger ; c'est un fruit très-amer, qui, au dire des Africains, a des propriétés merveilleuses pour apaiser la faim, étancher la soif et donner bon goût à l'eau la plus nauséabonde ; dans certaines parties du Soudan, de l'Achanti et du Foutah sénégalais, elle est si prisée des habitants qu'on la pèse contre la poudre d'or. La noix de golo est abondante sur les bords de l'Ogooué, et certains chefs, le roi Rénoqué, par exemple, la mâchonnent constamment comme les Indiens le bétel.

Les peaux de bêtes ne sauraient, vu leur petite quantité, faire l'objet d'un commerce sérieux : celles des tigres, ou plutôt des panthères, sont assez abondantes ; mais les noirs, qui s'en font des baudriers et d'autres ornements de guerre, y attachent un prix qui ne permet guère de les acheter avec bénéfice ; on exporte pourtant une assez grande quantité de peaux de singes, mais, parmi celles-là, la peau du singe noir à longs poils (*satanus colubus*) a seule une valeur réelle.

L'arbre dont on tire le bois d'ébène (*evila*) croît en grande quantité dans tous les pays qui avoisinent l'Ogooué, spécialement sur les bords des lacs Ziélé, Oguémouen et Azingo. Les Pahouins qui habitent les bords du lac Azingo s'adonnent presque exclusivement à ce commerce, et, dans une seule année, le Sénégalais Yousouf, agent de M. Walker, en a acheté plus de cent mille bûches. On paye généralement l'ébène un prix très-modique. Les sept bûches coûtent cinq francs en marchandises : ces marchandises sont la poudre, la guinée, les étoffes anglaises, les perles, le tabac, des barres de cuivre, etc. Ordinairement, on ne donne pour l'ébène ni fusils ni neptunes. Les bûches doivent avoir une longueur minimum de quatre-vingts à quatre-vingt-dix centimètres. Aujourd'hui, les noirs ne veulent plus les couper aussi épaisses qu'auparavant ; néanmoins, ce commerce est encore, pour ceux qui disposent de moyens de transport suffisants, considéré comme lucratif, moins cependant que celui du caoutchouc, la vraie richesse de ces pays. Le caoutchouc (*dambo*) se récolte aujourd'hui en quantités immenses et semble inépuisable, malgré les procédés destructeurs des Pahouins, qui coupent toutes les lianes au lieu de se contenter d'y pratiquer une incision pour en extraire le suc; on sait, en effet, que le caoutchouc d'Afrique est un suc laiteux produit par une sorte de vigne qui enlace un grand nombre d'arbres ; cette vigne a des feuilles oblongues, dures et d'un vert foncé, elle porte un gros fruit assez semblable à une grenade, et dont la chair est enveloppée d'une écorce très-dure et renferme beaucoup de noyaux; cette chair a un goût assez sucré, quoique très-fade; tous les singes et pas mal de nègres la mangent volontiers. Dans l'Afrique équatoriale, le caoutchouc est pétri en boules qui doivent avoir la grosseur du poing, et non en galettes de vingt-cinq livres, comme je l'ai vu préparer dans le Nicaragua. On a toutes les peines du monde à empêcher les noirs d'y joindre de la terre et autres matières étrangères pour en augmenter subrepticement le poids.

Tout le monde peut acheter du caoutchouc comme de l'ébène, il suffit d'avoir soit des étoffes, soit du tabac, soit des perles, soit une autre marchandise en usage dans le pays; aussi ce commerce est facile, et une foule de traitants vont dans l'intérieur en chercher pour le compte des factoreries. Les choses ne se passent pas ainsi quand il s'agit de l'ivoire (*mpoungi*); il faut une factorerie parfaitement assortie et ayant un agent très-expérimenté. Il y avait, au moment de notre séjour au Gabon, plus de six mille livres d'ivoire appartenant, bien entendu, à une foule de propriétaires différents qui, depuis deux ans, se promenaient du Gabon à l'Ogooué, de l'Ogooué au Fernand-Vaz et du Fernand-Vaz au Gabon, sans que les négociants aient pu les acheter : c'est que, pour réussir ces marchés d'ivoire, il faut la patience d'un pêcheur à la ligne et la rouerie d'un Indien. Quand les noirs apportent une belle défense d'ivoire à une factorerie, ils sont toujours très-nombreux, cinquante ou soixante, dont quarante-cinq au moins n'ont aucun intérêt dans l'affaire ; le gérant doit d'abord leur montrer tout ce que contient le magasin ; une seule des marchandises qu'ils demandent manque-t-elle, toute la bande s'en va pour ne plus revenir : l'étalage est-il au complet, elle campe auprès de la factorerie pour *palabrer* l'affaire tout à loisir : après avoir longtemps délibéré, des onéros viennent annoncer le prix que demandent les propriétaires de la dent pour leur ivoire ; ce prix est toujours dix fois supérieur à la valeur de l'ivoire ; naturellement, le gérant de la factorerie refuse ; les onéros s'en vont alors, jurant qu'ils ne peuvent pas en rabattre d'une feuille de tabac ; ils reviennent cependant le lendemain et diminuent quelque chose de leurs prétentions, et ainsi de suite pendant quinze jours ; au bout de ce temps, ordinairement, leurs conditions ne sont pas très-éloignées de celles que fait le blanc : celui-ci propose une distribution générale de rhum, et l'affaire est déclarée conclue. On procède alors au payement du *paquet d'ivoire*. J'ai dit qu'un paquet d'ivoire se composait d'un grand nombre de marchandises différentes, nous allons passer en revue les principales.

1° Le fusil (*njali*) est, comme j'ai eu l'occasion de l'expliquer, l'objet principal du paquet, celui qui règle la quantité d'autres objets qui doivent être payés : on en donne généralement un par quatre livres d'ivoire : ces fusils sont fabriqués à Birmingham, où ils coûtent dix francs; au Gabon, on les vend vingt francs aux noirs : si l'on considère les frais de transport et le nombre considérable de fusils brisés ou avariés que renferme chaque lot venu d'Angleterre, c'est, au point de vue des bénéfices du commerçant, un mauvais article. Je dois dire que c'est un grand sujet d'étonnement pour moi de voir les services que peuvent rendre des armes fabriquées à un pareil prix ; malgré les charges énormes qu'y mettent les noirs, elles n'éclatent presque jamais; elles portent assez loin, et, entre les mains d'un bon tireur, sont fort redoutables.

2° La poudre (*mpira*); un fusil entraîne après lui, dans un paquet d'ivoire, au moins deux barils de poudre ; la poudre se vend en petits barils de quatre livres, qui se laissent aux noirs au prix de sept francs cinquante centimes, et de huit livres, qu'on cède pour quatorze francs ; le prix de la poudre est uniforme au Gabon, sur l'Ogooué et partout ailleurs dans l'Afrique équatoriale. Les négociants considèrent aussi la poudre comme un mauvais article, bien qu'ils en vendent chaque mois plusieurs milliers de barils.

3° Les neptunes (*signéné*) : on donne aussi deux neptunes par fusil ; le neptune est un grand bassin de cuivre qui revient en Angleterre à sept francs cinquante centimes; les noirs en sont grands amateurs, car le neptune est un objet essentiel dans la dot d'une femme ; on les leur vend trois piastres, c'est-à-dire quinze francs. Le grand avantage des neptunes est qu'ils ne sont susceptibles d'aucune détérioration.

4° Les étoffes (*inamba*) : on en paye dans un paquet en moyenne huit brasses par fusil; la brasse se mesure en prenant dans une pièce la largeur que comportent les deux bras du vendeur étendus; les étoffes viennent habituellement de Manchester. On ne saurait croire quelle immense variété on en importe annuellement dans l'Afrique équatoriale; celles qu'on vend près de la côte doivent être de belle et bonne qualité, autrement les noirs n'en veulent plus; à mesure qu'on avance vers l'intérieur, on écoule des tissus plus communs; le prix des deux brasses d'étoffe est presque uniformément fixé pour les indigènes à une piastre, soit cinq francs.

5° Le rhum (*alougou*); il en faut énormément chez les Gabonais, les Gallois, les Inenga, les Bakalais, les Cama, etc.; aussi les tonneaux de rhum sont-ils le chargement principal de tous les bateaux qui remontent la rivière ; il est très-difficile d'y mettre de l'eau sans que les nègres s'en aperçoivent; on les vend en *mbouté mpolu*, c'est-à-dire en bouteilles ordinaires, et en *mbouté compini;* ces *mbouté compini* ont été inventées par la Compagnie hollandaise, lorsqu'elle avait une factorerie au Gabon; chacune d'elles a la forme de petits flacons d'eau de Cologne (il en faut cinq pour remplir un litre) et se vend un franc aux noirs. Le rhum de traite s'obtient en mettant un peu de caramel dans l'alcool à quarante-cinq degrés ; il revient à un peu moins d'un franc le litre ; c'est par conséquent un excellent produit, question de conscience à part.

Si on donne quatre *mbouté mpolu* de rhum par fusil, il faut toujours y ajouter une bouteille de gin, une bouteille de liqueur et une bouteille de ginger-wine ; le gin s'importe par quantités colossales ; il provient presque en entier d'une maison de Hambourg qui a une ancre pour marque de fabrique ; il coûte cinq francs les douze bouteilles et est compté, au prix de l'Ogooué, deux francs la bouteille. La bouteille de liqueur est une bouteille *compini*, c'est-à-dire de la taille d'un de ces flacons dans lesquels on vend l'eau de Cologne ; elle provient de Bordeaux sous le titre pompeux de liqueur extra-fine ; son goût sucré la fait beaucoup rechercher de ces dames galloises et inenga ; on la vend deux francs tout comme le ginger-wine ou vin de gingembre, autre produit très-goûté dans tous ces pays, où il a été cependant récemment introduit.

7° Après l'*alougou* et les autres boissons, vient, dans un paquet d'ivoire, le tabac (*itaco*). Le tabac est moins prisé sur l'Ogooué qu'au Fernand-Vaz ; néanmoins, il s'en fait encore une assez grande consommation ; les négociants le font venir d'Amérique, et il leur coûte, tous frais payés, un franc quatre-vingt centimes les dix têtes ; au Gabon, on le vend aux noirs cinquante centimes la tête, et dans l'Ogooué et sur le Fernand-Vaz, un franc la tête.

8° Les perles (*ilonda*) sont encore un des objets essentiels du paquet d'ivoire : on les vend toujours un franc la masse (un quart de livre environ), bien que les prix de revient soient très-différents, car il y a un grand nombre d'espèces de perles en usage sur la côte occidentale : les plus prisées sont celles dites *loango rouge, amber colliers, black colliers, et see beeds ;* les Pahoüins et les Osyéba, comme les Niams-Niams de l'est de l'Afrique, n'apprécient guère qu'une très-grosse espèce de perles en verre bleu connue sous le nom d'anneaux du Sénégal.

9° Les couteaux (*ishuaka*) sont très-demandés et rapportent beaucoup aux négociants ; la maison Hatton et Cookson fabrique elle-même ceux qu'elle envoie en Afrique, et ils ne lui reviennent qu'à trente centimes ; les couteaux se vendent uniformément deux francs.

10° Les matchettes. Les matchettes sont en tout point semblables d'apparence à ceux qui sont en usage chez les Indiens et chez les Américains du Sud, mais ils sont de très-mauvaise qualité et ne coûtent pas plus de douze sous en fabrique ; on les compte pour deux francs cinquante aux noirs.

11° Les barrettes de cuivre et d'airain (*issassa*), dont les femmes et même les hommes se font des bracelets et des anneaux pour les jambes ; cet article est très-demandé et très-avantageux; le prix varie suivant l'épaisseur et la grosseur des barrettes.

12° Le plomb (*shumbu*) se vend par morceaux de deux livres à un franc la livre; les indigènes ne l'emploient guère que pour leurs filets, car ils préfèrent charger leurs fusils avec du fer ou des morceaux de barrettes de cuivre.

13° Les marmites (*itchuana*); il en faut de deux grandeurs.

14° Le chaudron en cuivre (*olombo*); il se vend au moins douze francs cinquante centimes.

15° Le sel (*izenga*); un chaudron de sel vaut déjà cinq francs au confluent de l'Ogooué; plus haut, il prend, ainsi que nous l'avons expliqué, une valeur incalculable.

16° La vaisselle : les assiettes (*pélé*), qui coûtent dix centimes, se vendent un franc; les cruches, les pots, etc., en proportion.

17° Le chapeau haute forme (*épocolo*); c'est en général un présent réservé aux rois, qui seuls ont le droit de le porter.

18° Le bonnet de laine rouge (*ipaka*), qui vaut quinze centimes et qui se vend deux francs.

19° La parfumerie; excessivement recherchée de ces dames; nous recommandons tout spécialement une odeur venue de France, sous le nom pompeux d'eau de lavande de la famille impériale; c'est horrible.

20° Les pierres à fusil (*ado*) ; on en donne jusqu'à vingt par fusil dans un paquet d'ivoire.

21° Les ciseaux (*tchéra*), rasoirs (*oënda*), aiguilles (*ntombo*), peignes, etc., etc. Je ne puis pas tout énumérer, car, dans l'Ogooué, un paquet d'ivoire, ou *ivory bundle,* se compose de plus de soixante articles ; au Gabon il y en a cent quarante.

Je le répète, chaque fusil accordé pour une dent d'ivoire implique, sans qu'il soit besoin d'en parler, tous les objets que je viens d'énumérer, et d'autres encore, dans une quantité déterminée et invariable. Si donc le négociant offre dix fusils d'une défense, il sait parfaitement qu'avec ces dix fusils il lui faudra payer vingt barils de poudre, quarante brasses d'étoffe, quarante bouteilles de rhum, dix bouteilles de gin, etc., etc. ; en somme, l'ivoire se paye, dans l'Ogooué, plus de 50 pour cent de la valeur qu'il a en Angleterre et en France, et, au Gabon même, 75 pour 100 de cette valeur. Ces prix, qu'ont amenés une concurrence regrettable, sont par conséquent absolument différents de ceux qu'on donne pour l'ivoire à l'est de l'Afrique équatoriale ; à Kartoum même, on l'acquiert facilement pour le quart de ce qu'il vaut sur la place européenne.

Et, pour tirer une conclusion pratique de ces longs détails sur le commerce et l'industrie de l'Afrique équatoriale, je dirai qu'*aujourd'hui, un*

*négociant qui veut s'expatrier et s'établir en pays
lointain, ne doit pas venir au Gabon et même à
l'Ogooué, à moins qu'il ne dispose de capitaux
considérables;* sinon, il serait à coup sûr écrasé
par la concurrence des grandes maisons anglaises,
allemandes et écossaises déjà établies dans ce pays.
C'est avec un vif regret que je me vois obligé de
donner ces conseils vis-à-vis d'une colonie française,
et à la prospérité de laquelle je porte un très-grand
intérêt, mais je me suis fait un devoir d'apporter
dans ce récit une franchise absolue; d'ailleurs, j'ai
vu, au Gabon, plusieurs de nos compatriotes qui y
sont venus attirés par des récits menteurs et des
exagérations trompeuses; après des années de labeurs incessants, je les ai trouvés ayant perdu tout
le petit pécule qu'ils y avaient apporté et obligés de
repartir la bourse vide et la santé ruinée pour toujours; en revanche, je défie qu'on me cite un
exemple, au Gabon, d'un seul homme qui, arrivé
avec des ressources minimes, y ait fait fortune.
Dans ces conditions, c'est un devoir de conscience
de dire hautement la vérité : il y a assez, en dehors
du Gabon, de terres moins éloignées et moins insalubres où l'on puisse faire une fortune honorable [1].

---

[1] A l'heure qu'il est, j'apprends que la maison Pilastre elle-
même liquide ses marchandises et se décide à quitter le Gabon;
cette maison, placée sous tous les rapports dans des conditions
excellentes, connaissant à fond le terrain où elle est établie

Le 9 mai, le bruit se répandit parmi les noirs que le vapeur de M. Shültz [1] arrivait ; M. Shültz, agent de la richissime maison Würmer, de Hambourg, a le premier établi à Adanlinanlango une factorerie qu'il faisait desservir régulièrement par un excellent petit vapeur ; malheureusement, quelques mois auparavant son mécanicien, complétement ivre, avait de sa main mis le feu au *Mpongwé* (c'était le nom de ce bateau) ; après avoir exécuté ce bel exploit, il se mit à danser au milieu de l'incendie une danse infernale et à tirer des coups de carabine sur les Kroumans qui voulaient éteindre le feu. Le désastre eût été complet si ce pochard sinistre n'était tombé à l'eau ; mais heureusement un pas trop accentué l'envoya par-dessus le bord, et grâce au dévouement des Kroumans, on put sauver l'homme et le bâtiment ; seulement tous deux avaient des avaries très-graves ; l'un fut mis à l'hôpital, et l'autre en réparation au Gabon. M. Shültz crut d'abord que le vapeur serait au bout de six semaines en état de reprendre son service, mais six mois se passèrent avant qu'on ait pu recevoir d'Angleterre les pièces à remplacer, et faire les réparations nécessaires. Depuis ce temps les Gallois, et surtout les Gabonais

depuis trente ans, ne peut plus réaliser aucun bénéfice : c'est la plus éclatante confirmation de ce que je viens d'écrire.

[1] M. Schültz est, avec M. Walker, le seul blanc qui se soit avant nous, avancé jusqu'à Lopé.

employés par M. Shültz à Adanlinanlango, attendirent tous les jours l'*Owarotoutou*, bateau à fumée de M. Shültz, et, sans doute pour charmer les loisirs de l'attente, ils annonçaient régulièrement deux fois par semaine son arrivée. On comprend que, dans ces circonstances, lorsque les hommes de M. Shültz se précipitèrent dans la factorerie en criant à tue-tête que le vapeur de ce négociant était à l'entrée de la rivière Ojougaviza, et serait dans la nuit à Adanlinanlango, nous les accueillimes avec une parfaite incrédulité; à notre profond étonnement cependant la nouvelle se trouva vraie; vers trois heures du matin nous fûmes réveillés par le bruit du tamtam, des coups de fusil et des chants joyeux qui saluaient l'arrivée du vapeur. Aussitôt que le jour fut paru, nous allâmes saluer M. Shültz, qui nous reçut avec une extrême cordialité et nous offrit de nous prendre à son bord pour nous ramener au Gabon, pour lequel il devait repartir après huit jours de séjour à Adanlinanlango; nous acceptâmes avec enthousiasme.

Durant ces huit jours, les derniers que nous ayons passés dans ce pays, nous eûmes la distraction d'une société fort agréable pour nous. M. Shültz avait amené sur le *Mpongwé* un gentilhomme allemand, le baron de Kopenfelz, qui venait à Adanlinanlango comme nous y étions venus l'année précédente, pour y faire des collections d'histoire naturelle. Un grand chagrin, la perte de sa jeune femme qu'il aimait beaucoup, l'avait poussé à s'expatrier pour cette terre lointaine. Nous vîmes avec une vraie compassion cet homme aimable et instruit, mais sans expérience aucune des voyages, s'engager seul dans l'un des plus mauvais pays du monde; aussi nous mîmes tout en œuvre pour lui faciliter par nos conseils et nos renseignements la tâche qu'il allait entreprendre. Il en parut reconnaissant, mais il ne put se servir des instructions que nous lui avions données; dès les premiers jours de son arrivée il tomba malade, et après avoir lutté longtemps avec énergie, après avoir passé trois mois étendu sur son lit de souffrance à Adanlinanlango, il dut employer le peu de forces qui lui restaient à regagner au plus vite le paquebot d'Europe.

Le 11 mai, nous prîmes congé de l'excellent Sinclair, qui nous avait soignés avec un véritable dévouement, et nous nous embarquâmes avec un sentiment de joie facile à comprendre sur le vapeur avec lequel nous devions regagner le Gabon. Le 15, nous arrivâmes au cap Lopez, où M. Sbültz avait une factorerie; nous y restâmes trois jours, car M. Shültz avait divers palabres à y régler.

Les Cama se montrèrent, dans diverses affaires que ce négociant traita avec eux, d'une extrême insolence, et cependant M. Shültz est certes l'homme le plus populaire au milieu des noirs depuis le cap

Lopez jusqu'au pays des Gallois. Grâce à sa patience cependant, tout finit par s'arranger; le 18, nous gagnions le large et nous mettions le cap sur le Gabon; nous entrâmes dans l'estuaire le 19, vers dix heures du soir; la mer était extrêmement houleuse; nous dûmes jeter l'ancre à quelques mètres de la *Cordelière* pour attendre la visite de la santé et de la douane; aussi nous passâmes la nuit à rouler horriblement. Le lendemain, au jour, le docteur Cabas, une ancienne connaissance à nous, arriva pour inspecter le bateau : il resta stupéfait en nous apercevant, et nous entraîna aussitôt à bord. Mon entrée sur la *Cordelière* ne fut pas brillante; j'étais nu-pieds, en haillons et me traînant à peine; aussi les matelots qui avaient été renouvelés depuis notre départ me virent avec un grand étonnement prendre, sans me tromper, le chemin qui menait au carré d'officiers. Il y avait beaucoup de nouveau à bord : les officiers qui avaient été si aimables pour nous, MM. Testard et Coffinières, étaient retournés en France; mais leurs remplaçants, MM. Letroquère et de Lansac, nous accueillirent comme de vieux amis. M. Legrand était aussi reparti; le pauvre médecin principal qui le remplaçait avait succombé à la maladie quelques jours après son arrivée au Gabon, et maintenant c'était M. le docteur Pujot, homme d'un grand cœur et d'un grand mérite, qui faisait ses fonctions. — Diable ! dit M. Pujot en m'examinant, vous êtes rudement touché, mais enfin, nous vous en tirerons. Naturellement nous reprimes nos chambres à l'hôpital, et après avoir bu du vin et mangé du pain et des œufs, nous nous installâmes dans un vrai lit, entre deux draps blancs.

On le comprendra sans peine, notre première pensée, à peine arrivés à bord, avait été pour notre courrier d'Europe ; nous étions ardemment impatients d'avoir des nouvelles de ceux que nous aimions là-bas. Les officiers nous firent la gracieuseté de faire immédiatement armer une embarcation, et d'envoyer chercher nos lettres à la mission où elles étaient adressées ; mais ils nous prévinrent qu'il fallait nous attendre à de grandes déceptions. Une fatalité implacable semblait peser sur les paquebots du *Royal mail African steamship Company* qui fait le service de la côte occidentale d'Afrique. Quatre d'entre eux avaient fait naufrage de suite. Le premier était le *Nigritia,* qui comptait parmi ses passagers le docteur Güsfelds, chef de l'expédition llemande pour l'exploration du Congo, M. Gustave Pilastre, représentant de la maison E. Pilastre, et le R. P. Leberre, supérieur de la mission : il toucha sur des rochers à l'entrée de Sierra-Leone ; on parvint à grand'peine à sauver les passagers, mais la cargaison et le courrier furent engloutis. Le dernier était le *Liberia,* qui, comme nous l'avons appris depuis, s'est perdu, corps et biens, dans le golfe de

Gascogne. Il avait à bord un charmant jeune homme que nous avons tous connu et aimé au Gabon, M. Paul Pilastre, qui venait remplacer son frère Gustave, dont la santé était fort ébranlée. La mort de M. Paul Pilastre a été un coup horrible pour une famille déjà cruellement éprouvée par la perte récente de plusieurs de ses membres. En ce moment son frère et nous tous ignorions encore ce désastre; mais la plus grande inquiétude pesait sur la colonie; sans nouvelles d'Europe depuis quatre mois, elle se persuadait qu'aucun paquebot ne toucherait plus au Gabon. Dans ces conditions, la question de savoir quand et comment nous pourrions repartir pour la France devenait pour nous un problème à peu près insoluble; nous ne nous en préoccupâmes pas. Nous étions si bien à bord, entourés de soins et de prévenances de toute sorte ; cette vie calme et confortable succédait à une si longue série d'orages et de souffrances, que nous jouissions du moment présent sans nous inquiéter de l'avenir ; nous étions très-heureux comme cela. Marche, dont la santé avait été moins ébranlée que la mienne, se trouva au bout de quelques jours en état de retourner à terre, où il profita de l'aimable hospitalité que lui avait offerte M. G. Pilastre[1]. Au reste, peu de temps

---

[1] Dans un précédent chapitre, en racontant notre traversée du cap Lopez au Gabon, j'ai parlé d'un M. P... sur le bateau

après, M. G. Pilastre, sérieusement malade, venait remplacer dans notre chambre le lit qui était vacant à côté du mien ; trois semaines se passèrent ainsi ; mes forces faisaient des progrès surprenants, mon appétit stupéfiait le docteur, et je serais retourné à terre si ces messieurs n'avaient tenu à me donner une marque de sympathie de plus en me gardant au carré des officiers.

duquel nous avons fait le voyage; ce n'est nullement de M. Pilastre qu'il s'agissait.

CHAPITRE IX

LE RETOUR EN FRANCE.

Nous nous décidons à gagner l'île du Prince. — Adieux à la *Cordelière*. — Embarqués sur l'*Alice*, ex-*Vernon-Croissy*. — La rade de San Antonio. — Un fort pour rire. — La douane portugaise. — Entrée peu triomphale dans la ville. — Excellent accueil de M. de Bettencourt. — Nous transformons son salon en hôpital. — Un docteur de Macao. — Nègres et propriétaires de nègres. — Des esclaves bien coupables. — Les engagements libres en 1878. — Ils donneront un nouvel essor à la traite des noirs. — Condition des esclaves à l'île du Principe. — San Antonio. — Une ville morte. — Les *padre* noirs. — Superstitions des habitants. — La procession de la Fête-Dieu. — Un perruquier assassin. — Le paquebot arrive du Congo. — A bord du *Benguela*. — Nous y faisons triste figure. — Un communard. — Une ménagerie à l'avant. — Un hôpital à l'arrière. — Le pharmacien, son nez et sa flûte. — Corinne et sa harpe. — El señor commandador Yacinto Carnero de Souza y Almeida. — Une table mal servie. — Les voraces. — Le mécanicien anglais du *Benguela*. — Vengeance et mystification. — Les îles du cap Vert. — Santiago. — Saint-Vincent. — Mort de Silva. — On lui rend les derniers honneurs. — Amélioration générale dans la santé. — Madère. — Une orgie de fruits et de glaces. — La légende de Machin. — De la poésie à la vie réelle. — Les vignobles de Madère, leur situation actuelle. — Arrivée à Lisbonne. — Adieux au lecteur.

Vers cette époque, Pilastre fut cruellement éprouvé par un commencement de fièvre bilieuse, maladie terrible qui pardonne rarement dans ces climats; aussitôt qu'il se trouva un peu mieux, il éprouva un vif besoin et un ardent désir de retourner en France. Ne pouvant se résigner à attendre l'arrivée maintenant fort douteuse du paquebot anglais, il se décida à gagner l'île du Prince, sur une goëlette à lui appartenant, et à prendre le paquebot portugais qui y fait escale en se rendant de Saint-Paul de Loanda (Congo) à Lisbonne : il nous proposa de profiter de l'occasion pour faire route avec lui; inutile de dire que nous acceptâmes avec joie. Le paquebot portugais touchait à l'île du Prince le 3 ou le 4 juin; la traversée du Gabon à cette île n'est habituellement que de trente heures; mais, pour être plus sûrs d'arriver à temps, nous fixâmes notre départ au 21 mai. Le 20, après un déjeuner d'adieu, donné chez M. Pilastre, nous prîmes les lettres et les commissions de toute sorte qu'on nous donnait pour la patrie. Le 21, après avoir serré une dernière fois la main de tous ces amis dévoués auxquels nous devions, sinon d'être rétablis, au moins d'être en état de supporter le voyage, nous montâmes à bord de l'*Alice*, qui leva l'ancre à sept heures et demie du matin. Le pavillon de la *Cordelière* s'abaissa sur notre passage, pour nous saluer à notre départ, et nous suivîmes longtemps de l'œil les mouchoirs blancs qui s'agitaient sur le pont en signe d'adieu. La distance à parcourir n'était que de cent trente-cinq milles, et, dans la belle saison, on était à peu

Femmes gabonaises de Glass.
Dessiné par M. Breton, d'après une photographie de Joaque.

près sûr d'avoir le vent favorable. C'était d'ailleurs un fin voilier que l'*Alice*, ex-*Vernon-Croissy*. M. Eugène Pilastre, dont la mort était, presque à la même époque de celle de son frère Paul, venue consterner notre colonie, l'avait autrefois arrachée à Rouen et lui avait fait affronter l'Atlantique. Construite pour figurer dans de paisibles régates, l'*Alice* s'était néanmoins fort bien comportée sur l'Océan, et avait opéré en quarante-cinq jours la traversée du Havre au Gabon. Ce jour-là, dès le soir de notre départ, nous pûmes apercevoir les montagnes élevées de l'île du Prince. Nous passâmes la nuit à louvoyer en vue de l'île, et le lendemain, avant le lever du soleil, nous entrions dans le port; quoique fort souffrants et peu disposés à l'enthousiasme, nous fûmes vraiment charmés par l'aspect du pays qui nous entourait. Devant nous, dans le fond de la rade, la petite ville de San Antonio s'étageait au pied d'une énorme montagne dont le sommet élevé se perdait dans les nuages; à notre droite et à notre gauche, des collines élevées sur lesquelles on admirait cette puissante végétation que développe le soleil de l'équateur. Nous étions entourés de superbes forêts de palmiers ou de riches plantations de café et de cacao; partout une verdure immense sur laquelle se détachaient quelquefois et brillaient au soleil les blanches villas des négociants portugais. Nous passâmes devant le fort qui protége la baie de San Antonio : c'est un vaste amas de ruines au sommet duquel deux ou trois soldats à demi nus montent gravement la garde ; il possède une garnison de dix hommes et une douzaine de canons, seulement il serait regrettable qu'on fût souvent obligé de recourir à ces instruments de destruction, car, l'année dernière, lorsqu'on voulut, en l'honneur de l'arrivée d'un nouveau commandant, faire les saluts d'usage, la moitié du fort s'écroula au premier coup de canon. La rade semblait déserte, à peine si on y distinguait une canonnière qui appartient au gouverneur et trois ou quatre goëlettes de négriers. Nous jetâmes l'ancre à peu de distance de la ville, mais il nous fallut attendre la douane portugaise, qui met une âpre énergie à grappiller quelque chose sur cinq ou six bâtiments qui, chaque année, viennent apporter quelques marchandises, et charger en retour quelques sacs de cacao ou de café. Tandis que nous *palabrions* pour nos bagages, nous vîmes arriver à bord de l'*Alice* un gentleman à l'air fort distingué, qui sauta au cou de notre ami Pilastre; c'était un négociant de l'île du Prince, M. de Bettancourt, dont les ancêtres sont célèbres dans l'histoire de la découverte de Madère et des Canaries : il était depuis de longues années lié avec la famille de M. Pilastre, qui nous présenta à lui... M. de Bettancourt nous tendit la main et nous pria de considérer sa maison comme la nôtre. Aussitôt les affaires de douanes réglées, sa baleinière nous mit à terre, et nous prîmes avec lui la direction de sa demeure : il nous fallait traverser une partie de la ville pour y arriver. Pilastre, hâve et défait, se traînait à peine; les pavés, ou plutôt les pierres pointues des rues, constituaient pour mes pieds nus une promenade peu agréable, et j'allais clopin-clopant : c'était justement dimanche; les habitants, attifés de leurs plus beaux atours, et pour la plupart debout sur le pas de leur porte, regardaient avec stupeur les hôtes avariés qu'amenait avec lui M. de Bettancourt. Bien que la distance à parcourir ne fût pas d'un kilomètre, je crus que nous n'arriverions jamais. Tout a une fin cependant; et une heure après nous étions tous les trois couchés dans le grand salon de M. de Bettancourt, transformé en hôpital, et madame de Bettancourt, une aimable et excellente femme, nous prodiguait tous les soins que nous aurions pu trouver dans notre famille. Certes, l'hospitalité qu'on nous donnait là était bien désintéressée, car nous étions de tristes convives. Le seul d'entre nous qui fût en état de se tenir sur ses jambes, mon compagnon A. Marche, ne trouva rien de mieux, le lendemain de son arrivée, que de s'en aller chasser dans la montagne un certain merle métallique (*lamprococcys ignitus*) dont le plumage est remarquablement brillant, et qui ne se trouve qu'à l'île du Prince : il ne tua pas le lamprococcys ignitus, mais en revanche il attrapa une fièvre ardente accompagnée de vomissements violents, et fut obligé de garder le lit pendant huit jours. De mon côté, j'avais la jambe horriblement enflée, et je ne pouvais poser le pied à terre sans souffrir des douleurs aiguës et intolérables. Il y avait un médecin au Principe, mais j'hésitais à le faire venir, car je savais que les médecins de la côte occidentale d'Afrique demandent souvent dix ou quinze piastres (cinquante ou soixante-quinze francs) par visite; mais mon hôte m'apprit que celui dont il s'agissait était infiniment plus raisonnable dans ses prix, et je me décidai à le faire venir. C'était un Indien né, je crois, dans la colonie portugaise de Macao; son teint cuivré et ses manières étranges ne m'inspirèrent d'abord aucune confiance, mais depuis je me suis félicité d'être tombé entre ses mains. Avec sa vieille expérience d'une maladie si commune à la côte occidentale, au lieu de chercher, comme le font trop souvent les médecins arrivés d'Europe, à cicatriser les plaies, il s'efforça de les agrandir et de les faire couler abondamment afin de purifier le corps. J'entre dans ces détails, bien qu'ils soient répugnants, parce qu'il est bon de tenir en garde les voyageurs qui viendront derrière nous; le traitement contraire des mêmes maux a souvent produit les effets les plus désastreux.

Les quelques Portugais qui constituaient la colonie européenne à l'île du Prince venaient souvent chez notre hôte et étaient très-aimables pour nous ; dans ces cas-là, je cherchais toujours à mettre la conversation sur l'un des sujets que j'avais le plus à cœur d'approfondir, je veux parler de l'esclavage. On sait que l'île du Principe, San Thomé, et les établissements portugais du Congo, sont aujourd'hui les seuls établissements appartenant à une puissance européenne dans lesquels l'esclavage soit encore autorisé. L'île du Prince (en portugais, *Principe*) est donc une terre de servitude et de plus un marché d'esclaves assez animé. Tous nos visiteurs étaient de gros propriétaires de nègres, mais devant nous ils se tenaient généralement sur la réserve ; ils n'aimaient pas parler marchés d'esclaves devant des Français qui, évidemment, regardaient l'esclavage comme une monstruosité. Quelquefois, cependant, oubliant notre présence, ou ne tenant pas à se gêner devant nous, ils poussaient sur la stagnation et sur les risques des affaires de chair humaine des lamentations tristement comiques : « Monsieur vient du Gabon, me disait un jour l'un d'eux, c'est un bien mauvais pays. — Oui, bien mauvais, répondis-je, sans me douter du sens que mon interlocuteur attachait à ce mot. — Ah ! monsieur, jamais plus je n'achèterai un esclave gabonais, quand on me le donnerait à 50 pour 100 au-dessous du cours : figurez-vous qu'il y a cinq semaines j'avais été *faire* trente esclaves au Gabon ; j'en avais donné un bon prix. Eh bien, monsieur, il y en a quinze qui se sont laissés mourir et onze qui se sont sauvés, et pour se sauver ils ont eu l'infamie de me voler mon meilleur bateau. Ce sont des misérables que les Gabonais. » — « Monsieur, me disait un autre, l'île du Principe est en pleine décadence ; du temps de feu mon père on payait les meilleurs esclaves cent ou cent cinquante francs ; ils travaillaient quatorze heures par jour et ne se plaignaient pas ; aujourd'hui on demande sept à huit cents francs, et, au moindre coup de fouet qu'on leur donne, ils se sauvent dans la montagne et vont rejoindre les marrons. Ah ! que nous voudrions être arrivés en 1878, à l'époque de l'affranchissement général ! » — Nous voudrions être arrivés à l'époque de l'affranchissement général, tel est le cri qui est aujourd'hui dans la bouche des planteurs du Principe, de San Thomé, de Loanda, de Banana, en un mot de toute la côte du Congo ; cela paraît fort extraordinaire au premier abord, et cependant c'est extrêmement logique, et vous allez voir pourquoi : D'après une loi portugaise récemment votée par les Chambres, à partir de 1878 l'esclavage est aboli, il n'y aura plus d'esclaves ; seulement les propriétaires, pour avoir des hommes qui cultivent leurs terres et fassent leur service personnel, sont autorisés à faire *des engagements libres*, c'est-à-dire qu'ils ont le droit d'aller chercher où bon leur semble, en Afrique, d'amener sur leurs terres et de retenir avec eux les nègres qui, moyennant un salaire payé d'avance, se sont engagés à travailler pour eux pendant un laps de temps plus ou moins long. En théorie, ce système parait très-logique en Afrique, c'est celui qu'on applique aux coolies chinois ou indiens; en pratique, il est absolument vicieux; les coolies viennent d'eux-mêmes s'engager devant un fonctionnaire anglais, parlant parfaitement leur langue, et qui a pour mission de voir si aucune pression n'a déterminé leur engagement; ils sont transportés dans les colonies auxquelles ils sont destinés, à la Jamaïque, par exemple, où j'en ai vu arriver une grande quantité sur un bateau, portant à son bord un médecin et un inspecteur anglais; à leur débarquement, ils sont confiés à des propriétaires qui prennent l'engagement de leur donner des soins, des rations et un salaire déterminé par un cahier des charges. Là aussi, un inspecteur est chargé de veiller à ce que les conditions prescrites soient observées, et aussi à ce que les coolies, lorsque leur temps est fini, soient rapatriés s'ils le désirent. Malgré toutes ces précautions, la presse anglaise et américaine signale souvent de grands abus dans les engagements et dans le traitement des coolies. Que sera-ce dans l'Afrique occidentale, grand Dieu! Un entrepreneur d'*engagements libres*, ex-négrier, ira à cent cinquante lieues dans l'intérieur des terres, se présenter chez quelque roi du pays et *engager librement* une centaine de ses esclaves. Le roi, bien payé et largement abreuvé de rhum, déclarera à ces pauvres diables qu'ils ont toute liberté, sous peine de mort, de suivre l'étranger qui vient de les acheter; il les préviendra en même temps qu'à la moindre réclamation ils auront le cou coupé. Le Portugais embarque sa cargaison de nègres, passe triomphalement à la barbe des croiseurs anglais ou français qui ne peuvent rien lui dire, puisque les *engagements libres* sont permis, et emmène tranquillement son lot dans sa plantation de San Thomé, du Congo ou du Principe, où ses nouveaux employés auront la liberté de travailler pour le reste de leur vie, sous peine d'être fouettés et châtiés de toute sorte de manières. En réalité, cette prétendue abolition de l'esclavage ne sera donc qu'un changement de mode d'esclavage qui fera de nouveau fleurir la traite, un peu en baisse aujourd'hui sur la côte occidentale. C'est ainsi que l'envisagent tous les propriétaires d'esclaves que j'ai rencontrés dans ce pays-là, et ils ne font pas mystère de le dire. Puisque nous sommes sur l'esclavage dans ces contrées, je dois à la vérité de déclarer qu'à l'île du Prince la condition des esclaves en général est beaucoup moins misérable que je ne me le serais figuré; les esclaves se divisent, là comme sur la côte occidentale, en deux catégories bien distinctes : la première comprend ceux qui sont attachés à la personne de leurs maîtres, comme domestiques, cuisiniers, bonnes d'enfants, etc., et qui, par conséquent, vivent sous le même toit que lui : ceux-là sont presque toujours traités avec une grande bonté; chez les Bettancourt, par exemple, ils font réellement partie de la famille. La seconde catégorie comprend ceux qui sont employés à la culture des champs, spécialement aux plantations de bananier, de café, de cacao, etc. Ceux-ci sont moins heureux, car ils sont sous les ordres directs d'un majordome nègre, qui est ordinairement un personnage fort peu agréable, grappille sur la ration de vivres et n'épargne pas le fouet; cependant beaucoup de propriétaires veillent par eux-mêmes, comme le faisait notre hôte, à ce qu'ils ne soient pas maltraités et à ce qu'on ne leur applique des punitions corporelles qu'à la dernière extrémité. Au reste, c'est non-seulement de l'humanité, mais encore de la bonne administration; ceux qui sont cruels envers eux sont sûrs d'en voir plus de la moitié arriver à se dérober par la fuite au joug qui pèse sur eux. Dans les forêts et sur les hauteurs inaccessibles des montagnes, vit, presque exclusivement de racines et de fruits sauvages, un peuple à part formé par les esclaves marrons qui, depuis deux siècles, viennent se réfugier là et préfèrent cette vie misérable aux souffrances de l'esclavage;

ces pauvres gens ont fini par former une tribu très-nombreuse : on les redoute beaucoup dans la plaine, mais jusqu'ici ils n'ont fait d'autre mal que de piller quelques plantations de bananiers voisines de la montagne, ou de voler quelques chèvres égarées. Ils sont toujours prêts à accueillir les fugitifs, à leur offrir un abri et à partager avec eux leurs chétives provisions. Quelquefois aussi, les esclaves d'un maître qui les fait trop souffrir profitent d'une nuit d'orage pour détacher quelque bateau amarré dans le port, gagnent le large et, sans vivres, sans autre guide que les étoiles, cherchent à gagner cette terre du Gabon où ils comptent trouver la liberté. Un mois avant notre arrivée, dix noirs s'étaient ainsi sauvés sur une frêle barque, et, chose merveilleuse, étaient arrivés à gagner notre établissement, où ils furent bien reçus et confiés aux soins des missionnaires.

Au bout de quatre à cinq jours, me trouvant mieux, je pus, en m'appuyant sur une espèce de béquille, me promener un peu dans la ville : quelques maisons de négociants y sont assez jolies et bien décorées ; mais l'aspect général de San Antonio est de la plus morne tristesse. L'herbe croît dans les rues silencieuses et une foule de maisons tombent en ruine ; seul, le quartier des noirs offre un peu d'animation, mais il est bâti sur pilotis, au milieu de marais infects, et il y règne la plus effroyable et la plus sale misère. Tandis que San Thomé, île peu éloignée et appartenant également aux Portugais, est florissante et déploie une grande activité commerciale, le Principe est en pleine décadence. « C'est une ville morte que San Antonio, me disait tristement M. de Bettancourt, obligé de passer sa vie sur ce coin perdu de la terre. » San Antonio possédait autrefois cinq églises et un nombreux clergé ; aujourd'hui trois de ces églises sont en ruine, les autres sont nues et délabrées : il y avait un certain nombre de prêtres portugais, aujourd'hui on n'y voit plus que quelques *padre,* tous nègres et malheureusement peu irréprochables. Il est déplorable que l'intolérance portugaise ne permette pas aux missionnaires de la Compagnie de Jésus ou de la congrégation du Saint-Esprit de s'établir à l'île du Prince, car les populations de ces pays sont douces, de mœurs tranquilles, pleines de bonne volonté et de foi ; malheureusement cette foi mal dirigée dégénère trop souvent, dans ces esprits faibles et enclins au fétichisme, en superstitions grossières. Au milieu d'une de ces églises en ruine dont j'ai parlé se trouvent douze statuettes en bois, hautes de quatre pieds environ et fort bien sculptées ; elles représentent les douze apôtres et sont l'objet des hommages constants des indigènes : ils adorent les statues des saints comme les Gabonais adorent leurs iassis de bois. Chaque commerçant a, du reste, chez lui, la statue du saint qu'il a choisi pour patron. Quand la fête du bienheureux arrive, on le porte en grande pompe à l'église, où le padre dit la messe en son honneur. Pendant les huit jours qui suivent, tous les esclaves qui appartiennent au propriétaire du saint, et même tous ses amis, se livrent à de grandes réjouissances et dansent tous les soirs la bamboula devant l'image protectrice. Ce genre de fête est très-fréquent, il n'est pas rare d'en voir deux ou trois dans la même semaine ; mais la grande solennité du lieu est la célébration de la Fête-Dieu, à laquelle il nous a été donné d'assister. Le commandant, en grande tenue, les disciplinaires qui forment la garnison de l'île et les négociants en habit noir ouvrent la marche ; viennent ensuite tous les nègres et les négresses du pays revêtus de leurs plus beaux oripeaux. On construit quatre ou cinq reposoirs splendidement ornés des fleurs magnifiques qui abondent dans ces régions. Le cortége fait halte devant chacun d'eux, on y chante un cantique, et les soldats déchargent fréquemment leurs armes en l'honneur du Saint-Sacrement. Cette procession se prolonge jusqu'au coucher du soleil.

Notre séjour à l'île du Prince s'est prolongé près de dix jours au delà de notre attente, le paquebot portugais étant très en retard, ce qui, paraît-il, lui arrive souvent. Ce paquebot appartient à une compagnie anglaise qui fait à la Compagnie du Royal

Mail une concurrence très-heureuse. Le fret y est beaucoup meilleur marché, et le passage (jusqu'à Lisbonne) ne coûte en première classe que 600 francs, au lieu de 1300 ; on est fort mal à bord, mais les Portugais, qui constituent la très-grande majorité des passagers, étant habitués à être encore moins bien sur les autres bateaux de leur nation, ne se plaignent pas de ceux-là. Tel quel, nous étions du reste fort anxieux de le voir arriver. Outre l'ennui d'être si longtemps une gêne pour nos excellents hôtes, et du vif désir de regagner au plus vite notre patrie, nous avions un sujet constant de préoccupation dans l'inquiétude de ne pas trouver de place à bord, ce qui, paraît-il, se présentait assez fréquemment à cette époque de l'année, où la plus grande partie des négociants du Congo va faire un voyage en Europe; du reste, nous avions juré de coucher sur le pont, ou de nous installer dans le compartiment des bestiaux plutôt que d'attendre encore un mois. Heureusement, nous n'en fûmes pas réduits à cette extrémité. Le 8 juin, à midi, on signala le paquebot, qui, dédaignant d'entrer en rade, vint mouiller à près d'une lieue en mer. Il devait repartir à onze heures du soir. Chacun de nous fit de son mieux pour arriver dans une tenue à peu près décente : j'abritai mes pieds nus dans une paire de pantoufles en tapisserie six fois trop grandes pour moi, et je confiai ma chevelure, démesurément longue, au perruquier de l'endroit. C'était un soldat déporté à l'île du Prince. Tandis qu'il me coupait les cheveux, j'appris qu'il avait été condamné pour avoir égorgé deux de ses camarades ; c'était peu rassurant. Heureusement, j'en fus quitte pour quelques injures qu'il m'adressa en recevant les deux francs que je lui donnai en payement de son travail. S'il avait su, me dit-il, qu'il avait été demandé pour couper les cheveux d'un homme aussi pingre, il ne se serait certainement pas dérangé. A huit heures du soir, après avoir remercié mille fois madame de Bettancourt des soins qu'elle nous avait prodigués, nous partîmes, Marche, Pilastre et moi, en compagnie de son mari, pour gagner la baleinière qui devait nous conduire au paquebot. J'étais hors d'état de marcher, et notre hôte m'avait fait venir une de ces chaises à porteurs dont les colons se servent aujourd'hui pour circuler dans l'intérieur de l'île. Elle était à peu près semblable à celles qui étaient en usage il y a deux siècles en France, et l'on n'était pas mal du tout dedans ; seulement, la terre était glissante et la nuit très-noire, si bien que le premier de mes porteurs étant tombé sur le nez, le second lâcha tout et je fis une chute dont je restai longtemps endolori. Nous accostâmes le *Benguela*, c'est le nom du vapeur portugais, vers dix heures et demie, et après avoir pris congé de M. de Bettancourt, nous montâmes à bord. Le bateau était tellement encombré de sacs de coton, de café et de cacao, que nous eûmes toutes les peines du monde à nous frayer un passage jusqu'à l'escalier qui descendait au salon des passagers; nous y trouvâmes beaucoup de messieurs et quelques dames en train de jouer à plusieurs jeux plus ou moins innocents. Tout ce monde jeta un regard de mépris sur notre mine piteuse et notre accoutrement délabré, et reprit immédiatement ses occupations : nous étions *toisés*. Nous obtinmes à grand'peine du *moço* (garçon) qu'il nous indiquât nos couchettes. Pilastre fut conduit tout à fait à l'arrière du bâtiment, tandis qu'on introduisit Marche et moi dans une petite cabine à trois lits; sur l'un d'eux un gros monsieur, dans un costume, ou plutôt dans une absence de costume à faire rougir un Pahouin, ronflait comme un hippopotame. Brisés de fatigue, nous nous couchâmes tout habillés, et nous ne tardâmes pas à nous endormir d'un sommeil si profond, que tout le bruit du paquebot levant l'ancre ne put pas le troubler. Le matin, à six heures, je fus réveillé par le gros monsieur qui se levait; il procédait déjà depuis quelques minutes à sa toilette, quand je le vis prendre ma brosse à dents, que j'avais mise sur une planchette, et commencer, avec le plus grand sang-froid, à s'en servir. « Mais, monsieur, lui dis-je dans mon baragouin portugais mêlé d'espagnol, c'est ma brosse à dents que vous employez là.

— Monsieur, me répondit-il paisiblement, on m'a pris la mienne. » Il n'y avait rien à répondre à cela; seulement, aussitôt qu'il fut parti je m'empressai de savonner à fond ma brosse à dents, puis de la mettre hors de l'atteinte de ce communard. Quelques instants après, je sortis pour aller inspecter le *Benguela*, et voir sur quelle sorte de bateau nous étions tombés. Le premier coup d'œil suffit pour me montrer que l'avant avait été transformé en une vaste ménagerie, tandis que l'arrière était devenu un hôpital regorgeant de malades; à l'avant, il y avait quinze à seize variétés de singes, toutes plus malfaisantes les unes que les autres, depuis le grand papion jusqu'au petit marmouset ou gavroche, le ouistiti de l'Afrique; je comptai aussi cent cinquante perroquets gris à queue rouge, un des oiseaux les plus bruyants et les plus bavards que je connaisse, au moins autant de perruches à tête rouge, et une foule d'autres oiseaux de toute espèce et de toute taille; ajoutez à cela une foule d'enfants qui criaient à qui mieux mieux, agaçant les singes et jouant au milieu des perroquets. C'était un vacarme à ne pas y tenir; je me réfugiai à l'arrière. Là, le coup d'œil changeait : les trois quarts des passagers, épuisés par le climat meurtrier de la côte, étaient étendus sur des chaises longues ou couchés dans leurs cabines entr'ouvertes, en proie à des maladies de toute sorte. Plusieurs d'entre eux, tels qu'un Américain, M. Silva, et un Portugais, M. Moraïs, consul du Brésil à Loanda, semblaient toucher à leurs derniers moments. M. Moraïs avait avec lui plusieurs enfants et une jeune et charmante femme, qui, très-malade elle-même, ne quittait pas un instant le chevet de son mari. Au milieu de tout ce monde, le pauvre docteur, qui, par parenthèse, se trouvait être un garçon aussi aimable qu'intelligent et instruit, ne savait plus où donner de la tête, et courait de cabine en cabine, suivi de ses infirmiers, chargés de remèdes de toute sorte. Je m'arrachai de ce spectacle peu réjouissant pour monter sur le pont, où se trouvait déjà réuni l'élément valide du bord; il se composait d'une dizaine d'hommes et de quatre ou cinq femmes. A part le capitaine, homme poli et comme il faut, c'était une collection de types d'un grotesque achevé. Parmi les plus curieux brillait, au premier rang, un pharmacien colonial à cheveux blancs et à nez colossal, dont le moindre travers était de nous persécuter sans cesse des accents aigus d'une flûte qui ne le quittait jamais; ce pharmacien venait d'épouser une très-jeune femme, bel esprit et bas-bleu, parlant le français et très-ferrée sur l'histoire de France, qu'elle étudiait assidûment dans Alexandre Dumas; elle jouait sans trêve ni merci d'une harpe gigantesque, et presque tous les soirs, en compagnie de son mari et du troisième officier du bord, flûte non moins convaincue que lui, donnait des concerts qui se prolongeaient souvent fort tard. Corinne, c'est le nom que nous lui donnions, avait pour compagnes deux créoles du Congo, mariées à des négociants de Loanda ; elles étalaient des toilettes criardes qui leur donnaient l'air de singes habillés et se livraient à des minauderies d'un ridicule achevé. Un officier de marine portugais, poëte et grand chanteur de romances, leur faisait une cour assidue. Nous avions aussi un commandeur de l'ordre du Christ, *el senhor commandador* Yacinto Carnero dy Sousa y Almeida. C'était un nègre de la plus belle espèce, mais il était très-riche, et portait je ne sais trop comment le nom d'une famille très-connue en Portugal. Ce commandador avait du reste reçu de l'instruction ; il possédait assez bien notre langue, et ne voyageait jamais sans avoir une vingtaine de volumes d'Alexandre Dumas dans sa malle ; il causait volontiers de l'esclavage, se plaignant amèrement de la douceur avec laquelle on traitait les esclaves aujourd'hui, ne faisait pas quatre pas sans se faire suivre par son valet de chambre Domingo, et jouissait, vu son immense fortune, d'une grande considération à bord. Dès le premier jour il nous avait pris en affection, et nous accablait de questions sur Paris, qu'il devait, paraît-il, visiter quinze jours après son arrivée ; il voulait savoir si on pouvait vivre sans se gêner en ne dépensant que deux cents francs par jour, mais il était surtout pressant pour obtenir de nous quelques renseignements sur le corps de ballet de l'Opéra, dont les descriptions, lues sans doute dans quelque roman, avaient vivement frappé son imagination. Le commandador fut longtemps, avec un officier d'infanterie de marine, gros réjoui, toujours prêt à faire des farces à ses compagnons de route, mais brave garçon, très-serviable et très-poli, à peu près notre seule connaissance à bord. Le reste de la bande non alité se composait de cinq ou six individus couverts de bijoux et mis avec un luxe du plus mauvais goût : ils avaient des établissements sur différents points de l'intérieur, et achetaient indifféremment du coton, des arachides ou des nègres.

A neuf heures, la cloche donna le signal du déjeuner : la table regorgeait de mets à l'huile, à l'ail et au piment, et de pâtisseries prétentieuses et mauvaises. Dès qu'on fut assis, chacun se servit au plus vite des plats qui lui convenaient le mieux, et en prit des portions si énormes qu'il n'en resta bientôt plus pour les retardataires ; on se précipitait surtout sur le *bacalão* (morue), et ce jour-là, comme les suivants, il en fut dévoré des quantités effrayantes. J'avais pour voisin un grand gaillard à cheveux roux et à tête carrée qui n'ouvrait la bouche que pour manger, et avait l'air d'un bouledogue en colère : ce n'était évidemment pas un Portugais, et à tout hasard je lui demandai en anglais un renseignement dont j'avais besoin ; en m'entendant parler cette langue, qui était la sienne, sa figure s'illumina. « Monsieur, me dit-il, vous êtes Anglais? — Non, monsieur, Français. — Cela ne fait rien, cela ne fait rien! C'est une grande joie pour moi de trouver quelqu'un de civilisé à qui parler. Je suis le mécanicien du *Benguela*, et à l'exception d'un imbécile qui est toujours ivre, le seul Anglais du bord; depuis deux mois je n'ai pas dit un mot à âme qui vive, car j'aimerais mieux me faire couper la langue que d'adresser la parole à ces *damned brutes* de Portugais-Congo. » Et comme pour rattraper le temps perdu, il se mit à défiler, avec une extrême volubilité, le chapelet de ses griefs contre les officiers, la machine, les passagers, les domestiques; il les passa tous en revue l'un après l'autre, et chacun eut son paquet. Du reste, le mécanicien ne décoléra pas tout le temps que dura le voyage. Sa grande vengeance était de jouer des tours à ceux d'entre les passagers qui lui portaient le plus sur les nerfs. La plupart d'entre eux avaient des animaux à bord ; c'est surtout à ces animaux qu'il s'en prenait : ainsi, il faisait tellement enrager les singes, que lorsque leurs propriétaires allaient ensuite les voir, ils étaient sûrs d'être cruellement mordus par eux. Il y a perroquet et perroquet : les uns, récemment pris au piége et encore très-sauvages, étaient entassés par douzaines dans des paniers d'osier; les autres, aimables et beaux parleurs, étaient installés un par un dans de superbes cages et comblés d'égards et de friandises. Durant la nuit, le mécanicien changeait un de ces oiseaux favoris contre le plus désagréable et le plus criard des habitants du panier, qu'il mettait à sa place dans la cage. Une autre fois, il imagina de couper la queue et de raser la tête d'un magnifique perroquet dont l'amabilité et la conversation variée faisaient les délices du bord ; le pauvre oiseau, exaspéré, ne dit plus un mot à partir de ce moment et devint féroce. On voit d'ici les tempêtes que ces plaisanteries, d'un goût douteux, je dois l'avouer, soulevaient à bord ; mais jamais, malgré les recherches les plus actives, on ne parvint à en découvrir l'auteur. Nous seuls étions dans le secret, et je confesse que nous avions la faiblesse d'en rire beaucoup. Du reste, nous prenions toujours les choses du bon côté, et cette société bigarrée nous divertissait fort ; il est vrai qu'on n'était pas sur le paquebot portugais comme sur un transatlantique ou même sur un Cunard : les *moço* (garçons) étaient malhonnêtes et d'une saleté révoltante, et le confort qu'on trouve habituellement sur les grands vapeurs y faisait absolument défaut. Mais tout est relatif : le *Benguela* nous paraissait un paradis comparé aux grandes pirogues de l'Ogooué. Malheureusement, au bout de cinq ou six jours M. Pilastre eut une rechute de fièvre bilieuse et tomba gravement malade.

Le huitième jour après notre départ, nous aperçûmes la terre : c'était Santiago, l'une des îles du Cap-Vert, située par 23 degrés de latitude à peu près à la hauteur du Sénégal. Le *Benguela* devait y faire une ample provision de charbon, et, en conséquence, y relâcher pendant vingt-quatre heures. Nous en profitâmes, Marche et moi, pour aller à terre. Le pays, bien que très-montagneux, présente cette aridité désolée, ce manque absolu de végétation, qui font ressembler les îles du Cap-Vert à un véritable désert. Il est vrai que la ville, bien bâtie à l'européenne, possède de belles maisons, un palais de justice, un hôpital et un marché assez remarquables. Les Portugais y ont fait faire par les criminels déportés et par les disciplinaires de très-grands travaux, notamment un escalier gigantesque qui conduit au sommet de l'éminence sur laquelle est bâtie la ville ; mais, en somme, il n'y a dans tout cela rien de bien curieux, et surtout aucun cachet d'originalité. Les indigènes eux-mêmes ne diffèrent pas des habitants du Sénégal, dont beaucoup d'entre eux proviennent. Du reste, la chaleur était littéralement suffocante, et, après avoir fait dans une *fonda* de l'endroit un assez mauvais déjeuner, nous nous empressâmes de regagner le bord. Nous levâmes l'ancre dans la nuit, et le surlendemain matin nous étions à Saint-Vincent, autre île qui fait partie du groupe des îles du Cap-Vert. Nous y passâmes trente heures, qui furent aussi occupées à embarquer du charbon. La ville de Saint-Vincent, vue de la rade, ressemble identiquement à celle de Santiago. Fatigués et mécontents de notre promenade de l'avant-veille, nous ne descendîmes pas à terre.

Le 20 juin, nous eûmes une triste cérémonie sur le *Benguela*. Un Américain, nommé Silva, qui avait fait au Congo une grande fortune, et qui retournait dans sa patrie pour ne plus la quitter, succomba à la maladie qui le minait depuis longtemps. L'avant-veille encore, le pauvre homme m'avait décrit par anticipation les merveilles de la grande exposition de Philadelphie, à laquelle il se faisait une fête d'assister en 1876. Il mourut le matin à cinq heures; à trois heures de l'après-midi, nous étions convoqués sur le pont pour lui rendre les derniers honneurs. Le capitaine lut à voix basse quelques prières, on enveloppa le corps d'un linceul blanc, le canon donna le signal, le pavillon fut mis en berne, et, quelques instants après, les restes mortels du pauvre millionnaire étaient lancés dans l'abîme où ils disparurent pour toujours. Nous cachâmes la mort de Silva à Pilastre, dont l'état présentait de sérieuses inquiétudes. Il avait à chaque instant des crises d'une extrême violence, et était souvent en proie au délire : dans ce cas-là, il se croyait arrivé, et voulait absolument descendre à terre.

Durant les neuf premiers jours qui suivirent notre départ de Saint-Vincent nous eûmes constamment vent de bout. Le *Benguela,* mauvais marcheur par tous les temps, ne filait plus que deux ou trois nœuds à l'heure. Les passagers portugais prenaient patience en jouant avec fureur au loto. Dans ces moments-là, la poétique Corinne oubliait sa harpe, devenait d'un prosaïsme désespérant, et se disputait affreusement avec une vieille fille brésilienne qui allait prendre le paquebot de Rio à Madère. Du reste, tous les caractères s'aigrissaient : l'officier d'infanterie de marine eut avec sa femme une querelle épouvantable, et ne trouva rien de mieux pour la vexer que de jeter par-dessus le bord une caisse pleine de perruches qui lui appartenaient. Le commandador et une sorte de négrier portugais échangèrent les propos les plus orageux ; ils faillirent se battre sur le pont. Par contre, à mesure qu'on approchait des régions tempérées, un mieux sensible se manifestait dans l'état des malades du bord ; les plus sérieusement atteints, tels que MM. Moraïs et Pilastre, furent bientôt en état de se lever et de circuler sur le bâtiment. Quand, le 4 juillet, nous arrivâmes en vue de Madère, il n'y avait plus une seule personne alitée dans les cabines ; tout le monde était sur le pont, prêt à descendre à terre. C'est avec une véritable joie que nous mîmes le pied sur cette île célèbre : le monde civilisé recommençait pour nous. Le Funchal, la capitale de Madère, est certes une grande et belle ville ; mais nous ne nous occupâmes guère à visiter ses monuments, et nous courûmes d'abord chez un fruitier. Là, nous fîmes remplir de cerises, d'abricots, de prunes et de poires deux grands paniers que nous chargeâmes un petit gamin de porter devant nous. A la profonde stupéfaction des habitants, nous faisions à chaque instant halte pour manger de ces fruits, dont nous n'avions pas goûté depuis deux ans, et qui, quoi qu'on en ait dit, sont infiniment supérieurs à ceux des tropiques. Notre seconde visite fut pour un glacier, et j'aurais honte de dire le nombre de glaces que nous absorbâmes chez lui. Notre troisième fut pour aller acheter du madère, non pas chez les marchands de la ville (le madère qu'ils vendent aux étrangers est fabriqué à Cette), mais chez le propriétaire d'un excellent cru auquel nous étions chaudement recommandés, et qui nous céda à des conditions très-raisonnables deux petits barils d'un très-bon vin. Enfin nous allâmes dîner à l'hôtel, où un roast-beef aux pommes de terre fut apprécié par nous comme un mets nouveau et succulent. — Inutile de dire qu'après une telle journée, nous fûmes *très-souffrants* en rentrant à bord. Je ferai grâce aux lecteurs de la description de Madère : elle a déjà été donnée dans sept ou huit ouvrages mieux écrits que le mien, et je la remplacerai, s'il le permet, par une histoire touchant cette île, qui, pour être ancienne, n'en est pas moins très-intéressante, et, je crois, à peu près inconnue en France : c'est la légende de Machin. Machin est un seigneur anglais auquel on s'est à peu près accordé, jusqu'ici, à attribuer la découverte de Madère. Dans un savant ouvrage intitulé *As saudes da terra,* le docteur Gaspar Frutuoso, professeur au lycée de Funchal, revendique pour deux Portugais, Joan Gonzalvez et Tristão Vaz, l'honneur d'avoir les premiers mis le pied sur l'île de Madère, et s'efforce de démontrer que Machin n'est qu'un personnage légendaire. Quoi qu'il en soit de ses arguments, j'aime mieux croire que l'histoire de ce personnage, telle qu'elle a été décrite dans un manuscrit du seizième siècle par Rodriguez de Azevedo, est, ainsi que nul ne l'avait contesté jusqu'ici, parfaitement véridique.

« Au temps du roi Édouard, dit Rodriguez Azevedo, vivait un noble et loyal cavalier, appelé Robert Machin. Il aimait éperdument haute et puissante demoiselle Anne de Harfet, et en était aimé ; et comme l'amour, *« como as causas odoriferas* (comme les choses odoriférantes), *se não pode encobrir aonde este encerrado* (ne peut pas se cacher où il est enfermé), »* les parents de la jeune fille découvrirent bientôt cette passion réciproque. Ne voulant à aucun prix donner leur fille au seigneur Machin, ils la conduisirent à Bristol et voulurent la forcer à épouser un riche baron qu'elle ne connaissait pas. Au moment où cette union fatale allait s'accomplir, Machin enleva celle qu'il aimait, et, secondé par quelques amis fidèles, s'embarqua sur un bâtiment qu'il avait acheté, et qui mit immédiatement à la voile pour le sud de la France. Mais, le lendemain du jour où il eut gagné le large, une tempête effroyable se déchaîna. Pendant cinq jours et cinq nuits, ils furent chassés devant eux par les vents en furie. Durant tout ce temps, la pauvre Anne fut malade à rendre l'âme. Le sixième jour, ils se trouvèrent près d'une terre inconnue, et purent entrer dans le port qui s'offrait devant eux. Le pays qui les entourait était couvert de forêts « si élevées et si épaisses [1], qu'ils en furent épouvantés. » Néanmoins, Anne de Harfet le supplia de la débarquer à terre, « *para desmarear* », pour se remettre du mal de mer. Machin prit un canot, descendit à terre avec elle et sept de ses compagnons. Les autres l'attendirent à bord du bâtiment. Mais, durant la nuit, une tornade brisa leurs ancres, et ils furent emportés au large. Quand le jour parut, ce fut pour la malheureuse Anne un coup terrible, de voir que le na-

[1] D'après tous les récits des anciens voyageurs, Madère était autrefois couverte de forêts épaisses; c'est de là, du reste, que vient son nom de *Madeira*, qui veut dire bois.

vire était parti, et qu'elle serait condamnée à rester là pour toujours. « Jamais plus elle ne parla, et trois jours après, elle mourut. » Robert Machin fit creuser une tombe pour elle, et à côté, une pour lui. Il fit planter près de ces deux tombes une croix, avec une inscription suppliant les premiers chrétiens qui viendraient là de bâtir sur cet emplacement une église au Christ. Ensuite il partagea tout ce qui lui restait entre ses compagnons, leur conseilla de s'embarquer sur le canot qui leur restait, et de chercher une fortune meilleure. Quant à lui, il voulait, disait-il, mourir à l'endroit même « où il avait tué » Anne de Harfet. Ses compagnons, touchés de sa douleur, refusèrent de le quitter ; mais, à partir de ce moment, il ne prit plus aucune nourriture, il rendit l'âme après cinq jours d'agonie, et fut enterré près de sa bien-aimée. Ce pieux devoir accompli, ses compagnons, bravant sur une frêle barque les fureurs de l'Océan, gagnèrent le large. Après avoir été faits prisonniers par des pirates du Maroc, ils finirent par atteindre l'Espagne, où ils racontèrent toutes leurs aventures au roi et à l'infant don Henrique, surnommé le Navigateur. Ceux-ci envoyèrent à la découverte de l'île sur laquelle était mort Machin deux intrépides explorateurs, Tristão Vaz et João Gonzalvez, qui y arrivèrent après quinze jours de navigation, et en prirent possession au nom de leur souverain. Aujourd'hui, le dernier vœu de Machin est accompli, et l'église du Christ s'élève au lieu où la tradition fait reposer ses cendres et celles de Anne de Harfet.

Il est pénible de passer brusquement d'une histoire si poétique à des détails de la vie pratique et réelle. Je ne voudrais pourtant pas quitter Madère sans donner aux gourmets quelques renseignements sur l'état actuel de ces vignobles qui produisent un vin si renommé. On sait qu'il y a un certain nombre d'années, on dut arracher toutes les vignes de l'île, et que la production du vin fut, par conséquent, complétement nulle pendant plusieurs années, ce qui n'empêcha pas les marchands d'en vendre tout autant qu'auparavant. Mais aujourd'hui, le désastre est entièrement réparé : les vignobles replantés ont admirablement poussé, les récoltes sont excellentes, et le bonheur des propriétaires et des fins amateurs serait sans nuage, si un point noir n'était apparu à l'horizon : je veux parler de l'invasion du terrible phylloxera. Tout récemment, une certaine quantité de pieds de vigne ont dépéri à la suite d'une maladie encore inconnue dans l'île, et beaucoup de personnes croient que c'est au phylloxera qu'il faut attribuer leur perte. D'autres, il est vrai, nient que cet animal, aussi petit que malfaisant, y soit pour quelque chose ; mais, en attendant, les grands propriétaires entassent dans leurs caves barriques sur barriques, et font d'immenses provisions d'un vin qui, disent-ils, vaudra, en cas de malheur, son poids en or.

Le moment approche où je vais prendre congé du lecteur, qui, je l'espère, ne se sera pas trop ennuyé au récit de nos aventures. De Madère à Lisbonne, il nous fallut quatre jours : le *Benguela* marchait si mal, que nous manquâmes le paquebot du Brésil et de Dakar, qui devait nous conduire à Bordeaux. Nous prîmes, en conséquence, la route de terre, et après diverses péripéties qu'il serait inutile de raconter ici, nous arrivâmes à Paris le 20 juillet, et ce jour-là, dirai-je comme M. de Gabriac, dans son charmant ouvrage intitulé *Promenade dans l'Amérique du Sud :* « Ce jour-là fut le plus beau de notre voyage. »

ÉPILOGUE

Lorsque le 29 mai dernier l'*Alert* et la *Discovery* levaient l'ancre et quittaient Portsmouth, emportant à leur bord l'expédition polaire anglaise, quatre cent mille personnes saluaient de leurs acclamations enthousiastes le départ des hardis explorateurs; la Reine venait de leur transmettre par le télégraphe des adieux empreints d'une touchante sollicitude, et la garnison entière de la ville était, pour leur faire honneur, rangée en bataille sur la plage.

Il y a quelques jours, s'est embarquée à Bordeaux l'expédition destinée à reprendre nos traces dans l'Afrique équatoriale et à pénétrer par le fleuve Ogooué au cœur de l'Afrique : elle est commandée par un enseigne de vaisseau que secondent mon ami Alfred Marche, déjà bien connu de nos lecteurs, M. Baley, médecin de la marine, et un quartier maître de la *Vénus*.

Ils sont partis modestement, sans bruit, presque inaperçus; quelques mains amies ont seules serré les leurs et quelques feuilles spéciales ont seules annoncé leur voyage.

Et cependant ces hommes vont sciemment affronter des dangers plus grands que ceux qui menacent les explorateurs anglais, et leur expédition n'offre pas en elle-même moins d'importance scientifique que celle du pôle Nord.

Ainsi que me le démontrait hier encore un voyageur célèbre, dont je m'honore d'être l'ami, le docteur Schweinfurth, sur cent hommes qui se sont dévoués à ce grand œuvre des explorations africaines, cinquante sont morts sur le théâtre même de leurs travaux, les uns victimes du climat, les autres égorgés par les habitants, quelquefois avec d'horribles raffinements de cruauté, comme ce pauvre Maizan, aussi enseigne de vaisseau, qui a été disséqué vivant. Sur ceux qui ont pu regagner leur pays, les quatre cinquièmes au moins étaient atteints de maladies graves et avaient la santé ruinée pour toujours. Ceux de nos lecteurs qui croiraient ces assertions exagérées n'ont qu'à se reporter à *l'Afrique nécrologique*, ce beau travail publié par un grand voyageur, M. H. Duveyrier, dans le bulletin de la Société de géographie. La place manque sur sa carte d'Afrique pour y inscrire à l'endroit où ils sont tombés les noms de ces martyrs de la science qui, selon la belle expression de M. Duveyrier, ont *jalonné de leurs cadavres la route* qu'ils ont tracée en Afrique.

Quelle bataille, quelle guerre même a donné cette proportion meurtrière de cinquante hommes tués sur cent ?

ÉPILOGUE.

Dans l'expédition qu'entreprennent en ce moment MM. de Brazza et ses compagnons, ils ont demandé un terrain d'exploration périlleux entre tous. Je l'ai dit et répété dans ces deux volumes, et je ne crains d'être démenti par personne au monde, l'Afrique équatoriale est à juste titre réputée l'un des climats les plus meurtriers qui soient sur la terre : mon pauvre ami A. Marche est à peine remis des maladies qu'il a contractées durant notre voyage. De plus, il faudra, selon toute probabilité, se frayer un chemin avec ces cannibales osyéba qui seront encore exaspérés par la lutte qu'ils ont soutenue contre nous, et exaltés par leur triomphe, et il faudra toute l'intrépidité de nos quatre compatriotes et de leur vingt tirailleurs sénégalais pour triompher de ces sauvages au milieu des rapides de l'Ogooué.

Tel est le danger; quant à l'importance à la fois scientifique et patriotique de cette expédition, je crois l'avoir assez démontrée pour ne pas y revenir. Il faut qu'elle soit bien grande, du reste, pour que le ministère de la marine n'ait pas hésité à accepter le dévouement de MM. de Brazza et Marche et de leurs deux compagnons, à leur confier une compagnie de tirailleurs sénégalais et à prendre à sa charge tous les frais du voyage. Ceux de nos lecteurs qui ont bien voulu nous suivre jusqu'ici nous sauront sans doute gré de leur donner quelques détails sur cette nouvelle entreprise qui va reprendre où nous l'avons laissée l'œuvre commencée par nous et qui, profitant de l'expérience que nous avons si chèrement acquise, dirigée par des hommes courageux et disposant de ressources que nous étions loin d'avoir, produira sans doute des résultats dont la France aura le droit d'être fière.

Le chef de l'expédition, M. Savorgnan de Brazza, appartient par sa naissance à une des plus anciennes familles de Rome ; par suite de circonstances qu'il serait trop long de raconter ici, il a passé les examens de l'école navale et est entré au service de notre marine. Depuis sa sortie de l'école, il avait conçu le projet d'explorer les régions encore inconnues de l'Afrique ; vers la fin de 1873 il vint au Gabon en qualité d'aspirant de première classe, il était alors à bord de la *Vénus,* commandée par l'amiral du Quilio ; il comprit tout de suite l'importance que présentait l'Ogooué, et les chances favorables que ce grand fleuve offrait aux explorateurs pour pénétrer dans l'intérieur de l'Afrique équatoriale. Nous venions à cette époque, Marche et moi, de quitter Adanlinaulango pour le pays des Okanda ; M. de Brazza, qui avait d'abord demandé la permission d'aller nous rejoindre, comprit qu'il était trop tard, et se réserva pour prendre notre succession. A peine étions-nous de retour, Brazza, après s'être concerté avec nous, adressa au ministère de la ma-

ÉPILOGUE.

rine une demande pour être envoyé en mission officielle dans l'Ogooué. Dire les difficultés qu'il eut à surmonter pour organiser son expédition serait trop long.

Vers le mois de février de cette année, présumant trop de mes forces, j'avais moi-même commencé à préparer en compagnie de Marche un voyage parallèle à celui de Brazza; partant de l'extrémité sud du lac Z'Onangué, nous devions par la voie de terre nous enfoncer vers le sud-est et gagner le Congo au-dessus de son embouchure avec le Zaïre, c'est-à-dire au-dessus des régions habitées par les Sundi et les autres tribus hostiles aux blancs. Au commencement d'avril j'eus une rechute assez grave d'une maladie de foie; les médecins m'interdirent formellement un nouveau voyage dans l'Afrique équatoriale, et la Société de géographie elle-même refusa de me prêter son concours dans ces conditions. Je dus donc renoncer pour le moment à mettre mon projet à exécution; M. de Brazza en profita pour s'adjoindre Marche, qui fut officiellement attaché à l'expédition en qualité de naturaliste, aux appointements de six mille francs. Il est inutile de dire que l'énergie à toute épreuve de Marche, et sa connaissance du mpongwé et d'une partie des pays à explorer, rendent son concours infiniment précieux

Son Excellence M. le ministre de la marine, qui n'a cessé de mettre tout en œuvre pour faciliter à

Brazza la mise à exécution de sa difficile entreprise, mit à sa disposition vingt tirailleurs sénégalais ou laptots, tous musulmans, conduits par un de leurs meilleurs sous-officiers, et recevant aux frais du gouvernement une assez belle solde de campagne; de plus, il donna des ordres au Gabon pour que l'on commençât immédiatement la construction de grandes pirogues destinées à transporter M. de Brazza, ses compagnons, ses hommes et tout son matériel de campagne. D'après les règlements en usage, toute expédition de ce genre doit être accompagnée d'un chirurgien de la marine; M. de Brazza avait reçu de très-nombreuses demandes : il arrêta son choix sur un tout jeune homme, M. Balley, qui lui parut réunir toutes les conditions nécessaires d'énergie, d'instruction, de patience et de santé. Ensuite, M. de Brazza demanda et obtint l'autorisation du ministère pour emmener un quartier-maître qu'il avait connu à bord de la *Vénus*, et dont il avait eu occasion d'apprécier le dévouement et l'intelligence. Enfin, nos lecteurs apprendront avec plaisir que le fidèle Chico, retenu et engagé depuis trois mois, vit grassement à bord de la *Cordelière* aux frais de l'État et attend le moment de commencer son second voyage dans l'Okanda. Vers la fin d'avril, M. de Brazza fut naturalisé Français et nommé enseigne de vaisseau.

Maintenant que nos lecteurs connaissent le *personnel* de l'expédition, nous allons donner quelques

ÉPILOGUE.

détails sur le *matériel* qu'elle emporte : MM. de Brazza, Marche et Balley, ainsi que le quartier-maître qui les accompagne, sont armés de *Winchester repeating rifles*. La carabine Winchester à répétition peut tirer quatorze coups de suite sans être rechargée ; il y a là un mystère qui frappe les noirs d'une terreur superstitieuse. Tout en restant stupéfiés de la rapidité du tir et de la longue portée du chassepot, ils se rendent à peu près compte du mécanisme de ce fusil ; à tout le moins ils voient mettre une cartouche, une balle. Tandis que le winchester, entre les mains d'un homme habile, qui a soin de ne pas introduire ses quatorze cartouches dans le double canon devant les nègres et de leur laisser croire qu'il peut tirer indéfiniment, devient une arme fétiche dont la seule vue les glace d'effroi. Tous les laptots sénégalais sont armés de chassepots ; ainsi que je l'ai dit, l'humidité avait perdu presque toutes nos cartouches de chassepot, et, dans la dernière partie de notre voyage, cette arme était devenue inutile entre nos mains. Pour remédier à cet inconvénient, Brazza n'emporte que des cartouches métalliques ; ces cartouches métalliques sont enfermées par paquets de deux cents dans des boîtes en fer soudées qui pourraient à la rigueur tomber dans l'eau sans que l'humidité pénétrât dans l'intérieur. La poudre de chasse est également renfermée dans des boîtes soudées.

La question des instruments pour les observations astronomiques est très-importante; il était arrivé, en effet, que le chronomètre que M. Walker avait mis à notre disposition s'était trouvé, avant même notre départ d'Adanlinanlango, hors d'état de nous servir, et que, par suite de la position perpendiculaire du soleil pendant la plus grande partie de l'année, il y avait impossibilité de prendre pour les latitudes des observations autres que celles des hauteurs circumméridiennes, très-difficiles et très-laborieuses sous un pareil soleil et dans de semblables conditions. D'un autre côté, l'horizon artificiel dont nous nous servions, une boîte à parois non réfléchissantes remplie d'huile, présentait les plus graves inconvénients; quant à l'horizon artificiel à mercure, par sa trépidation continuelle et son extrême mobilité, il était intolérable dans un pays où l'on ne peut pas faire une observation sans être entouré par quinze ou vingt nègres. M. de Brazza a remédié à cet inconvénient en répandant sur une plaque de cuivre quelques gouttes de mercure; le mercure s'identifie au cuivre, et, tout en devenant stable, ne perd rien de ses propriétés de réflexion solaire. Il emporte de plus un excellent sextant de poche et plusieurs chronomètres qui, naturellement, seront moins susceptibles d'altération ou d'accident qu'un seul. Au cas où les chronomètres ne pourraient plus rendre les services voulus, une très-forte lorgnette astronomique permettra de prendre des distances lunaires et des occultations d'étoiles. Il a en outre un assortiment complet de baromètres, boussoles, thermomètres, etc.

Le ministère a fourni les haches, les scies, les marteaux, et en général tous les ustensiles de menuiserie et de charpenterie, afin que les laptots puissent au besoin construire une case, un radeau ou même une pirogue. Les hameçons, les filets, les harpons, les engins de pêche de tout genre n'ont pas été négligés ; quelques-uns de ces engins seraient aussi parfaitement prohibés que possible dans notre pays, tels sont les cartouches de dynamite, dont l'explosion sous-marine tue tous les poissons dans un rayon de quinze ou vingt mètres. Des fusées du magnésium, et divers objets que l'on appelle ici *physique amusante,* sont destinés à produire une profonde impression sur l'esprit superstitieux des noirs.

Je ne donnerai pas ici l'énumération des marchandises emportées par les explorateurs, il me suffira de dire qu'ample provision a été faite de toutes celles énumérées au chapitre où j'ai traité de l'industrie dans l'Afrique équatoriale : il y a plusieurs kilomètres d'étoffe, et, naturellement, un gros tonneau de ce sel qui nous a rendu de si grands services dans l'Okanda. Un négociant a donné généreusement près de cent kilogrammes de *perles lus-*

trées, l'une des espèces que les nègres apprécient le plus. Cette fois, sur le conseil de Marche et sur le mien, on n'a pris qu'en petite quantité les casques de pompiers, les uniformes brodés, les épées de sénateur, les gilets d'argent, les pierres précieuses, les couronnes en carton pâte et généralement la défroque de tous les théâtres. Ce n'est pas que ces présents soient mal venus des noirs, au contraire; mais, d'une part, ils tiennent beaucoup de place, et, de l'autre, ils ne dispensent en rien des cadeaux que l'on est obligé de faire, spécialement aux rois pour droit de passage. Ces droits consistent en fusil, poudre, perles, chemise, barres de cuivre, marmite, etc. Donnât-on au roi le plus brillant uniforme, s'il manque un seul des objets ci-dessus nommés, il réclame : « C'est bon, dit-il, mais où est la chemise? où est le chaudron? etc. » Malheureusement, les laptots sénégalais sont assez exigeants pour leur nourriture, et il sera nécessaire d'emporter pour eux un chargement de riz assez considérable, car ils n'aiment pas les bananes.

Nos lecteurs savent quelles déceptions nous avons eues, Marche et moi, avec les plaques toutes préparées (système Strebbing) que nous avions emportées. Brazza et Marche se sont décidés à faire encore un essai; ils se serviront du *scénographe,* appareil nouvellement inventé par le docteur Candèze, d'un volume excessivement minime (avec les produits, il ne pèse pas plus de quatre livres), et également avec des plaques toutes préparées. Seulement, ils auront soin, ce que, nous conformant du reste aux instructions reçues, nous n'avions pas fait, de développer par l'ammoniaque les plaques le soir même du jour où les photographies ont été prises. Tout porte à croire que les plaques développées de suite, soigneusement et hermétiquement enfermées dans des boîtes à châssis, se conserveront jusqu'au moment où elles arriveront en France. Le matériel de l'expédition, ainsi constitué est renfermé dans cent cinquante-quatre caisses, dont chacune contient elle-même deux caisses pesant vingt kilogrammes, et pouvant par conséquent se mettre sur la tête d'un porteur, ou plutôt d'une porteuse, car, ainsi que nous avons eu souvent occasion de le dire, ce sont généralement les femmes qu'on charge des fardeaux ; toutes ces petites caisses sont parfaitement assorties des objets essentiels sur l'Ogooué, poudre, fer, cuivre, perles, couteaux, miroirs, étoffes, etc.

La difficulté de trouver des bateaux pour transporter cette énorme quantité de marchandises sera d'autant plus grande, qu'on peut seulement franchir les rapides de l'Ogooué, c'est-à-dire un parcours de près de cent dix milles, avec des pirogues toutes spéciales construites dans le pays même. Malheureusement, il résulte des nouvelles reçues récemment par nous, que, malgré tous les efforts faits depuis six mois par le commandant particulier du Gabon pour obtenir des noirs qu'ils construisissent sept ou huit grandes pirogues en vue de l'expédition de MM. de Brazza et Marche, il n'a pas pu obtenir d'eux qu'ils se missent à l'ouvrage. Telles sont leur paresse et leur incurie que, bien qu'on leur ait offert pour ces pirogues des prix tout à fait exceptionnels, ils n'auront sans doute encore rien fait à l'arrivée des explorateurs, et M. de Brazza n'aura alors, pour transporter ses bagages, que les pirogues des Gallois et des Inenga dont nous nous sommes nous-mêmes servis. Dans ce cas, il faudra faire au moins trois voyages d'Adanlinanlango au pays des Okanda.

Voici maintenant l'itinéraire que doit suivre l'expédition française. Au Sénégal, ils trouveront leurs tirailleurs armés, équipés et prêts à partir : ils prendront tous ensemble le transport qui fait régulièrement le service entre Dakar et le Gabon. Arrivés à Libreville, M. de Brazza versera devant les Sénégalais, dans la caisse du commandement, quatre mille francs en pièces de cinq francs. Ces quatre mille francs seront en totalité répartis entre ceux des laptots qui l'auront accompagné jusqu'au bout, quel que soit d'ailleurs leur nombre. L'appât de cette récompense considérable sera un excellent stimulant pour la fidélité et l'énergie de ces bons tirailleurs. Aussitôt l'arrivée de l'expédi-

ÉPILOGUE.

tion française à Libreville, le *Marabout*, petit aviso déjà connu de nos lecteurs, conduira ceux qui en font partie aussi haut que les vapeurs peuvent remonter le fleuve, c'est-à-dire jusqu'à Adanlinanlango, le pays de feu le roi-Soleil. M. de Brazza et ses compagnons seront ainsi dispensés de séjourner dans cette région des marais et des palétuviers qui exhalent des miasmes si délétères et qui nous ont été si funestes. A Adanlinanlango, MM. de Brazza et Marche s'embarqueront aussitôt que possible sur les pirogues du roi Rénoqué pour le pays des Okanda. Aussitôt arrivés à Lopé, ils expédieront N'Doundou ou d'autres chefs avec des hommes et des pirogues okanda pour chercher M. Ballay, resté à Adanlinanlango à la garde des bagages que le premier convoi n'aura pas pu emporter. L'Okanda sera le quartier général des explorateurs; ils comptent y demeurer six mois et ont emporté jusqu'à des graines qui, au commencement de la saison suivante, leur donneront un véritable trésor dans ce pays, des légumes. MM. de Brazza et Marche profiteront de leur séjour dans l'Okanda pour nouer, s'il est possible, des relations d'amitié avec les Osyéba. On payera, s'il le faut, les hommes que nous leur avons tués lorsqu'ils nous ont attaqués; on leur fera des présents, on leur fera voir l'exercice à feu fait par les Sénégalais avec les terribles chassepots, en un mot, on mettra tout en œuvre pour éviter l'effusion du sang. Il est bien entendu cependant que, s'il faut en venir là, M. de Brazza et ses compagnons ne reculeront pas devant une lutte à main armée. Lorsque le moment de leur départ définitif sera arrivé, ils se mettront en mouvement avec cent cinquante ou deux cents auxiliaires okanda, et si, comme tout porte à l'espérer, ils franchissent ce passage de l'Ivindo qui nous a été si fatal, ils arriveront jusqu'au pays des Madouma et des Osyébo : une fois chez ce peuple ami des blancs, la route semble possible, sinon facile, jusqu'au lac Victoria Nyanza, but lointain de l'expédition française. Dieu seul sait ce que l'avenir réserve à nos intrépides compatriotes, mais il faut leur rendre cette justice que, depuis dix mois, ils ont fait des prodiges d'intelligence et de travail, et mis en œuvre tout ce qui est humainement possible pour assurer le succès de leur entreprise.

Pour moi, j'ai une si ferme confiance dans le succès de cette mission, je crois si bien que l'avenir lui réserve de grandes et glorieuses découvertes, qu'il y a un mois j'ai supplié Brazza de m'emmener avec lui comme simple volontaire. Brazza m'a refusé parce qu'il ne croit pas, malgré ce que j'ai pu lui dire, que ma santé soit assez rétablie pour me permettre de supporter les fatigues de cette nouvelle campagne ; mais en expliquant au congrès géographique les causes de ce refus, il a dit qu'il comptait sur moi pour venir le dégager s'il était prisonnier dans l'intérieur comme beaucoup d'autres voyageurs l'ont été, et, qu'il revînt ou qu'il ne revînt pas, pour reprendre son œuvre au point où il l'aurait laissée, comme il reprend en ce moment la nôtre, et replanter un peu plus loin que lui ce jalon du pionnier qu'en ce moment il va porter en avant. J'espère, quand l'heure sera venue, ne pas faire défaut à la tâche qu'il m'a ainsi tracée et que j'accepte de grand cœur.

APPENDICE

APPENDICE

ÉTUDES SOMMAIRES SUR LA LANGUE M'PONGWÉ
ET NOTIONS SUR LA LANGUE COMPARÉE
DES TRIBUS QUI HABITENT LES BORDS DE L'OGOOUÉ.

Dans la première partie du récit de mes voyages, j'ai déjà eu occasion de dire quelques mots sur l'importance capitale de la langue mpongwé pour les voyageurs qui se préparent à pénétrer par le fleuve Ogooué ou les régions situées sous l'équateur jusqu'au cœur même de l'Afrique. Cette langue, dont se servent habituellement huit tribus, et qui, à notre connaissance, est comprise par onze autres, n'est pas ignorée chez les Osyébo et les Madouma, le pays le plus lointain dont nous ayons vu les habitants, et va sans doute jusqu'au centre même de l'Afrique. Il ne saurait entrer dans nos intentions d'en faire une grammaire ou un vocabulaire; ce travail serait déplacé ici, et a d'ailleurs été récemment fait par le R. P. Leberre avec toute la perfection possible [1]. Je veux seulement donner, pour les philologues, quelques notions sommaires sur le génie de cette langue, puis dire quelques mots

---

[1] *Grammaire de la langue pongouée*, par le Père Leberre. Paris, Raçon, 1875.

des idiomes en usage parmi les diverses tribus que nous avons eu occasion de visiter.

Dans la première partie de cette étude, je prendrai pour guide la grammaire du Père Leberre; dans la seconde, je me servirai de mes études personnelles.

I

Comment la langue mpongwé, qui jusqu'à l'arrivée des missionnaires catholiques et protestants n'avait jamais été écrite, a-t-elle pu, pendant des siècles, se conserver intacte avec ses règles de grammaire, de syntaxe et d'euphonie, au milieu de plusieurs tribus qui n'ont naturellement ni professeurs, ni écoles, ni enseignement quelconque? c'est là un problème aujourd'hui encore parfaitement insoluble : toujours est-il que la langue mpongwé est parfaitement rationnelle, et qu'elle obéit à des lois grammaticales bien déterminées, assez complexes, et qui n'ont d'équivalent dans aucun autre dialecte africain.

L'alphabet mpongwé est à peu près identique à notre alphabet français; on y trouve même l'*u*, et c'est, à ma connaissance, la seule langue où cet *u* ne se prononce pas *ou*; seulement, l'*u* gabonais ne s'emploie que comme consonne et ne forme jamais de voyelle avec la syllabe qui le suit; le *c* et le *q* sont remplacés par le *k*, le *g* est toujours dur et il n'y a pas d'*x*. Comme en espagnol, toute lettre qui se prononce est écrite et tout ce qui est écrit est prononcé.

Le genre se détermine d'une manière assez primitive, en faisant suivre le nom du mot *onomé*, homme, ou du mot *gnanto*, femelle, qui se modifie suivant les besoins de l'euphonie. Exemple : *nioni nome*, un oiseau mâle; *ojino onomé*, un merle mâle; *sinioni sinome*, ou *ijino inome*, des oiseaux mâles, des merles mâles.

Les noms sont divisés, pour la formation du pluriel, en quatre classes ou déclinaisons, dans le genre des déclinaisons allemandes; ils forment ce pluriel de différentes manières, suivant qu'ils commencent par une consonne, par un *e*, par un *i*, par un *o*. Exemple : *shouaka*, couteau, plur., *si shouaka;* *épélé*, plat, plur., *pélé; ido*, pierre, plur., *ado; olonda*, fruit, plur., *ilonda*. Il y a des exceptions et des mots irréguliers.

Le *relatif* joue un grand rôle dans la langue pongouée [1], il y est souvent employé comme pronom

---

[1] *Grammaire du Père Leberre :* le Père Leberre écrit *pongouée* au lieu de *m'pongwé;* peut-être le *ou* à la place du *w* est-il plus conforme à la prononciation des naturels; mais, autant que ma faible compétence me permet de juger de la question, il serait mieux de maintenir le *m'* placé dans l'ancienne grammaire des missionnaires américains au commencement du mot, car les noirs disent bien *m'pongoué* et non

et entre dans la composition de plusieurs pronoms ; il se modifie suivant la lettre initiale qui s'y rapporte. J'ajouterai que ces constantes modifications, gouvernées par des règles très-complexes quoique bien définies, sont une difficulté constante pour les Européens ; nous ne savons jamais, quand nous parlons, s'il faut dire *ji, yi, gni, mi, wi, si,* et, quand les noirs nous parlent, nous ignorons s'il faut traduire ces mots par *de, que, qui, il, elle, le, la, les,* car ils ont à la fois toutes ces significations.

Les adjectifs se mettent presque toujours devant le nom ; ils se divisent, quant au pluriel, en quatre classes, qui varient les unes suivant la classe du mot auquel ils se rapportent, les autres suivant leur propre initiale. Exemple : *shouaka mpolou,* un grand couteau ; *sishouaka simpolou,* des grands couteaux ; *idombé mpolou,* un gros mouton ; *adombé ampoulou,* de gros moutons.

Pour compter en mpongwé, on compte depuis un, *mori,* jusqu'à dix, *igomi ;* on dit ensuite *igomi mori,* dizaine une et un, etc., etc. *Trente-quatre,* par exemple, se dira *agomi araro ni ntcharo,* dizaine

---

pongoué. Au sujet de la grammaire faite par les missionnaires de l'*American missionary Board,* je dirai que c'est un travail très-méritant ; seulement, en raison même de la date à laquelle il a été publié, il est fait avec beaucoup moins d'expérience, et, de plus, beaucoup moins complet.

trois et trois. Le mot *nkama* veut dire cent; cent cinquante-deux se dira donc : *n'kama mori, agomi naï, ni mbani,* centaine une, dizaines cinq et deux. Cette manière de procéder est très-simple, presque identique à la nôtre; elle diffère constamment de celle des autres peuples africains, notamment des Pahouins et des Bakalais, qui ont un système primitif et compliqué.

Les adjectifs démonstratifs sont *yino,* ce, cette, susceptibles de quatre modifications; les adjectifs possessifs sont *yami, yo, yé, yajio, yami, yao,* également susceptibles d'être modifiés suivant la classe des noms auxquels ils se rapportent. Les adjectifs indéfinis sont gouvernés par des règles trop compliquées pour que je les décrive ici. Les pronoms personnels sont : *mi, o, e, azooue, anoue, vi,* je, tu, il, nous, vous, ils.

La langue mpongwé a des verbes actifs, passifs, neutres, pronominaux et irréguliers, elle n'a de verbe auxiliaire que le verbe *être,* qui n'a point de forme radicale régulière. La forme radicale de tous les verbes réguliers commence par une des consonnes suivantes : *b, d, f, g, k, l, m, n, p, s, t, v.*

Les conjugaisons des verbes gabonais sont compliquées et difficiles; non-seulement ils ont presque tous nos temps, mais encore ces temps ont eux-mêmes quatre ou cinq formes différentes : il faudrait, pour en donner une idée exacte, entrer dans des détails que le cadre restreint de cette notice ne nous permet pas d'aborder. Il y a six conjugaisons, des verbes passifs, des verbes irréguliers et des verbes négatifs. Les verbes négatifs sont très-difficiles pour nous, car souvent la négation ne s'exprime que par le seul *ton de la voix*, ce que les Européens n'arrivent presque jamais à imiter; pour le langage écrit, les missionnaires sont convenus d'indiquer le sens négatif par un accent circonflexe placé sur le verbe. Les verbes mpongwé forment leur futur avec l'auxiliaire *be*, qui joue un peu le rôle du mot *werden* dans la langue allemande; *mi gna,* je mange; *mi be gna,* je mangerai. Il y a un verbe *être* négatif qui veut dire *je ne suis pas ;* il n'affecte pas moins de six formes différentes, dont chacune se conjugue et a tous ses temps. Exemple : Je ne suis pas, *mi ajele, aranga mié, gà mié, mié aja, dyo mi ajele, dyo mi alouana.* Le participe présent s'exprime généralement par le relatif avec le verbe à l'infinitif : Je vois des enfants s'amusant sur le rivage, *mi dyena awana wi shéva g'ogégé* (qui s'amusent). De même pour le participe passé. Exemple : Vous avez acheté des oiseaux morts, *anoue aholi ignoni si re djouva pa* (qui sont morts).

Enfin, la langue mpongwé contient une foule d'adverbes et de locutions proverbiales. Quand on rencontre quelqu'un, on doit lui souhaiter le bonjour par le mot *M'bolo*, Sois vivant, et celui auquel on s'adresse répond immédiatement : *Aï mbolo nké*, Ah! sois vivant aussi! Ajoutons enfin que les noirs parlent avec une vivacité, une volubilité, une mobilité de physionomie et une abondance de gestes dont un Européen ne peut avoir aucune idée. Ils ne sont jamais à court, et pérorent pendant trois ou quatre heures de suite sans hésiter ou se reprendre une seule fois; seulement, les règles de l'éloquence veulent que l'on répète la même pensée cinq à six fois sous des formes différentes, ce qui est exaspérant pour nous autres blancs.

II

Les personnes qui se sont consacrées à l'étude des langues diverses qui se parlent dans l'Afrique équatoriale, je veux parler surtout des missionnaires, ont dû se borner à l'étude du mpongwé, du bakalais et du benga : quelques-uns ont appris le pahouin. Ces quatre langues sont celles qui se parlent sur la côte; mais on était resté dans une ignorance complète au sujet des langues parlées par les tribus de l'intérieur; d'une part, la multiplicité des tribus et de leurs dialectes effrayait; de l'autre, les renseignements sérieux étaient difficiles à obtenir et ne pouvaient venir que de seconde main.

Des études consciencieuses faites pendant notre voyage nous ont amené à reconnaître qu'on avait à tort supposé à chacune de ces tribus une langue qui lui était propre, et que, pour les *vingt et une* tribus avec lesquelles nous avons été en contact, toutes les langues parlées par elles ont pour clef le mpongwé, le bakalais, le benga et le pahouin, et ne s'écartent que très-peu sensiblement de l'un de ces dialectes; ce qui permettrait de ramener toutes ces tribus, et sans doute beaucoup d'autres plus loin dans l'intérieur, à quatre grandes familles.

Voici la division que nous croyons pouvoir indiquer comme certaine :

M'PONGWÉ.	BENGA.	BAKALAIS.	PAHOUIN.
Gabonais.	Corisco.	Bakalais.	Pahouin.
Oroungou.	Okôta.	Bangouen.	Osyéba.
N'Comi.	Yalimbongo.		
Ivilis[1].	Apingi.	[1] Les Ivilis ont adopté la langue	
Toungouzoti.	Okanda.	m'pongwé, qui n'était pas la leur.	
Adjoumba.	Oaka.		
J'Gallois[2].	M'Oshébo.	[2-3] Ces deux tribus parlent	
Inenga[3].	Madouma.	indifféremment le m'pongwé ou	
	Shibé.	l'okanda.	
	(Gallois.)		
	(Inenga.)		

Comme on le voit, huit tribus ont adopté comme langue-mère la langue mpongwé, neuf la langue benga, deux la langue bakalaise et deux la langue pahouine. Mais il est juste de dire que les Pahouins ou les Bakalais sont à eux seuls, chacun des deux, plus nombreux que les autres nations réunies. A mesure que l'on avance dans l'intérieur, les langages ne semblent plus tirer leur source que de deux langues-mères : le pahouin, parlé par les tribus envahissantes des Osyéba, et le benga, qui est la langue des anciens possesseurs du sol.

Les études sur lesquelles nous avons basé ces théories donneraient lieu, si on les reproduisait, à des développements qui n'ont pas leur place ici. Je veux cependant donner quelques exemples à l'appui de ce que j'avance. Prenons les nombres ordinaux jusqu'à dix dans toutes les langues que je viens de citer :

LANGUE M'PONGWÉ [1].

	GABONAIS.	OROUNGOU.	ADJOUMBA.
1.	Mori.	Moshi.	Mori.
2.	Mbani.	Baï.	Mbani.
3.	Ntcharo, araro.	Raro.	Araro.
4.	Naï.	Ina.	Naï.
5.	Nchani, atani.	Atani.	Atani.
6.	Oróua.	Oróua.	Oróoua.
7.	Oróaguénon.	Oróaguénon.	Oroaguénon.
8.	Enanai.	Dinânâ.	Enanai.
9.	Inogomi.	Ipoi.	Inogomi.
10.	Igomi.	Igoum.	Igomi.

[1] Les Ivilis, Toungonjoti, Gallois et Inenga parlent le m'pongwé comme les Gabonais, à part quelques différences. Les N'Comi parlent l'oroungou; mais les N'Comi et les Oroungou se servent presque exclusivement du m'pongwé.

LANGUE BENGA.

	BENGA.	OKÔTA.	OKANDA.	OAKA.
1.	Mpoco.	Mpiko.	Mpoko.	Mpoko.
2.	Ibali.	Mbali.	Bâli.	Bâli.
3.	Ilala.	Tâto.	Tâto.	Tâto.
4.	Inaï.	Naï.	Nao.	Na.
5.	Itano.	Taï.	Tâ.	Ta.
6.	Otoba.	Ntoba.	Motôba.	Motôba.
7.	Embouaidi.	Nâpo.	Nâpo.	Nâpo.
8.	Logambi.	Mouambi.	Enana.	Enâna.
9.	Iboui.	Mbouka.	Bouka.	Bouka.
10.	Dioum.	Djimo.	Djima.	Djima.

LANGUE BENGA (Suite).

	MADOUMA.	YALIMBONGO.	SHIBÉ.	MOSHÉBOS.
1.	Mpoko.	Mpoko.	Mpoko.	Poko.
2.	Niolé.	Mbali.	Bâli.	Yolé.
3.	Tâto.	Tâto.	Tâto.	Nchâlo.
4.	Na.	Naï.	Na.	Na.
5.	Tani.	Taï.	Ta.	Ta.
6.	Motôba.	Ntoba.	Motôba.	Benaï.
7.	Nâpo.	Nâpo.	Napo.	Napo.
8.	Enânâ.	Mouambi.	Enana.	Enana.
9.	Mboui.	Mbouka.	Bouka.	Bouka.
10.	Dioum.	Djimo.	Djima.	Djima.

Comme on le voit, toutes ces langues sont presque identiques pour les tribus de l'intérieur; elles diffèrent un peu plus pour le benga, parlé à Corisco, mais lui ressemblent cependant beaucoup.

APPENDICE.

LANGUE BAKALAISE.

	BAKALAIS.	BANGOUENS [1].	
1.	Iéwotaou.	Iéwotaou.	[1] Les différences en-
2.	Béba.	Béba.	tre ces deux dialectes
3.	Bilali.	Bilali.	consistent seulement
4.	Bénaï.	Bénaï.	dans la manière de pro-
5.	Bitani.	Bitani.	noncer et sont, pour
6.	Na jéwotau.	Na jévotau.	nous du moins, qui par-
7.	Bilali nabiba.	Bilali nabiba.	lons à peine quelques
8.	Bitani nabilali.	Bitani nabilali.	mots de bakalais, im-
9.	Bitani nabénaï.	Bitani nabénaï.	possibles à reproduire.
10.	Dioum.	Dioum.	

LANGUE PAHOUINE.

	PAHOUIN.	OSYÉBA.	
1.	Fo	Foc.	
2.	Béi.	Bé.	
3.	La.	Lal.	[1] Les Osyéba ne comptent
4.	Né.	Né.	que jusqu'à huit et recom-
5.	Tani.	Tani.	mencent : huit et un, huit et
6.	Shémé.	Chama.	deux, etc.
7.	Zangoua.	Wolo.	
8.	Moum.	Oouon [1].	[2] D'après M. Duchaillu ; mais
9.	Iboum ou	Ibou [2].	les Pahouins que nous avons
10.	Wooo ou	Aboum [2].	vus ne comptaient que jusqu'à huit, comme les Osyéba.

Pour terminer ces exemples, je citerai quelques mots du vocabulaire fait par nous des langues okôta, okanda et osyéba, qui, naturellement, étaient, comme ces tribus, absolument inconnues jusqu'à ce jour.

	OKÔTA.	OKANDA.		OKÔTA.	OKANDA.
Fusil.	Njâli.	Orounjali.	Sel.	Vianga.	Inanga.
Homme.	Dibâka.	Moméné.	Dents.	Mamimo.	Mamimo.
Femme.	Moïâmi.	Moûanto.	Perles.	Olonda.	Molonda.

	OKÔTA.	OKANDA.		OKÔTA.	OKANDA.
Yeux.	Dicho.	Inteho.	*Antilope.*	Nkâbi.	Nkâbi.
Bouche.	Ndoumbou.	Oâno.	*Ivoire.*	Shéba.	Tchéba.
Oreille.	Diloï.	Mtôli.	*Tortue.*	Ejomba.	Egomba.
Nez.	Divio.	Opombo.	*Tigre.*	Ndjégo.	Ndjégo.
Mains.	Dikoko.	Ngôgo.			

Comme on le voit, les différences sont très-accentuées, mais il y a aussi quelques mots semblables.

Cependant, la similitude est moins grande que ne pourrait le faire supposer la manière de compter, qui est presque identique.

MOTS OSYÉBA [1].

Dieu.	Vié.	*Arbre.*	Ili.
Yeux.	Djid.	*Boire.*	Madjimé.
Bouche.	Anou.	*Poisson.*	Faganini.
Nez.	Bidina.		
Oreilles.	Alouila.		
Mains.	Mô.		
Dents.	Machouine.		
Tête.	Lôna.		
Cheveux.	Ichili.		
Homme.	Noum.		
Femme.	Mounounge.		
Manger.	Bicondo.		
Rivière.	Ochoui.		
Montagne.	Mcouloï.		

Lorsque l'on voit quelqu'un, on doit lui faire la salutation suivante : *Chica ah chica*, Vis! ah vis!

[1] Je regrette de ne pouvoir mettre en regard les mots pahouins, n'ayant pas ici le petit dictionnaire fait par les missionnaires américains. Les différences sont sensibles ; mais les Pahouins et les Osyéba se comprennent parfaitement.

J'arrête ici ces citations, me réservant de publier en temps et lieu un petit vocabulaire comparé des langues pahouines ou osyéba et de la langue niam-niam, sur laquelle mon illustre ami le docteur Schweinfürth doit me donner les renseignements les plus circonstanciés.

CATALOGUE DES OISEAUX

RAPPORTÉS PAR

MM. LE Mis DE COMPIÈGNE ET Alfred MARCHE

ET DÉTERMINÉS

PAR A. BOUVIER.

CATALOGUE
DES
OISEAUX
RAPPORTÉS PAR
MM. LE M{is} DE COMPIÈGNE ET ALFRED MARCHE
de leur voyage aux côtes occidentales d'Afrique
et sur l'Ogooué

ET DÉTERMINÉS
Par A. BOUVIER

ACCIPITRES

S.-ordre. *FALCONES*.

Fam. VULTURIDÆ.

S.-fam. *VULTURINÆ*.

Pseudogyps Africanus. *Salvad.*
    Dakar (Sénégal).

Otogyps auricularis. *Daud.*
    Presqu'île du Cap-Vert.

Lophogyps occipitalis. *Burch.*
    Fernand-Vaz.

S.-fam. *NEOPHRONINÆ*.

Neophron pileatus. *Burch.*
    Ruffisque (Sénégal), Sierra-Leone.

Fam. FALCONIDÆ.

S.-fam. ACCIPITRINÆ.

Polyboroïdes typicus. *Smith*.
      Gabon.

Circus macrurus. *Gm*.
      Ruffisque (Sénégal.)

Melierax polyzonus. *Rüpp*.
      Daranka (Gambie).

Astur macroscelides. *Hartl*.
      Confluent de l'Ogooué.

— sphenurus. *Rüpp*.
      Rivière de Malacorée.

Accipiter Hartlaubi. *Verr*.
      Gabon.

S.-fam. AQUILINÆ.

Lophoaëtus occipitalis. *Daud*.
      Confluent de l'Ogooué.

Asturinula monogrammica. *Temm*.
  Bathurst (Gambie); Sédhiou (Cazamance).

Haliaëtus vocifer. *Daud*.
 Confluent de l'Ogooué, Haut-Ogooué, lac Onangué.

Gypohierax Angolensis. *Gm*.
   Confluent de l'Ogooué, Fernand-Vaz.

Nauclerus Riocouri. *Vieill*.
      M'baô, Hann (Sénégal).

Milvus Ægyptius. *Gm*.
      Dakar, Ruffisque.

APPENDICE.

Milvus niger. *Briss*.
>Presqu'île du Cap-Vert.

S.-fam. FALCONINÆ.

Baza cuculoïdes. *Swains*.
>Gabon.

Cerchneis tinnuncula. *Linn*.
>Presqu'île du Cap-Vert, Hann.

— tinnunculoïdes. *Temm*.
>M'bao, Hann.

S.-ordre. PANDIONES.

Fam. PANDIONIDÆ.
S.-fam. PANDIONINÆ.

Pandion haliaëtus. *Linn*.
>Ile de Gorée (Sénégal.)

S.-ordre. STRIGES.

Fam. STRIGIDÆ.
S.-fam. SURNINÆ.

Microglaux perlata. *Vieill*.
>Sainte-Marie de Bathurst.

S.-fam. BUBONINÆ.

Nyctaëtus fasciolatus. *Temm*.
>Bonny (Golfe de Guinée).

Nisuella gracilis. *Less*.
>Sierra-Leone.

18.

Scotopelia Peli. *Temm.*
> Lac Onangué (Gabon).

— Bouvieri. *Sharpe.*
> Haut Ogooué.

Scops capensis. *Smith.*
> Marigot de M'baô.

Ptilopsis leucotis. *Temm.*
> Daranka (Gambie).

S.-fam. *SYRNIINÆ.*

Syrnium Woodfordi. *Smith.*
> Gabon.

S.-fam. *STRIGINÆ.*

Strix Africana. *Bp.*
> Ruffisque (Sénégal).

PASSERES

S.-ordre. *FISSIROSTRES.*

Fam. CAPRIMULGIDÆ.

S.-fam. *CAPRIMULGINÆ.*

Caprimulgus fulviventris. *Hartl.*
> Gabon, Ogooué.

Scortornis longicaudus. *Steph.*
> Presqu'île du Cap-Vert, Fernand-Vaz.

Macrodipteryx longipennis. *Shaw*.
>> Diatacunda (Cazamance.)

Fam. CYPSELIDÆ.

S.-fam. *CYPSELINÆ*.

Cypselus affinis. *Gray*.
>> Bathurst (Gambie).

Cypsiurus parvus. *Licht*.
>> Bonny (Golfe de Guinée).

S.-fam. *CHÆTURINÆ*.

Chœtura Sabinei. *Gray*.
>> Fernando-Po.

Fam. HIRUNDINIDÆ.

S.-fam. *HIRUNDININÆ*

Hirundo rustica. *Linn*.
>> M'baô, Ruffisque, Almadis.
— lucida. *Verr. et Hartl*.
>> Bathurst (Gambie).

Cecropis Senegalensis. *Linn*.
>> Joal (Sénégal), Sédhiou.

Psalidoprogne melbina. *Verr*.
>> Confluent de l'Ogooué.

Fam. CORACIADÆ.

S.-fam. *CORACIANÆ*.

Coriacias pilosa. *Lath*.
>> Daranka (Gambie).

Coraciura cyanogastra. *Cuv.*
>Hann, Ruffisque.

— Abyssinia. *Bodd.*
>Dakar, Pointe du Cap-Vert, Deine.

Cornopio gularis. *Vieill.*
>Ponte (Sénégal).

— afer. *Lath.*
>Daranka (Gambie), Sierra-Leone,
>Vieux-Calabar, Gabon.

Fam. ALCEDINIDÆ.

S.-fam. *DACELONINÆ.*

Halcyon Senegalensis. *Linn.*
>M'baô, Ruffisque, Diatacunda, Sierra-Leone,
>riv. Malacorée, Gabon, confluent Ogooué.

— cinereifrons. *Vieill.*
>Sierra-Leone, Bonny, Gabon.

— malimbica. *Shaw.*
>Confluent Ogooué.

— semicerulea. *Forsk.*
>Sierra-Leone.

— badia. *Verr.*
>Gabon.

— dryas. *Hartl.*
>Hann (Sénégal).

— cyanoleuca. *Vieill.*
>Ruffisque, Sierra-Leone.

Chelicutia chelicuti. *Reich.*
>Sénégal.

APPENDICE.

S.-fam. ALCEDININÆ.

Alcedo quadribrachys. *Bp.*
  Gabon, confluent de l'Ogooué, Fernand-Vaz.
— **semitorquata.** *Sw.*
  Gabon.

Corythornis cristata. *Linn.*
  Hann, Sierra-Leone, Gabon, Fernand-Vaz.
— **leucogaster.** *Gray.*
  Gabon, confluent de l'Ogooué.

Ispidina picta. *Bodd.*
  Vieux-Calabar, Gabon.
— **coronata.** *Smith.*
  Sierra-Leone.

Ceryle rudis. *Linn.*
  Ruffisque, M'bao, Bathurst, confl. de l'Ogooué.
— **maxima.** *Pall.*
  Fernand-Vaz.
— **Sharpei.** *Gould.*
  Confluent de l'Ogooué.

Fam. MEROPIDÆ.
S.-fam. NYCTIORNITHINÆ.

Meropiscus gularis. *Shaw.*
  Confluent de l'Ogooué.

S.-fam. MEROPINÆ.

Merops apiaster. *Linn.*
  Sénégal.
— **Savignyi.** *Sw.*
  Sédhiou (Casamance).

Merops albicollis. *Vieill.*
Sierra-Leone, Gabon.
— Nubicus. *Gm.*
Daranka.
— Malimbicus. *Shaw.*
Gabon, confluent de l'Ogooué.
— Angolensis. *Gm.*
Gabon.
— hirundinaceus. *Vieill.*
M'baô, Hann.
Melittophagus pusillus. *Müll.*
Dakar, Hann, Ruffisque.
— collaris. *Vieill.*
Daranka.
— Bullocki. *Vieill.*
Zinghinchor (Casamance).

S-ordre. *TENUIROSTRES.*

Fam. UPUPIDÆ.

S.-fam. *UPUPINÆ.*

Upupa Senegalensis. *Sw.*
Ponte (Sénégal).

S.-fam. *IRRISORINÆ.*

Irrisor Senegalensis. *Lath.*
Ruffisque, Joal (Sénégal).
— aterrimus. *Steph.*
Déine (Sénégal).

Fam. PROMEROPIDÆ.

8.- fam. *NECTARININÆ.*

Nectarinia splendida. *Shaw.*
  Ruffisque, M'baô, Daranka, Sierra-Leone.
— Jardinei. *Verr.*
  Gabon.
— Johannæ. *Verr.*
  Gabon.
— amethystina. *Shaw.*

— Senegalensis. *Linn.*
  Hann, Daranka, Sédhiou.
— Angolensis. *Less.*
  Confluent de l'Ogooué.
— venusta. *Shaw.*
  Dakar, Hann, Joal, Sierra-Leone.
— superba. *Vieill.*
  Cap-Vert, Gabon, confluent de l'Ogooué.
— subcollaris. *Reich.*
  Confluent de l'Ogooué.
— chloropygia. *Jard.*
  Vieux-Calabar, Gabon, Fernando-Po, Confluent de l'Ogooué.
— cyanolæma. *Jard.*
  Sierra-Leone.
— tephrolæma. *Jard.*
  Confluent de l'Ogooué.
— obscura. *Jard.*
  Confluent de l'Ogooué.

Nectarinia Reichenbachii. *Hartl.*
Gabon.
— cyanocephala. *Gm.*
Sierra-Leone, Gabon.
— affinis. *Rüpp.*
Hann.
— verticalis. *Vieill.*
Sierra-Leone.
— cuprea. *Shaw.*
Joal, Bathurst, Daranka, Gabon.
— fuliginosa. *Shaw.*
Gabon.
— pulchella. *Linn.*
Dakar, Hann, Ponte, Bathurst. Daranka, Ruffisque.

S.-fam. *ARACHNOTERINÆ.*

Anthreptes Longuemarii. *Less.*
Ponte (Sénégal).
— aurantia. *Verr.*
Confluent de l'Ogooué.

Fam. **MELIPHAGIDÆ.**
S.-fam. *MELITHREPTINÆ.*

Zosterops Senegalensis. *Bp.*
Bathurst.

S.-ordre. *DENTIROSTRES.*

Fam. **LUSCINIDÆ.**
S.-fam. *MALURINÆ.*

Drymoica Strangeri. *Fras.*
Confluent de l'Ogooué, lac Onangué.

Drymoica superciliosa. *Sw.*
Daranka.

Cisticola schœnicola. *Bp.*
Dakar.

Melocichla mentalis. *Fras.*
Bonny.

Hylia superciliaris. *Tem.*
Gabon.

Bæocelis badiceps. *Fras.*
Confluent de l'Ogooué.

Eremomela pusilla. *Hartl.*
Bathurst.

Camaroptera brevicaudata. *Rüpp.*
Gabon.

Sylvietta microura. *Rüpp.*
Lac Onangué.

S.-fam. CALAMODYTINÆ.

Calamodyta arundinacea. *Linn.*
Ruffisque.

Thamnobia frontalis. *Sw.*
Daranka.

S.-fam. SYLVIANÆ.

Phyllopneuste Bonelli. *Vieill.*
Joal (Sénégal.)

S.-fam. SAXICOLINÆ.

Saxicola œnanthe. *Linn.*
Dakar, Bathurst.

Saxicola albicollis. *Vieill.*
Bathurst.

Pratincola rubicola. *Linn.*
Fernand-Vaz.

— rubetra. *Linn.*
M'baô.

Fam. PARIDÆ.

S.-fam. *PARINÆ.*

Parus funereus. *Verr.*
Gabon.

Fam. MOTACILLIDÆ.

S.-fam. *MOTACILLINÆ.*

Motacilla gularis. *Sw.*
Dakar.

— Vaillanti. *Cab.*
Confluent de l'Ogooué, lac Onaugué.

Budytes flava. *Linn.*
Gabon.

— Rayi. *Bp.*
Dakar, Ruffisque.

S.-fam. *ANTHINÆ.*

Agrodroma campestris. *Bechst.*
Bathurst.

Pipastes plumatus. *Müll.*
Dakar.

Macronyx croceus. *Vieill.*
Fernand-Vaz.

APPENDICE.

Fam. TURDIDÆ.

S.-fam. TURDINÆ.

Turdus Pelios. *Hartl.* nec *Bp.*
Gabon.
— apicalis. *Licht.*
Sénégal.
Monticola saxatilis. *Linn.*
Bathurst.
Bessonornis albicapilla. *Vieill.*
Sédhiou (Cazamance).
— verticalis. *Hartl.*
Fernand-Vaz.
— Poënsis. *Strickl.*
Fernando-Pô.

Fam. PYCNONOTIDÆ.

S.-fam. PYCNONOTINÆ.

Pycnonotus barbatus. *Desf.*
Dakar, M'baô, Bathurst.
— Ashanteus. *Bp.*
Bonny.

S.-fam. PHYLLORNITHINÆ.

Criniger tephrogenys. *Jard.* et *Selb.*
Sierra-Leone.
— flavicollis. *Sw.*
Joal (Sénégal).
Ixonotus guttatus. *Verr.*
Confluent de l'Ogooué, Haut-Ogooué.

Bæpogon nivosus. *Temm.*
Vieux-Calabar.
Pyrrhurus leucoplurus. *Cass.*
Gabon, Haut-Ogooué.
Hypotrichas calurus.
Gabon.
Andropadus latirostris. *Strickl.*
Daranka.
— virens. *Cass.*
Confluent de l'Ogooué.

S.-fam. *CRATEROPODINÆ.*

Crateropus Reinwardtii. *Sw.*
Bathurst.
— platycircus. *Sw.*
Deine (Sénégal).
Hypergerus atriceps. *Less.*
Sierra-Leone.

Fam. DICRURIDÆ.
S.-fam. *DICRURINÆ.*

Musicus coracinus. *Verr.*
— divaricatus. *Licht.*
Tièse (Sénégal).

Fam. ARTAMIDÆ.
S-fam. *ARTAMINÆ.*

Pseudochelidon eurystomina. *Hartl.*
Lac Onangué.

Fam. ORIOLIDÆ.
S.-fam. ORIOLINÆ.

Oriolus auratus. *Vieill.*
  Zinghinchor (Casamance).

— **larvatus.** *Licht.*
  Gabon.

— **brachyrhynchus.** *Sw.*
  Gabon.

Fam. ÆGITHINIDÆ.
S.-fam. ÆGITHININÆ.

Alethe castanea. *Cass.*
  Confluent de l'Ogooué.

Fam. MUSCICAPIDÆ.
S.-fam. MUSCICAPINÆ.

Musicicapa modesta. *Hartl.*
  Lac Onangué.

Hyliota flavigaster. *Sw.*
  Bathurst.

Artomias fuliginosa. *Verr.*
  Gabon.

Cassinia Fraseri. *Strickl.*
  Fernando-Pô.

Bias musica. *Vieill.*
  Gabon, confluent de l'Ogooué.

S.-fam. MYIAGRINÆ.

Elminia longicauda. *Sw.*
  Sierra-Leone.

Platysteira cyanea. *Müll.*
          Sédhiou, Sierra-Leone, Gabon.
Batis pririt. *Vieill.*
          Bonny.
Dyaphorophyia leucopygialis. *Fras.*
          Gabon.
Tchritrea melampyra. *Verr.*
          Fernand-Vaz.
— Duchaillui. *Cass.*
          Confluent de l'Ogooué, lac Onangué.
— viridis. *Müll.*
          Fernand-Vaz.
— flaviventris. *Verr.*
          Gabon, confluent de l'Ogooué.
— nigriceps. *Temm.*
          Sierra-Leone.

S.-fam. *CAMPEPHAGINÆ.*

Campephaga nigra. *Levaill.*
          Fernand-Vaz.

Fam. LANIIDÆ.

S.-fam. *LANIINÆ.*

Corvinella corvina. *Schaw.*
     Presqu'île du Cap-Vert, M'baô, Daranka.
Lanius rutilans. *Temm.*
          Joal.

S.-fam. *MALACONOTIDÆ.*

Fraseria ochreata. *Strickl.*
          Fernand-Vaz.

Fraseria cinerascens. *Temm.*
        Confluent de l'Ogooué.

Nilaus brubru. *Lath.*
        Daranka, Zinghinchor.

Prionops plumatus. *Shaw.*
        Deine, Ponte (Sénégal).

Chaunonotus Sabinei. *Gray.*
        Gabon.

Laniarius barbarus. *Linn.*
        Presqu'île du Cap-Vert, M'baô, Bathurst.

Meristes chloris. *Valenc.*
        Gabon, confluent de l'Ogooué.

Malaconotus icterus. *Cuv.*
        Daranka.

— **hypopyrrhus.** *Verr.*
        Gabon.

Dryoscopus Gambensis. *Licht.*
        Zinghinchor.

— **leucorhynchus.** *Hartl.*
        Gabon, Haut-Ogooué.

— **major.** *Hartl.*
        Fernand-Vaz.

Telophorus similis. *Smith.*
        Dakar, Tièce.

— **superciliosus.** *Sw.*
        Daranka.

Pomatorhynchus erythropterus. *Schaw.*
        Bathurst.

S.-ordre. CONIROSTRES.

Fam. CORVIDÆ.

S.-fam. COLLÆAITNÆ.

Cryptorhina afra. *Linn.*
Hann (Sénégal), cap Sainte-Marie (Gambie).

S.-fam. CORVINÆ.

Corvus scapulatus. *Daud.*
Deine, Hann, presqu'île du Cap-Vert, Ruffisque.

Fam. STURNIDÆ.

S.-fam. BUPHAGINÆ.

Buphaga Africana. *Linn.*
Gabon.
— **erythrorhyncha.** *Stanl.*
Dakar, M'baô, Deine.

S.-fam. JUIDINÆ.

Juida ænea. *Linn.*
Dakar, Ruffisque, Hann, Deine, M'baô.
Lamprocolius auratus. *Linn.*
Dakar, M'baô, Ruffisque, Hann, Déine, Daranka, Zinghinchor, Sédhiou.
— **splendidus.** *Vieill.*
Daranka, Sédhiou.
— **phænicopterus.** *Sw.*
Fernand-Vaz.

Lamprocolius chloropterus. *Sw.*
>Sénégal.

— purpureiceps. *Verr.*
>Gabon, Fernand-Vaz.

— nitens. *Linn.*
>Gabon.

— ignitus. *Nordm.*
>Ile du Prince.

Cinnyricinclus leucogaster. *Linn.*
>Bathurst, Sierra-Leone.

Spreo pulchra. *Müll.*
>Sénégal.

Fam. PLOCEIDÆ.
S.-fam. PLOCEINÆ.

Textor alecto. *Temm.*
>Déine (Sénégal).

Hyphantornis cucullata. *Müll.*
>Dakar, cap Sainte-Marie, Bathurst.

— Grayi. *Verr.*
>Gabon.

— cincta. *Cass.*
>Confluent de l'Ogooué.

Sitagra luteola. *Licht.*
>Bathurst, Bonny.

— personata. *Vieill.*
>Bonny.

Hyphanturgus brachypterus. *Sw.*
>Marigot de M'baô.

Hyphanturgus aurantius. *Vieill.*
Bonny, confluent de l'Ogooué.

Malimbus cristatus. *Vieill.*
Gabon.

— scutatus. *Cass.*
Fernand-Vaz.

— nitens. *Gray.*
Gabon.

— nigerrimus. *Vieill.*
Gabon, confluent de l'Ogooué.

Ploceus sanguinirostris. *Linn.*
Montagnes des Mamelles (Sénégal), Batubrst.

Foudia erythrops. *Hartl.*
Gabon.

Pyromelana Franciscana. *Isert.*
Bathurst.

Taha afra. *Gmel.*
Daranka.

Nigrita canicapila. *Strickl.*
Fernando-Pô, confluent de l'Ogooué.

— luteifrons. *Verr.*
Confluent de l'Ogooué.

S.-fam. *VIDUANÆ.*

Vidua principalis. *Linn.*
Bathurst, Daranka, Gabon.

— paradisea. *Linn.*
Bathurst, Daranka.

Coliuspasser macroura. *Gmel.*
Fernand-Vaz.

APPENDICE.

S.-fam. *SPERMESTINÆ*.

Spermospisa guttata. *Vieill.*
　　　　　　　Gabon.

Pyrenestes coccineus. *Cass.*
　　　　　　　Gabon.

Estrilda astrild. *Linn.*
　　　　　Bathurst, Daranka.

— cinerea. *Vieill.*
　　　　　　　Gambie.

— atricapilla. *Verr.*
　　　　　　　Confluent de l'Ogoué.

— melpoda. *Vieill.*
　　　　　　　Daranka.

— Bengala. *Linn.*
　　　　　　　Dakar, Joal, Bathust.

— subflava *Vieill.*
　　　　　　　Gambie.

— rufopicta. *Fras.*
　　　　　　　Daranka.

— minima. *Vieill.*
　　　　　　　Dakar, Hann.

— Senegala. *Linn.*
　　　　　　　Daranka.

— cærulescens. *Vieill.*
　　　　　　　Bathurst.

Amadina fasciata. *Gm.*
　　　　　　　Ruffisque.

Spermestes cucullata. *Sw.*
　　　　　　　Joal, Bathurst, Daranka.

Euodice cantans. *Gm.*
>Dakar.

Ortygospiza polyzona. *Temm.*
>Dakar, Daranka.

Hypochera chalybeata. *Müll.*
>Sédhiou.

— musica. *Vieill.*
>Joal.

Fam. FRINGILLIDÆ.

S.-fam. FRINGILLINÆ.

Passer simplex. *Sw.*
>Dakar, Tièse, Ruffisque, Bathurst.

S.-fam. PYRRHULINÆ.

Crithagra chrysopyga. *Sw.*
>Bathurst.

Fam. ALAUDIDÆ.

S.-fam. ALAUDINÆ.

Megalophonus occidentalis. *Hartl.*
>Gabon.

Pyrrhulauda leucotis. *Stanl.*
>Daranka.

Fam. COLIIDÆ.

S.-fam. COLIINÆ.

Colius castanotus. *Verr.*
>Gabon.

— macrourus. *Linn.*
>Joal, Daranka.

Fam. MUSOPHAGIDÆ.
S.-fam. MUSOPHAGINÆ.

Musophaga violacea. *Isert.*
    Sédhiou.

Turacus macrorhynchus. *Fras.*
    Gabon.

— persa. *Linn.*
    Sierra-Leone, Ogooué.

— purpureus. *Cuv.*
    Zinghinchor, Bonny.

— erythrolophus. *Vieill.*
    Fernand-Vaz.

— Meriani. *Rüpp.*
    Haut-Ogooué, lac Onangué.

Schizorhis cristatus. *Vieill.*
    Gabon, confluent de l'Ogooué, Fernand-Vaz.

— Africanus. *Lath.*
    Daranka.

Fam. BUCEROTIDÆ.
S.-fam. BUCEROTINÆ.

Berenicornis albocristata. *Cass.*
    Gabon, confluent de l'Ogooué, Haut-Ogooué.

Tockus erythrorhynchus. *Gm.*
    Joal, Sédhiou.

— fasciatus. *Shaw.*
    Gabon, confluent de l'Ogooué, Haut-Ogooué.

— nasutus. *Linn.*
    Presqu'île du Cap-Vert, M'baô, Ruffisque, Bathurst, Sédhiou.

Tockus camurus. *Cass.*
: Gabon, Cap-Lopez.

Bycanistes cylindricus. *Temm.*
: Haut et bas Ogooué.

— Sharpei. *Elliot.*
: Haut-Ogooué, lac Onangué.

Sphagolobus atratus. *Temm.*
: Confluent de l'Ogooué.

SCANSORES

Fam. PSITTACIDÆ.

S.-fam. PEZOPORINÆ.

Paleornis docilis. *Vieill.*
: Tièse, Joal, presqu'île du Cap-Vert.

S.-fam. PSITTACINÆ.

Psittacus erythacus. *Linn.*
: Bonny, lac Onangué.

Poicephalus Senegalus. *Linn.*
: Daranka, Diatacunda.

— Gulielmi. *Jard.*
: Gabon.

— Rüppellii. *Gray:*
: Fernand-Vaz.

Psittacula pullaria. *Linn.*
: Cap Lagos, Ile du Prince,

Fam. CAPITONIDÆ.

S.-fam. POGONORYNCHINÆ

Pogonorhynchus dubius. *Gmel.*
   Bathurst, Déine.

— bidentatus. *Shaw.*
   Gabon.

— Vieilloti. *Leach.*
   Zinghinchor.

Tricholæma hirsuta. *Sw.*
   Vieux-Calabar.

S.-fam. MEGALAIMINÆ.

Buccanodon Duchaillui. *Cass.*
   Gabon.

Barbatula subsulphurea. *Fras.*
   Confluent de l'Ogooué.

Xylobucco scolopaceus. *Temm.*
   Ogooué.

Gymnobucco calvus. *Lafres.*
   Bonny.

Trachyphonus purpuratus. *Verr.*
   Gabon, confluent de l'Ogooué.

Fam. PICIDÆ.

S.-fam. PICINÆ.

Dendropicus Africanus. *Gray.*
   Gabon, confluent de l'Ogooué.

— minutus. *Temm.*
   Sédhiou.

Mesopicus menstruus. *Scop.*
   Déine.
— goertæ. *Müll.*
   Hann.

S.-fam. GECININÆ.

Campethera maculosa. *Valenc.*
   Gabon.
— brachyrhyncha. *Sw.*
   Gabon, confluent de l'Ogooué.
— Gabonensis. *Verr.*
   Gabon.
— Caroli. *Malh.*
   Gabon, confluent de l'Ogooué, Fernand-Vaz.
— punctata. *Cuv.*
   Daranka.

Fam. CUCULIDÆ.

S.-fam. INDIDATORINÆ.

Indicator major. *Seph.*
   Bonny.
— conirostris. *Cass.*
   Ogooué.

S.-fam. PHÆNICOPHAINÆ.

Zanclostomus aereus. *Vieill.*
   Gabon.
— flavirostris. *Sw.*
   Gabon, confluent de l'Ogooué, Fernand-Vaz.

APPENDICE.

S.-fam. *CENTROPODINÆ*.

Centropus Senegalensis. *Linn.*
    Cap-Vert, Hann, Bathurst, Daranka.

— **Francisci.** *Bp.*
    Confluent de l'Ogooué.

— **monachus.** *Rüpp.*
    Confluent de l'Ogooué.

S.-fam. *CUCULINÆ*.

Cuculus Gabonensis. *Lafres.*
    Gabon.

Chrysococcyx smaragdineus. *Sw.*
    Zinghinchor.

Lamprococcyx cupreus. *Bodd.*
    Confluent de l'Ogooué, Gabon.

— **Klaasi.** *Shaw.*
    Gabon.

Coccytes glandarius. *Linn.*
    Presqu'île du Cap-Vert, Hann.

Oxylophus Jacobinus. *Bodd.*
    Déine.

— **Caffer.** *Licht.*
    Daranka.

COLUMBÆ

Fam. COLUMBIDÆ.

S.-fam. *TRERORINÆ*.

Phalacrotreron calva. *Temm*.
    Gabon.
— nudirostris.
    Gabon.
— Abyssinica. *Lath*.
    Diatacunda.

S-fam. *COLUMBINÆ*.

Turturœna iriditorques. *Cass*.
    Gabon.
Strictœnas Guinea. *Gray*.
    Daranka.
Turtur Senegalensis. *Linn*.
    Presqu'île du Cap-Vert, M'baô.
Streptopelia semitorquata. *Rüpp*.
    Gabon, confluent de l'Ogooué.
— erythrophrys. *Sw*.
    Presqu'île du Cap-Vert, M'baô.
— albiventris. *Gray*.
    Presqu'île du Cap-Vert, M'baô, Hann.

S.-fam. *GOURINÆ*.

Chalcopelia Afra. *Linn*.
    Presqu'île du Cap-Vert, M'baô, Ruffisque.

Chalcopelia puella. *Schl.*
>Gabon, confluent de l'Ogooué.

— Brehmeri. *Hartl.*
>Gabon, confluent de l'Ogooué.

GALLINÆ

Fam. PHASIANIDÆ.
S.-fam. *NUMIDINÆ*.

Numida meleagris. *Linn.*
>Daranka.

— plumifera. *Cass.*
>Gabon.

Fam. TETRAONIDÆ.
S.-fam. *PERDICINÆ*.

Ptilopachus ventralis. *Valenc.*
>Montagne des Mamelles, Ponte.

Chætopus bicalcaratus. *Linn.*
>Ruffisque.

Peliperdix Lathami. *Hart.*
>Confluent de l'Ogooué.

Coturnix communis. *Bonn.*
>Ruffisque, presqu'île du Cap-Vert, M'baô.

GRALLÆ

Fam. OTIDIDÆ.
S.-fam. OTIDINÆ.

Lissotris Senegalensis. *Vieill.*
                Sédhiou.

Fam. CHARADRIADÆ.
S.-fam. OEDICNEMINÆ

OEdicnemus Senegalensis. *Sw.*
                Fernand-Vaz.

S.-fam. CHARADRINÆ.

Lobivanellus Senegallus. *Linn.*
                Dakar, M'baô.

Hoplopterus spinosus. *Linn.*
                Dakar, M'baô.

Xiphidiopterus albiceps. *Fras.*
            Lac Onangué, Fernand-Vaz.

Sarciophorus tectus. *Bodd.*
                Rufisque.

Ægialithis zonata. *Sw.*
                Zinghinchor.

   — tricollaris. *Vieill.*
                Gabon.

Leucopolius marginatus. *Vieill.*
            Confluent de l'Ogooué.

Fam. GLAREOLIDÆ.

S.-fam. *GLAREOLINÆ.*

Glareola pratincola. *Linn.*
Almadis (Sénégal).

— **Nordmanni.** *Fischer.*
Gabon.

— **cinerea.** *Fras.*
Confluent de l'Ogooué.

S.-fam. *CURSORINÆ.*

Cursorius Senegalensis. *Licht.*
Dakar.

Fam. HÆMATOPODIDÆ.

S.-fam. *HÆMATOPODINÆ.*

Hæmatopus ostralegus. *Linn.*
Almadis.

S.-fam. *CINCLINÆ.*

Cinclus interpres. *Linn.*
Cap Sainte-Marie (Gambie).

Fam. GRUIDÆ.

S.-fam. *GRUINÆ.*

Balearica pavonina. *Linn.*
Joal.

Fam. ARDEIDÆ.

S.-fam. *ARDEINÆ*

Ardea cinerea. *Linn.*
Ruffisque, M'baô.

Ardea purpurea. *Linn.*
>Daranka.

Herodias alba. *Linn.*
>Joal.

— garzetta. *Linn.*
>Déine, Daranka.

— ardesiaca. *Wagl.*
>Rivière de Malacorée.

Bubulcus ibis. *Hasselq.*
>Diatacunda.

Ardeola comata. *Pall.*
>Ponte.

Ardetta minuta. *Linn.*
>Dakar.

Butorides atricapilla. *Afzel.*
>Ruffisque, Gabon, lac Onangué.

S.-fam. *BOTAURINÆ.*

Nyctiardea nycticorax. *Linn.*
>Ogooué.

S.-fam. *SCOPINÆ.*

Scopus umbretta. *Gm.*
>Bonny, Fernand-Vaz.

Fam. CICONIIDÆ.

S.-fam. *CICONIINÆ.*

Ciconia nigra. *Linn.*
>Bathurst.

— episcopa. *Bodd.*
>Fernand-Vaz.

Mycteria Senegalensis. *Shaw.*
Sédhiou.

Fam. PLATALEIDÆ.
S.-fam. *PLATALEINÆ.*

Leucerodius tenuirostris. *Temm.*
Lac Onangué.

Fam. TANTALIDÆ.
S.-fam. *TANTALINÆ.*

Tantalus ibis. *Linn.*
Confluent de l'Ogooué, lac Onangué.

S.-fam. *IBIDINÆ.*

Ibis falcinellus. *Linn.*
Ogooué.

Threskiornis Æthiopicus. *Lath.*
Lac Onangué.

Hagedashia hagedash. *Lath.*
Confluent de l'Ogooué, lac Onangué.

Fam. SCOLOPACIDÆ.
S.-fam. *SCOLOPACINÆ.*

Numenius phæopus. *Linn.*
Bonny.

S.-fam. *TOTANINÆ*

Totanus calidris. *Linn.*
Joal.

— **fuscus.** *Linn.*
Hann.

— glottis. *Linn.*

Hann.

Tringoïdes hypoleucos. *Linn.*

Almadis, Gabon.

S.-fam. *RECURVIROSTINÆ*

Himantopus autumnalis. *Linn.*

Lac Onangué.

S.-fam. *TRINGINÆ.*

Auctodromas minuta. *Leils.*

Marigot de M'baô.

Tringa subarquata. *Güld.*

Hann.

Calidris arenaria. *Linn.*

Dakar, Hann.

S.-fam. *SCOLOPACINÆ.*

Gallinago scolopacina. *Bp.*

M'baô.

Rhynchæa Capensis. *Linn.*

Almadis.

S.-fam. *RALLINÆ.*

Limnocorax flavirostra. *Sw.*

Sédhiou.

Corethrura pulchra. *Gray.*

Gabon.

S.-fam. *HIMANTHORNITHINÆ*

Himanthornis hæmatopus. *Temm.*

Gabon.

APPENDICE.

Fam. GALLINULIDÆ.
S.-fam. PORPHYRIONINÆ.

Porphyrio Alleni. *Thomps.*
Gabon.

S.-fam. GALLINULINÆ.

Canirallus oculeus. *Temm.*
Gabon, Fernand-Vaz.

Fam. HELIORNITHIDÆ.
S.-fam. HELIORNITHINÆ.

Podica Senegalensis. *Vieill.*
Confluent de l'Ogooué.

Fam. PARRIDÆ.
S.-fam. PARRINÆ.

Metopodius Africanus. *Lath.*
Almadis, confluent de l'Ogooué.

ANSERES

Fam. ANATIDÆ.
S.-fam. PLECTROPTERINÆ.

Sarkidiornis Africana. *Eyton.*
Diatacunda.

S.-fam. ANSERINÆ.

Nettapus auritus. *Bodd.*
Fernand-Vaz.

S.-fam. *ANATINÆ.*

Dendrocygna viduata. *Linn.*
Hann.

Fam. PODICIPIDÆ.
S.-fam. *PODICIPINÆ.*

Podiceps cristatus. *Linn.*
Almadis.
— **Capensis.** *Bp.*
Gabon.

Fam. PROCELLARIDÆ.
S.-fam. *PROCELLARINÆ.*

Puffinus major. *Fab.*
Fernand-Vaz.
Daption Capensis. *Linn.*
Gabon.

Fam. LARIDÆ.
S.-fam. *STERCORARIINÆ.*

Stercorarius cephus. *Brünn.*
Gabon.

S.-fam. *LARINÆ.*

Larus argentatus. *Brünn.*
Dakar, Almadis.
— **Hartlaubii.** *Bruch.*
Bathurst.
— **gelastes.** *Licht.*
Dakar.

S.-fam. *STERNINÆ.*

Sterna fluviatilis. *Naum.*

Les Mamelles, confient de l'Ogooué.

Actochelidon cantiaca. *Gm.*

Dakar, Gabon.

Thalassea caspia. *Pall.*

Rufisque.

Pelanopus Bergii. *Licht.*

Almadis.

S.-fam. *RYNCHOPSINÆ.*

Rhynchops flavirostris. *Vieill.*

Confluent de l'Ogooué.

Fam. **PHAETONIDÆ.**

S.-fam. *PHAETONINÆ.*

Phaëton æthereus. *Linn.*

Fernand-Vaz.

Fam. **PLOTIDÆ.**

S.-fam. *PLOTINÆ.*

Plotus Levaillantii. *Licht.*

Confluent de l'Ogooué, lac Onangué.

Fam. **PELECANIDÆ.**

S.-fam. *GRACULINÆ.*

Graculus carbo. *Linn.*

Ogooué.

— **lucidus.** *Licht.*

Almadis.

Microcarbo Africanus. *Gm.*

Ruffisque, lac Onangué.

S.-fam. *PELECANINÆ.*

Pelecanus onocrotalus. *Linn.*

Daranka.

— rufescens. *Gm.*

Confluent de l'Ogooué, lac Onangué.

TABLE DES MATIÈRES

Avant-propos.   I

CHAPITRE PREMIER

DÉPART DÉFINITIF POUR L'INTÉRIEUR.

Des explorateurs dont la santé laisse à désirer. — L'Arche de Noé. — Des chauffeurs ensorcelés. — Les Ivilis viennent-ils du Congo ? — Migrations en masse de certains peuples africains. — Causes qui les déterminent. — Mœurs des Ivilis. — Une danse très-caractéristique. — Volés par un dieu. — Papa Yousouf et le lac Azingo. — Nouveaux retards. — Grand palabre. — « Tuez ma sœur, vous me laisserez vivre après. » — Le supplice d'une femme. — Horrible exécution. — Les hippopotames. — Un blanc qui adopte le costume des nègres. — Mort du gros hippopotame. — Les éléphants. — Impossibilité pour nous de les chasser. — Nous achetons un petit éléphant pour 8 fr. 75 c. — Chasse au ncago. — Mis en déroute par des singes. — Les touracos. — Nez à nez, pour la seconde fois, avec un serpent venimeux. — Le *Mérops gularis* et le *Mérops bicolor*. — Départ pour le N'Gounié. — Les chutes de Samba. — Bouali, capitale des Ivéia. — Les prétendants au titre de roi. — Le monarque légitime. — Son *Nunc dimittis*. — Arrivée à Etambé. — Nous y plantons le pavillon français. — Mis à la porte comme mendiants suspects. — Une nuit très-pénible. — Retour au camp. — La rivière Akoio. — Échoués sur les rapides. — Abandonnés par les nègres et assaillis par les abeilles. — Retour à Adanlinanlango. — Défection de trois de nos serviteurs. — Chico reste seul fidèle. — Départ de M. Walker et de Marche pour les lacs. — Une invasion nocturne. — Étude sur les petites pestes du Gabon. — Les moustiques, les fourous, dix espèces de fourmis, les termites, cancrelats, scorpions, centipèdes, millepattes, et une foule d'autres non moins malfaisants.   1

CHAPITRE II

LA MORT DU ROI-SOLEIL ET SES CONSÉQUENCES.

Retour de M. Walker et de Marche. — Détails sur leur excursion. — Le roi Rénoqué nous envoie un gorille qui se trouve être un chimpanzé. — Sans nouvelles du *Delta* et du roi-Soleil. — Pourquoi je reproduis textuellement mon journal de voyage. — Un triste jour de Noël. — Le roi-Soleil revient très-malade. — Il est empoisonné. — L'agonie du vieux pêcheur. — Nous nous adressons à Rénoqué pour nous transporter dans l'intérieur. — N'Combé est mort. — Joie des Inenga. — Cérémonie aussi funèbre que grotesque. — Comme quoi les esclaves, en refusant de se laisser égorger, et les femmes, en ne se laissant pas fouetter, firent manquer une partie importante du programme. — Le testament de N'Combé. — Deux de ses fils épouseront leurs belles-mères. — Rénoqué consent à nous guider. — Encore retardés par suite de nouvelles désastreuses. — *Le Delta* a été surpris par les noirs du cap Lopez. — Amoral prisonnier. — Assiégés dans Adanlinanlango. — Le 1er janvier 1874 se passe à travailler aux fortifications. — Des auxiliaires comme il n'en faut pas. — Actes de barbarie. — Adanlinanlango devient un véritable enfer. — Mort pour avoir bu trop d'eau-de-vie. — Grande nouvelle! *le Delta* est dégagé et le secours arrive. — Revirement des noirs à notre égard. — Engagement et paye de nos hommes. — Arrivée du *Marabout*. — Joie de revoir des visages amis. — M. Guisolfe accélère énergiquement les préparatifs du voyage. — Enfin nous voilà partis! 53

CHAPITRE III

DE LA POINTE FÉTICHE AU PAYS DES OKANDA.

Les Gallois sont très-difficiles à faire partir. — Une escorte très-mal composée. — Nous franchissons la pointe Fétiche. — Invocation du roi Rénoqué aux esprits. — Son discours d'ouverture n'a pas de succès. — Une pluie torrentielle. — Un séchage beaucoup trop long. — Visite d'un hippopotame. — Emplettes de viande d'éléphant. — Derniers adieux au *Marabout*. — Les premiers rapides de l'Ogooué. — Arrivée chez les Okôta. — Un sale et vilain peuple. — Un faux roi démasqué. — Un aveugle extraordinaire. — Edibé, roi de tous les Okôta. — Échange de cadeaux. — Les affaires se brouillent. — La malédiction d'Édibé. — Une navigation dangereuse et difficile. — Les Yalimbongo. — Le mont Otombi et le lac Fétiche. — Les premiers villages apingis. — Un transfuge osyéba. — Il a très-mauvais caractère. — Blanc comme nous et pourtant manquant de tout. — Un roi grotesque. — Vendu pour l'amour d'une femme. — La fusée. — Un congrès international. — Sept de nos hommes se sauvent. — Symptômes orageux. — Révolte générale des Gallois. — L'insurrection est écrasée. — Chute d'Elandja. — Ma commère la reine bakalaise. — Le premier village okanda. — Un orage effroyable. — Une carotte du roi Rénoqué. — Nous franchissons la porte de l'Okanda. — Un beau moment dans notre voyage. — Arrivée à Lopé. 77

CHAPITRE IV

LE PAYS DES OKANDA.

Lopé. — Installation des Gallois et des Inengas. — Nu-pieds pour le reste de notre voyage. — Chasse aux bœufs sauvages. — Face à face avec le troupeau. — Beaucoup de bruit pour rien. — Affluence de curieux pour nous voir. — Ces dames de l'Okanda. — Visite au roi Avélé. — Un souverain misérable. — Je hâte la mort d'Avélé. — Nous faisons un coup d'État. — Notre nouveau domicile à Lopé. — Les Bangouens. — Les Okanda veulent s'opposer à notre voyage chez eux. — Nous modifions énergiquement leurs idées à ce sujet. — Marche part pour le pays des Bangouens. — Il reçoit un accueil enthousiaste mais gênant. — Les Bangouens appartiennent à la grande famille bakalaise. — Leurs habitations. — Leur industrie. — Leurs mœurs. — Marche revient fort malade. — Évasion d'un esclave des Inengas. — Grand palabre qui résulte de sa fuite. — Les Gallois et les Inengas nous donnent des tracas de toute sorte. — Volés par notre interprète le Gabonais Paul. — Volés par notre domestique, le bossu Zingué. — Volés par notre aide cuisinier, Sipa, l'homme sans oreilles. — Hypocrisie de Rénoqué. — Notre installation à Lopé. — Marche tient le marché tous les matins. — Une chèvre laitière. — Les mangeuses de sel. — Une chasse aux bœufs qui faillit tourner mal pour moi. — Premier bœuf tué par les Bangouens. — Il est difficile d'en tirer parti. — Deuxième bœuf tué par les Bangouens. — L'histoire naturelle et notre table en profitent. — Nous coupons les vivres aux Gallois et aux Inengas. — Ils se décident à s'en retourner. Départ définitif des Gallois et des Inengas. — Toute voie de communication avec les pays civilisés nous est maintenant coupée. 109

CHAPITRE V

CHEZ LES CANNIBALES OSYÉBA.

Un très-nombreux peuple de cannibales. — Il nous faut absolument traverser leur pays. — Nous formons la résolution d'aller chez les Osyéba. — Difficulté de trouver un guide. — Nous mettons la main sur un *contrebandier* okanda qui nous en servira. — Je pars secrètement la nuit avec Isinga. — Douze heures de marche pieds nus. — Les Osyéba appartiennent à la grande famille des Fans. — Je suis froidement accueilli. — Mes affaires se gâtent. — Je m'en tire pour cette fois. — On ne m'apporte pas de chair humaine à dîner. — Une nuit orageuse. — Des gens à qui on ne peut pas faire d'acquisition. — Je me crois tombé dans un traquenard. — Tout est bien qui finit bien. — Souffrances du retour. — Le docteur Schweinfurth et les anthropophages de l'Afrique orientale. — Les Niams-Niams. — Un nom significatif. — Étroites affinités avec les Pahouins. — Leur cannibalisme. — Leur trafic des cadavres et de la graisse humaine. — Coutumes qui leur sont communes avec les Pahouins. — Les Monbouttous. — Leur grand appétit de la chair humaine. — Supériorité morale et physique des peuples cannibales de toute l'Afrique équatoriale sur les peuples non cannibales. — Qualités exceptionnelles des Monbouttous. — Comment l'excursion que j'ai faite chez les Osyéba a probablement sauvé la vie de Marche et la mienne. 141

CHAPITRE VI
L'ATTAQUE ET LA DÉROUTE.

Les Okanda consentent à remonter l'Ogooué avec nous. — Arrivée des députés Osyébo et Madouma. — Arrivée du roi Owanga. — Préparatifs de départ. — Nous quittons Lopé. — Chico reste à la garde des bagages. — Violence des rapides et adresse des Okanda. — L'île aux perroquets. — La rivière Ofoué. — Féticheurs et fétiches. — Je souffre beaucoup. — Notre flotte se met en mouvement. — Le premier village osyéba. — Négociations très-tendues. — Nombreuses menaces de guerre. — Les chutes Faré. — Fin des rapides. — Joie d'être à l'abri du danger. — L'embuscade. — Les Osyéba tirent sur nos pirogues à bout portant. — Première panique. — Nous ramenons nos hommes au combat. — La rivière Ivindo. — Nouvelle attaque. — Terreur de nos hommes. — Une effroyable déroute. — Je suis sur le point d'être noyé dans les chutes Faré. — Marche surprend une embuscade d'Osyéba. — Mort de deux Osyéba. — La trêve. — Les cannibales croient à la parole des blancs. — Retour à Lopé. — Injuriés par les familles des victimes. — Distribution de rhum non baptisé. 163

CHAPITRE VII
UNE RETRAITE DÉSASTREUSE.

Notre intérieur s'accroît d'un nouvel habitant. — Anatole. — Il tombe malade. — Extrême difficulté de revenir chez les Gallois. — Chico achète un petit esclave. — Cruautés de ce nouveau propriétaire. — Nous y mettons bon ordre. — M. Duchaillu et les nains obongos. — Miani et les nains akka. — Les Akka ramenés par le docteur Schweinfürth. — Les Akka vus par M. E. Marno et par le colonel Long-Bey. — Il est incontestable qu'il existe une race de pygmées au centre de l'Afrique. — Nous achetons de l'ivoire aux Bangouens. — Mort d'Anatole. — Owanga manque à la parole qu'il nous a donnée. — Oréga s'offre à nous emmener. — Une députation de Shibé. — Nous brûlons nos vaisseaux, c'est-à-dire que nous jetons notre sel dans la rivière. — Grand palabre. — Le fils du roi Avélé. — Affreuse anxiété. — Moïna nous amène dix-huit pagayeurs. — Préparatifs de départ. — On transporte nos bagages dans le bateau. — Tous nos hommes nous abandonnent. — Une situation désespérée. — Nos menaces produisent leur effet. — Nous partons avec seize hommes. — Nouvelle désertion. — Nuit d'angoisse. — Sam-Quita. — Accueil triomphal. — Une soirée orageuse. — Arrivée à la factorerie d'Adanlinanlango. 191

CHAPITRE VIII

L'INDUSTRIE ET LE COMMERCE
DANS L'AFRIQUE ÉQUATORIALE.

Obligés de rester à Adanlinanlango. — La factorerie. — Coup d'œil sur l'industrie et le commerce de l'Afrique équatoriale. — L'ancienne manière de faire le commerce. — Aujourd'hui les blancs ont supprimé les intermédiaires. — Extension rapide du commerce. — Les négociants français sont restés en dehors du mouvement. — Les maisons anglaises, allemandes et écossaises. — La maison Hatton et Cookson, et la maison Francis Würmer. — Le commerce de l'Afrique équatoriale a quatre débouchés. — La rivière Mondah. — L'estuaire du Gabon. — Le Fernand-Vaz. — L'Ogooué. — Importance du commerce de l'Ogooué. — Le confluent de N'Gounié et de l'Ogooué est le quartier général de toutes les factoreries. — Produits qui s'achètent sur le fleuve. — On n'y récolte pas l'huile de palme et les arachides. — La cire. — La noix de golo. — Les peaux. — L'ébène. — Le caoutchouc. — L'ivoire. — Difficulté d'acheter l'ivoire. — Énumération des principaux articles qui composent un *paquet* d'ivoire. — Par chaque fusil donné pour une dent, on doit payer un nombre déterminé de tous ces articles sans exception. — Quelques détails sur la poudre, les étoffes, le rhum, les perles, etc., etc. — L'ivoire est infiniment meilleur marché à l'est de l'Afrique. — Conclusion. — Impossibilité pour un négociant de réussir au Gabon s'il n'a pas des capitaux considérables pour s'établir. — Arrivée de M. Shültz. — Un explorateur inexpérimenté. — Causes qui avaient retardé

M. Shültz. — Nous partons avec lui sur le *Mpongwé*. — Nous arrivons dans un état piteux. — Accueil excellent. — Naufrage de trois courriers consécutifs. — Nous nous décidons à gagner l'île du Prince pour prendre la ligne portugaise du Congo. 223

CHAPITRE IX

LE RETOUR EN FRANCE.

Nous nous décidons à gagner l'île du Prince. — Adieux à la *Cordelière*. — Embarqués sur l'*Alice*, ex-*Vernon-Croissy*. — La rade de San Antonio. — Un fort pour rire. — La douane portugaise. — Entrée peu triomphale dans la ville. — Excellent accueil de M. de Bettencourt. — Nous transformons son salon en hôpital. — Un docteur de Macao. — Nègres et propriétaires de nègres. — Des esclaves bien coupables. — Les engagements libres en 1878. — Ils donneront un nouvel essor à la traite des noirs. — Condition des esclaves à l'île du Principe. — San Antonio. — Une ville morte. — Les *padre* noirs. — Superstitions des habitants. — La procession de la Fête-Dieu. — Un perruquier assassin. — Le paquebot arrive du Congo. — A bord du *Benguela*. — Nous y faisons triste figure. — Un communard. — Une ménagerie à l'avant. — Un hôpital à l'arrière. — Le pharmacien, son nez et sa flûte. — Corinne et sa harpe. — El señor commandador Yacinto Carnero de Souza y Almeida. — Une table mal servie. — Les voraces. — Le mécanicien anglais du *Benguela*. — Vengeance et mystification. — Les îles du cap Vert. — Santiago. — Saint-Vincent. — Mort de Silva. — On lui rend les derniers honneurs. — Amélioration générale dans la santé. — Madère. — Une orgie de fruits et de glaces. — La légende de Machin. — De la poésie à la vie réelle. — Les vignobles de Madère, leur situation actuelle. — Arrivée à Lisbonne. — Adieux au lecteur. 251

ÉPILOGUE. 283

APPENDICE

Études sommaires sur la langue m'pongwé et notions sur la langue comparée des tribus qui habitent les bords de l'Ogooué. . 299

CATALOGUE des oiseaux rapportés par MM. le marquis DE
Compiègne et Alfred Marche, de leur voyage aux côtes occidentales d'Afrique et sur l'Ogooué, par A. Bouvier... 313

FIN DE LA TABLE DES MATIÈRES

TABLE DES GRAVURES

Idoles des Pahouins, des Gallois et des Ivéia, rapportées par
MM. Marche et de Compiègne.............. Frontispice.
Nos grandes pirogues de l'Ogooué.................. 39
La case du roi Rénoqué........................ 61
Femme okâa. — Édibé, roi des Okòta............. 87
Types de femmes okanda....................... 131
Femmes osyéba et guerrier osyéba................ 153
La Factorerie................................ 224
Femmes gabonaises de Glass.................... 252

Carte de l'Afrique équatoriale

PARIS. TYPOGRAPHIE DE E. PLON ET Cⁱᵉ, RUE GARANCIÈRE, 8.

Bu... Septembre 18-1.

à 60 ou 70 kilomètres en amont, sur la rive droite sont les MADOUMA et sur la rive gauche en face, sont les OSYEBO

(4 H... Y E B A
Fin des Rapides
(10 Mars)

...breux sur les deux

Grande Riv.
Ivindo
(Riv. Noire)
Rapides, chutes

...Sam

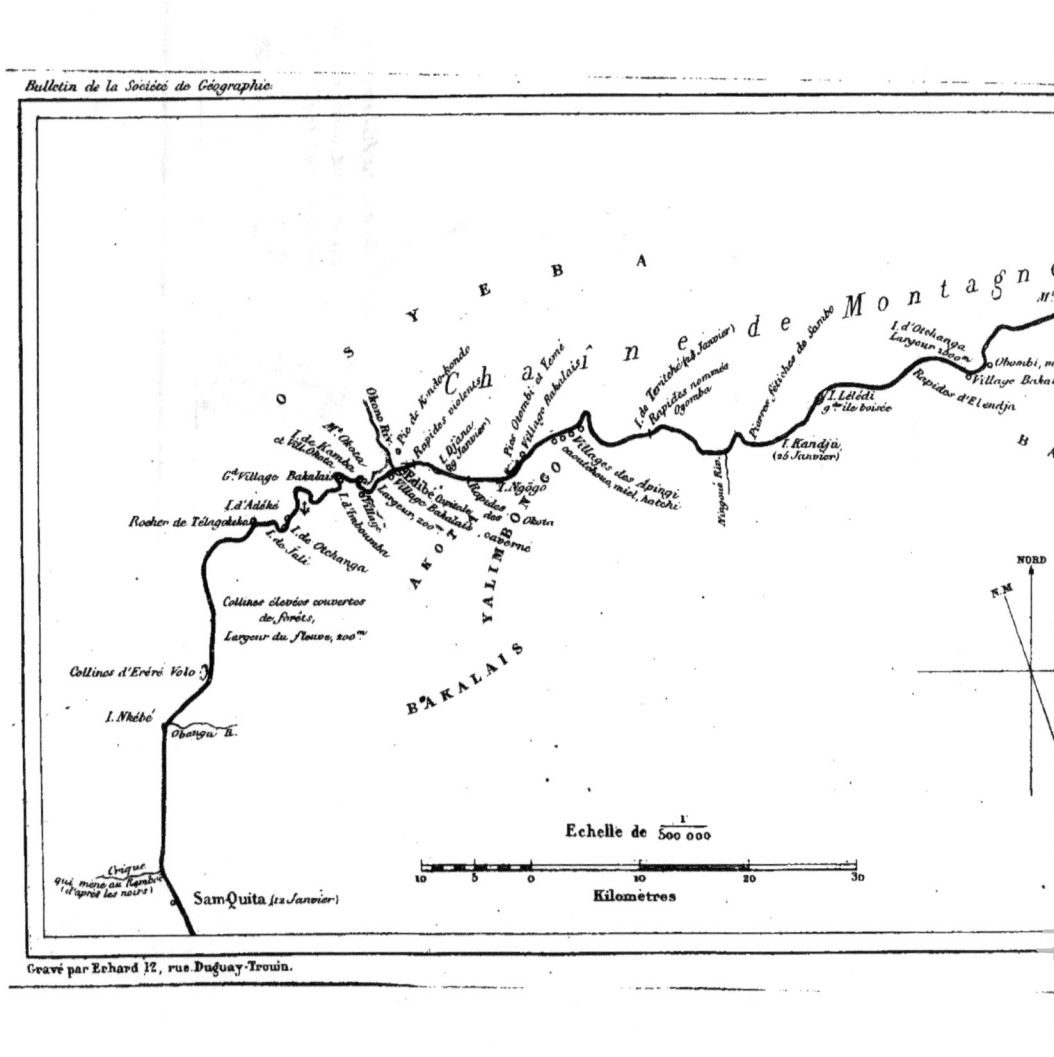

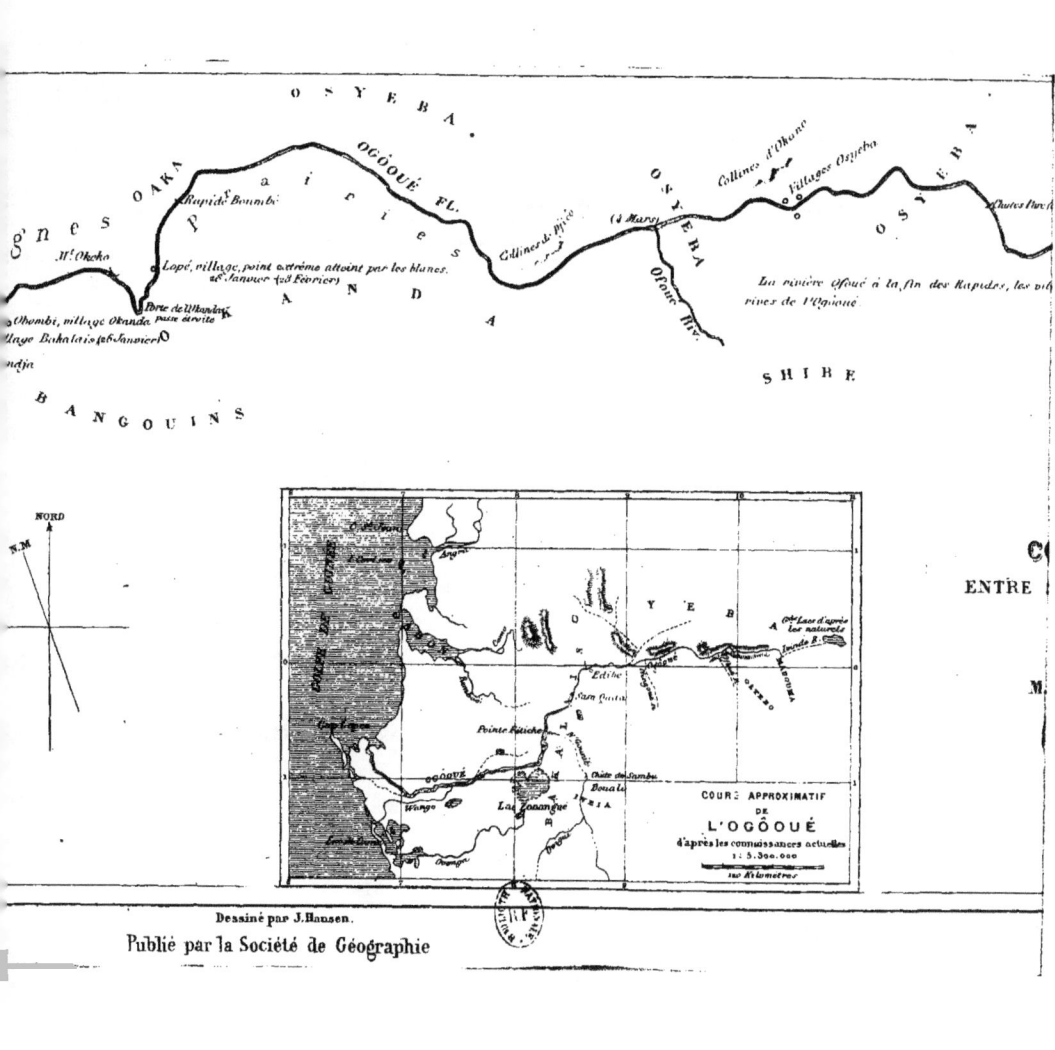

COURS DE L'OGÔOUÉ
ENTRE SAM-QUITA ET LA RIVIÈRE IVINDO
Levé à vue et à la boussole
PAR
M.M. le Marquis de Compiègne
et
A. Marche
Janvier – Mars
1874

www.ingramcontent.com/pod-product-compliance
Lightning Source LLC
Chambersburg PA
CBHW070436170426
43201CB00010B/1113